Lucayos ISLANDS
Eleuthera
Providence
1492
Watlins I
Crooked
Long I.
Ward Passage
Bola
A de Carvelas
I
C. Mayze
St Jago
S. Anns
C. St Nicholas
Wind
Kingston
Black Pt
JAMAICA
Pt Morant
Pt Royal
C. Tabra
Great Antilles

쿠바,
혁명보다 뜨겁고
천국보다 낯선

정승구
글·사진

아카넷

태초에 섬이 있었다.

그리고 빛과 소리가 따랐다.
색깔이 멋을 냈고 화음은 춤을 췄다.
웃음이 멈추질 않았다.

아름다움은 초대받지 않은 손님을 불렀다.
해적선을 타고 온 그들의 다른 이름은 제국이었고,
보고 듣는 것에 만족하지 못한 제국은
불만으로 섬을 오염시켰다.

세월이 흘러 병에 찌든 섬은 행복의 기억조차 잊어갔다.
그 무렵 밀림에서 수염 달린 사내들이 나타나 탐욕과 싸웠다.
사람들은 그들을 도와 죽어가는 섬을 다시 살려냈다.
그리고 다시는 섬을 잃지 않겠다고 맹세했다.
상상력과 인내심으로 그들은 제국의 폭력에 맞서
반세기 동안 자유를 지켜냈다.

대륙과 대륙 사이에는 대단한 섬이 있다.

나는 그 섬에 가고 싶었다.

섬에서 나는 자살한 미국인 할아버지를 만났다.

섹시한 처녀 귀신이 아닌 주정뱅이 할배 유령이었다.

덕분에 나는 꿈을 꾸고 글을 쓸 수 있었다.

차례

Chapter 1

레솔베르

빛과 소리가 나를 긴 잠에서 깨웠다.

차가운 에어컨 바람을 뚫고 따사로운 햇빛이 들어왔다. 누군가가 틀어놓은 데쎄메 부에노*Descemer Bueno*의 나른한 노래가 나를 간지럽힌다. 발코니로 이어지는 문을 열자 짭짤한 바다 냄새가 오감을 자극한다.

말레꼰*Malecón*을 걷는 이들이 띄엄띄엄 보인다. 짝퉁 나이키를 신은 풍채 좋은 아저씨가 어슬렁어슬렁 출근하고 있다. 그 앞을 1956년산 포드가 시커먼 매연을 자랑이라도 하듯 시끄럽게 뿜어내며 달린다.

오늘도 어김없이 바다를 바라보고 있는 많은 건물들에는 복원 공사가 진행되고 있다. 골목 어딘가에서는 누군가가 찌그러진 냄비를 쳐서 펴고 있다. 어떤 여인은 남편에게 고함을 질러댄다. 이곳의 아침은 리듬을 잃지 않는다.

밤새 천둥번개와 폭우로 세상을 뒤흔들던 하늘은 구름 한 점 없이 맑다. 바다에서 파란 바람이 불어왔다.

새로운 날, 새로운 아침. 아바나의 아침이다.

비몽사몽 간에 눈을 떴지만 꿈의 잔상이 눈앞에서 떠나지 않는다. 어제인지 오늘인지 헷갈린다. 그저 내일이 아니라는 것만 알 뿐이다. 이곳은 정말 시간이 천천히, 그리고 때로는 다른 방향으로 흐른다. 냉장고에서 물을 꺼내 마신다. 숙취는 견딜 만했다.

똑똑!

반바지를 주워 입고 방문을 열자 집주인인 씨뇨라 마그다가 커피를 건넨다.

"부에노스 디아스!"

그녀가 들고 있는 담배와 커피의 향이 독특하게 어우러진다.

"그라시아스."

쿠바의 커피는 오늘도 묵직하다. 집주인 마그다는 이제 커피를 달지 않게 타준다. 쿠바인들이 타는 설탕량의 반의반이 딱 내 입맛에 맞았다. 아주머니와 설탕 비율을 조절하는 데 사흘 정도 걸렸다. 그러면서 불친절한 그녀와도 친해졌다.

"과음했지?"

"아뇨."

거짓말이다. 모히토, 쿠바 리브레, 아바나 클럽, 데이퀴리, 크리스탈, 그 외에도 다양한 조합의 알코올이 섞인 내 숨결을 느끼자마자 다시 위를 비우고 싶었다. 허리케인 시즌을 맞아 오후부터 내린 비는 멈출 줄 몰랐고, 하비에와 나는 '바 플로리디타*Bar Floridita*'에서 시작해서 '슬로피 조*Sloppy Joe's*'를 거쳐 멜리아 코히바 호텔의 아바나 카페로 옮겨 밤 늦게까지 내일을 포기한 채 마셨다.

'바 플로리디타'는 며칠 전에 구경 갔던 헤밍웨이의 저택 핀카 비히아*Finca Vigia*에서 영감을 받아 찾아갔다. 관광객이 예상보다 많아서 우리는 근처의 '슬로피 조'로 옮겼다. '슬로피 조' 역시 헤밍웨이가 자주 찾던 곳이었다. 알코올 중독자였던 헤밍웨이는 아바나의 어지간한 술집은 다 단골이었다.

20세기 초에 스페인에서 아바나로 이주한 호세라는 남자가 문을 연 '슬로피 조'는 1920년부터 시작된 미국의 금주령 덕분에 엄청난 호황을 누렸다. '호세'가 아닌 '조'라는 이름에서도 알 수 있듯이 이 술집은 처음부터 외국인, 특히 미국인을 대상으로 한 고급 술집이었다. 영화배우 존 웨인, 야구선수 테드 윌리엄스, 권투선수 조 루이스 등 이곳을 찾은 전설은 한둘이 아니었다. 알렉 기네스가 주연한 1959년 영화 〈하바나의 사나이〉의 촬영 장소이기도 하다. 그곳의 벽을 도배한 사진과 사인들만 봐도 '슬로피 조'가, 아니 아바나가 20세기 초에 얼마나 잘나갔었는지를 짐작할 수 있다.

금주령 시절부터 미국은 자국에서 할 수 없는 모든 것을 카리브해의 이 섬나라에서 즐겼다. 전문성과 조직력을 갖춘 미국 마피아가 운영한 쿠바의 도박 산업과 매춘 산업은 급속도로 성장했다. 그러다 1959년 쿠바혁명이 일어났다. 무능한 바티스타Fulgencio Batista 괴뢰정권과 함께 미국 마피아도 추방됐다. 얼마 지나지 않아 피그스 만 침공이 있었고, 쿠바는 미국과 단교했다.

혁명정부는 미제의 전염병인 도박과 매춘을 불법화했고, 미제의 퇴폐적인 문화와 연관된 모든 것들을 없애버렸다. 그중 하나가 '슬로피 조'였다. 그렇게 역사 속으로 사라질 뻔했던 이 술집은 2013년 4월 많은 도시역사학자들의 도움으로 완벽하게 재현되어 다시 문을 열었다. 라울 카스트로Raúl Castro의 시장 친화적인 개방 정책과 외화벌이를 위한 관광 정책이 맞물려서 이루어진 결과였다. 물론 주인은 호세 같은 개인이 아닌 정부 산하의 공기업이었다.

아바나 카페는 라이브 음악이 환상적이었다. 음료는 비쌌고 여자들은 예뻤다. 그 외에는 기억이 나지 않는다.

아바나의 술집 투어는 새벽녘이 되어서야 끝났다. 택시를 어렵게 잡은 나는 현지인 다섯 명과 합승을 하고 마그다의 집까지 돌아왔다.

"하비에가 걱정돼서 전화했더라. 조금 있다가 보기로 했다며?"

"네. 근데 어디 가세요?"

"오늘 미국이익대표부에 가야 해. 페페 인터뷰 날짜 잡아야지."

마그다는 들뜬 표정으로 흥분을 감추지 못했다. 외아들 페페와 함께 마이애미로 떠나는 상상만 해도 즐거운 모양이었다.

"아, 오늘이 그날이군요. 페페는요?"

"서류 떼러 갔어."

"정말 잘됐으면 좋겠어요. 행운을 빌어요."

"고마워. 나갈 때 잊지 말고 에어컨, 전등 꼭 끄고, 1층 대문 자물쇠 세 개 모두 잠궈줘."

영어가 익숙지 않은 마그다는 나와 대화할 때 두 손을 크게 휘저으며 다양한 제스처를 곁들여 같은 말을 여러 번 되풀이했다. 그래서 그녀와 대화가 길어지면 어지러웠다.

말레꼰

하비에를 만나기로 한 호텔 도빌까지는 말레꼰을 따라 걸으면 약 10분 거리다.

말레꼰은 파도를 막는 제방을 뜻한다. 아바나의 말레꼰은 구시가지*Habana Vieja*에 위치한 항구에서 도심 베다도*Vedado*의 끝 부분까지 해변을 따라 만들어진 8킬로미터의 드라이브 길이다. 1901년 미 군정 시절에 건설되기 시작해서 1952년 바티스타 정권 때 완공됐다.

말레꼰의 인도는 어젯밤에 내린 비로 깔끔하게 반짝거렸다. 평소와 달리 지뢰밭처럼 널린 개똥을 조심하지 않아도 됐다. 그러고 보니 멍멍이들이 보이지 않았다. 이곳에는 길멍멍이들이 여기저기를 돌아다닌다. 다들 순하다. 적어도 내가 만난 친구들은 그랬다. 날씨가 더워서인지 쿠바에서 나는 짖는 개를 본 적이 없다. 왜 쿠바의 멍멍이들은 짖지 않을까 하는 생각에 빠지려는데, 뒤에서 누가 내게 말을 건넨다.

"좋은 아침! 아저씨 어디서 왔어요? 차이나?"

"좋은 아침."

'아침부터 호객 행위를 하지는 않는데, 뭐지?'

"차이나 아저씨, 혹시 해산물 안 땡겨요?"

뉴욕 양키스 모자를 쓴 늙은 어부는 내게 갓 잡아 꿈틀거리는 바다 낙지를 들이댄다. 아바나에서는 낚시를 주업 또는 부업으로 하는 이들이 많다.

"중국 사람 낙지 잘 못 먹어요. 특히 아침에는."

웃으면서 정중히 거절하고 나는 가던 길을 간다.

호텔 도빌에 도착하자 로비에서 기다리던 하비에가 손을 흔들며 일어났다.

"멀쩡하네. 한국 사람들은 술이 센가 봐."

"멀쩡하지는 않아. 아침 안 먹었지?"

식당 뷔페에는 국물이라고는 찾아볼 수가 없다.

"국물 같은 거 먹을 수 없을까?"

"국물?"

"어, 수프. 치킨수프 같은 거 파는 데 근처에 없어?"

“아침으로?”

“응. 해장을 해야지. 한국에서는 술 마신 다음 날 꼭 수프를 먹어. 쿠바 사람들은 해장을 어떻게 해? 국물 안 먹어?”

“우리? 글쎄…… 우리는 그냥 물 많이 마시고, 커피랑 투콜라*Tukola* 마시지.”

해장을 콜라로 한다고? 황당해하는 내 표정을 보며 하비에가 웃으면서 말한다.

“우리 쿠바인들은…… 레솔베르*resolver*잖아.”

소련이 1991년에 붕괴하고 얼마 지나지 않아 쿠바의 수출입은 5분의 1로 줄고 GDP는 3분의 2로 줄었다. 원조에 가까운 지원을 받던 원유 공급 역시 끊기자 수도 아바나에도 전기와 물이 끊기는 일이 종종 있었다. 경제 위기가 아닌 대재앙이었다. 피델 카스트로*Fidel Castro*는 인민들에게 ‘특별 시기*período especial*’를 선포했다. 미국을 포함한 국제사회는 쿠바와 북한의 멸망을 확신하며 기다렸다.

‘레솔베르’는 쿠바가 ‘특별 시기’에 썼던 구호이자 삶의 방식이다. 굳이 번역을 하면 문제를 해결한다는 뜻이지만, ‘특별 시기’를 견뎌낸 오늘날의 쿠바인들에게 ‘레솔베르’는 더 다양한 뉘앙스를 갖고 있다. 얼핏 들으면 같은 시기에 북한이 외쳤던 ‘자력 갱생’과 유사하게 들릴 수도 있지만 둘은 확연히 다르다. ‘자력’에는 왠지 미련한 고집과 열등감에서 나온 자존심이 묻어 있지만 ‘레솔베르’는 훨씬 현실적이고 실용적이다. ‘레솔베르’에는 쿠바가 ‘특별 시기’를 이겨낸 저력과 자부심이 포함돼 있다. 쿠바인들은 그 고난의 시기를 카스트로 형제의 현명하고 유연한 지도력, 따듯한 공동체 의식과 우고

NY

차베스Hugo Chavez의 지원으로 '레솔베르'한 것을 자랑스럽게 여긴다.

하비에는 '레솔베르' 그 자체였다. 말발이 센 인간들이 득실거리는 쿠바에서도 그는 독보적이었다. 어떤 상황에 처해도 말로 해결하고 살아남을 친구였다. 그의 장기와 기상천외한 인맥은 현지 외신 기자들에게 인정과 신뢰를 받았고, 한두 다리를 거쳐서 나는 그를 현지 코디로 추천받았다.

나는 대만족이었다. 가이드, 통역, 운전, 취재원 섭외 및 귀찮게 구는 경찰들 처리(뇌물)까지. 하비에는 정말이지 다재다능했다. 전날 열 시간 가까이 술을 같이 마신 우리는 벌써 오랜 친구 사이가 돼 있었다.

"구시가지로 가자. 관광객들이 가는 식당들이 거기 많으니까. 걸을 수 있지?"

"그럼."

"어차피 오늘 와이파이 써야 한다고 했지? 이메일 체크하고 한국에 연락도 해야 한다며. 내쇼날 호텔은 반대편이니까 구시가지에 있는 파크 센트랄 호텔에 가자."

"어, 그래. 근데 지금 당장 필요한 건 국물이야."

"알았어. 국물!"

쿠바는 와이파이는 고사하고 인터넷도 쓰기 어려운 나라다. 이메일을 쓰려면 5성급 호텔의 비즈니스룸을 가야 했다. 그러고 보니 아이폰을 끄고 생활한 지도 거의 일주일이 돼가고 있었다. 처음 이틀간은 불안했지만 사흘째부터는 특별한 금단 증상 없이 잘 적응했다.

스마트폰 없이도 잘 살 수 있다. 아니 더 스마트하게 잘 산다. 길과 주소, 전화번호를 외우고 돌아다니며 검색창 없이 대화를 이어나가자, 머리가 맑아지고 생각의 호흡도 길어지고 집중력도 높아졌다. 무엇보다 쓸데없는 걱정을 안 해서 좋았다.

우리는 구시가지로 가기 위해 엘모로*El Morro* 요새를 바라보고 우측으로 돈다. 아담한 동상이 하나 보인다.

"저건 누구야?"

"미란다*Francisco de Miranda*. 라틴아메리카 혁명가. 시몬 볼리바르*Simón Bolívar* 바로 전에 베네수엘라의 대통령이었어. 라틴아메리카 역사에서 아주 중요한 인물이지."

19세기에 중남미의 많은 국가들이 스페인 제국으로부터 독립하는 데 결정적인 역할을 한 정치 지도자 시몬 볼리바르는 자유로운 라틴아메리카가 하나로 단결되는 이상을 꿈꾼 혁명가였다. 오늘날의 볼리비아는 그의 이름을 딴 나라이고, 베네수엘라의 차베스가 주창한 볼리바리즘*Bolivarism* 역시 볼리바르의 철학에 기반한 사상이다.

"베네수엘라도 쿠바에 아주 중요한 나라지."

"차베스는 우리에게 최고의 친구지."

"멋있다. 어울려. 뒤에 보이는 엘모로 요새랑."

"저기가 감옥이었던 건 알지? 엘모로 옆에 붙은 라 카바나*La Cabana*. 혁명 직후에 체 게바라*Che Guevara*가 바티스타 정권에 빌붙어 있던 놈들을 저기서 공개재판하고 700명 넘게 죽였어."

"다큐멘터리에서 본 거 같아. 인민재판을 텔레비전 생중계로 했잖아."

"너무 많이 죽였어. 우리 부모님은 혁명을 열렬히 지지했지만, 라

카바나에서 사람을 너무 많이 죽였다고 늘 그러셨어. 억울하게 죽은 사람들도 많았다고."

"죽을 짓을 했으니까 죽였겠지. 혁명을 완성하려면 부수적인 피해가 있는 법이지."

하비에는 나를 못말리는 '체빠'라는 듯이 쳐다보며 웃는다.

"너는 한국인이지만 출생지는 산티아고지? 혁명 정신이 보통이 아냐! 앞으로 네 앞에서 말조심해야겠어. 너한테 반혁명 세력으로 찍혀서 민인트(MININT, Ministry of the Interior, 쿠바의 정보기관으로 냉전 시기에 소련의 KGB를 모델로 만들어졌다)에 잡혀갈 거 같아."

"하하하. 근데…… 요즘에도 말 잘못하면 잡아가?"

"옛날처럼 살벌하지는 않지만 그래도 다들 조심하지. '조사'를 받으면 인생이 피곤해지니까."

고개만 끄덕이며 내가 말을 잇지 못하자, 하비에가 진지한 표정으로 가상 마이크를 들고 아나운서처럼 또박또박 말한다.

"내 이름은 하비에 발데즈입니다. 나는 피델과 혁명을 사랑합니다. 나의 조국 쿠바는 빠라이소(낙원)입니다."

내가 끄덕이며 엄지손가락을 치켜들자 하비에는 낄낄거리며 웃는다.

구시가지의 몇몇 카페와 비스트로를 거쳐서 플라자 데 아르마스 *Plaza de Armas*에서 우리는 치킨수프를 파는 식당을 어렵게 찾아냈다. 물어보니 신용카드는 안 받는단다. 그럼 그렇지. 쿠바는 거의 95퍼센트가 현금 경제다. 해장을 위해서 나는 현금이 필요했다.

가까운 은행으로 가서 긴 줄을 선다. ATM 기계는 둘이지만 하나

는 고장이다. 다들 불만 없이 기다린다. 쿠바는 가는 곳마다 줄이고 기다림이었다. 이 나라의 진짜 국민 스포츠는 야구가 아니라 기다림이다.

"울띠모*último*?"

나의 외침에 ATM 기계에서 약 10미터 정도 떨어진 버스 정류장에 앉아 있던 할머니가 손을 흔든다. 쿠바에서는 줄이 줄이 아니다. 그러니까 우리에게 익숙한 '줄'은 아니지만 기하학적으로는 점과 점을 잇는 선이고 '줄'이다. 긴 줄과 기다림에 익숙한 쿠바인들은 자신의 앞사람과 뒷사람을 확인하고 가까운 그늘에서 서성인다. 공중전화를 쓰는 이도 있고, 근처 벤치에 앉아 기다리는 이도 있다. 그래서 기다리는 줄이 있는 곳에 가면 먼저 '마지막(울띠모)' 하고 물어서 누가 줄의 제일 마지막인지를 확인하는 것이 에티켓이다.

치킨수프를 마셔보니 예상보다 짜지 않았다. 아마 내 혀가 현지의 간에 벌써 익숙해진 모양이다. 특별히 맛있지는 않았지만 그래도 위장을 다스리는 역할은 충분히 해줬다.

어느새 아담한 스페인식 광장은 헌책을 파는 상인들이 갖다 놓은 책장들로 가득하다. 날씨만 좋으면 플라자 데 아르마스에서는 어김없이 헌책 시장이 열렸다. 물론 대부분의 책들은 어딘가에서 누군가가 빼돌린 것들이었다.

한 바퀴 둘러보다가 나는 보물을 찾았다. 체 게바라 사망 직후 출간된 볼리비아 게릴라 일지 초판본과 1921년 마드리드에서 출판된 소설책이었다. 나는 치열하게 흥정해서 적절한 가격에 그 책을 샀다.

남는 게 없다, 쿠바에 처음 온 것 같아 기념으로 거저 준다, 문화

교류 차원이다, 자본주의 나라에서 온 사람한테 털린 것 같다…….
책 파는 아저씨의 엄살과 익살이 예술이다.

그 아저씨랑 말을 주고받는 동안 해독이 됐는지 정신이 돌아왔다. 내 오른쪽 무릎이 다시 삐걱거렸다. '그분'이 오신 것이었다.

마초 할배

며칠 전 헤밍웨이의 저택에 다녀온 밤, 나는 갈증을 느끼며 새벽에 깼다. 물을 마시기 위해 냉장고 문을 여는데 식탁에 낯익은 할아버지가 앉아 있었다. 헤밍웨이였다.

"헬로."

인사를 건네자 그는 아무 말 없이 고개를 살짝 끄덕이며 미소를 지었다. 그의 발치에서는 마그다의 복실복실한 하얀 고양이 '솜사탕'이 올려다보고 있었다. 헤밍웨이가 앞에 놓인 잔을 보라는 듯 들었다. 잔이 비어 있었다.

가만있자. 여기 어디 럼이 한 병 있었는데. 냉장고 문을 닫고 술을 찾아 부엌을 둘러보았다. 당뇨가 있는 양반이라 술을 드시지 않는 게 좋겠지만, 어차피 돌아가셨는데 그 따위 만성질환이 무슨 상관이랴! 반쯤 남은 아바나클럽 병을 찾아 돌아보니 할아버지는 보이지 않았다. 헤밍웨이는 사라지고 솜사탕만 하품을 하고 있었다. 탁자 위의 빈 잔은 그대로였다.

"왜 아무 말 없이 그냥 갔을까?"

그다음 날 하비에가 물었다.

"모르지. 하도 이상해서 부엌에서 내가 그 술을 다 마셨어."

"어쩌면 너더러 술 마시라고 그런 거 아닐까?"

"아무리 술꾼이래도 명색에 작가가 그러겠냐? 글 쓰라고 그러면 몰라도."

"그래, 나도 들었어. 헤밍웨이는 술과 글을 섞지 않았다더라."

"근데…… 이상한 건, 새벽부터 무릎이 아파. 오른쪽."

그러자 하비에의 눈이 휘둥그레지며 내가 유령이라도 된 듯 쳐다봤다.

"정말?"

"어. 왜?"

"헤밍웨이가 무릎이 안 좋아서 서서 글을 썼어! 그 할배 혼이 붙은 게 확실해!"

"진짜? 그럼 이제 내가 쓰는 건 무조건 대박이군!"

나의 대박을 미리 축하하기 위해 우리는 그날 거하게 먹고 마셨다.

"뭐해 대해 쓸 거야? 헤밍웨이?"

"아니, 쿠바."

"쿠바? 그 책에 나도 나와?"

"당연하지. 네가 쿠바를 안내하는 나의 베르길리우스인데."

"베르길리우스? 하하. 쿠바는 지옥이야 천당이야?"

"둘 다 아닐까?"

"근데……."

"응?"

"실명으로 쓰면 안 되는 거 알지? 여기 사람들 인생이 복잡해질 수 있어. 특히 그 책에 쿠바나 피델에 대한 비판이 조금이라도 있으면."

하비에의 표정은 너무나 진지했다.

"물론이지, 아미고. 아무도 실명으로 쓰지 않을 거야. 걱정 마."

하비에는 내 말에 안색이 다시 밝아지며 잔을 들어 올렸다.

헤밍웨이 옹을 만나고 나는 글이 아닌 술을 택했다. 글보다는 술이 훨씬 쉬우니까. 그런데 무릎 통증은 간간이 계속 찾아왔다. 보건소에 가서 진통제까지 받아 먹었다. 밑져야 본전이라는 마음으로 일기를 쓰기 시작했다. 그러자 통증이 귀신처럼 없어졌다. 그래서 나는 틈이 날 때마다 글을 쓰기 시작했다.

내가 가방에서 연필과 공책을 꺼내자 하비에가 걱정스러운 듯 물었다.

"병원에 가서 정밀 검사 받아보지 그래? 쿠바에서는 모든 의료 진료가 공짜인데."

"아냐, 한두 장 쓰면 통증이 연기처럼 사라져. 진짜야."

반신반의하는 표정으로 하비에가 양 눈썹을 치켜떴다.

보물섬을 지키는 누더기를 입은 왕자

분홍, 초록, 노랑, 파랑, 빨강. 절로 감탄이 나오는 과감한 색감은 계속 봐도 질리지 않는다. 사실 그 다양한 색깔들을 알아보는 데 며칠이 걸렸다. 모든 것이 흑백으로 나뉘고 회색으로 도배된 도시에서

LADREN PERROS

날아온 내게는 익숙지 않은 빛들이었다. 선글라스를 써도 쉽게 적응되지 않았다. 첫날 찍은 사진들은 노출을 잘못 잡아서 하얗게 바래 있었다.

왜 이제까지 이런 색깔들을 보지 못했을까? 지구 반대편에도 같은 태양이 뜨는데.

5분 뒤에 무너져 내릴 것 같지만 영원히 항복하지 않을 웅장한 건물들이 나를 압도한다. 그 어떤 비바람에도, 아니 수백 년의 세월에도 끄떡없이 버텨온 도시의 관록이 느껴졌다. 까지고 벗겨진 벽들 사이에 차곡차곡 숨겨진 은밀한 비밀들이 꿈틀거렸다.

이게 쿠바다.

곳곳에 숨은 보석들이 반짝이는 나라. 시간이 멈춰버린 어른들의 동화. 전설의 보물섬. 누더기를 입은 왕자 또는 공주, 또는 마녀, 또는 창녀, 그리고 성녀이기도 했다. 아무것도 사라지지 않는 유령의 섬. 수많은 겹과 결로 이뤄진 오해의 미로. 열정적이고 유혹적이고 모순되고 현실적이면서도 고전적인 나라. 이 세상 그 어떤 예술가도 흉내 낼 수 없는 명작 그 자체였다.

하지만 어쩌면 그런 것들은 모두 외피이자 의상일지도 모른다. 쿠바의 진짜 보물은 그 섬을 지키는 사람들이니까. 그 어떤 고난에도 찌들지 않고 유머를 잃지 않는 그들만의 생생한 이야기를 듣고 싶어서 나는 쿠바를 찾아왔다.

쿠바인들은 경제적으로 가난하지만 문화적으로 유복하다. 그들은 행복하다. 아니 행복을 느낄 줄 안다. 대다수가 행복하지 못한 나라에서 온 나는 그걸 배우고 싶었다. 쿠바인들은 꿈으로 먹고산다.

나는 그 꿈을 꾸고 싶었다.

"마리 소식은?"

"아직. 산티아고에 있는 내 친구가 시간을 좀 달래."

"알았어."

"우리가 도착할 때면 찾았을 거야."

"그래. 내일 아침 출발은 문제없지?"

"오늘 차 수리만 제때 되면 별 문제 없을 거야."

전날 렌터카의 와이퍼가 고장 나서 다른 차로 교체를 요청했지만, 업체에서는 세단 차량 재고가 없다면서 오늘 오전에 고쳐준다고 했다. 대단한 수리 작업은 아니었지만 쿠바에서는 그런 작업도 이틀 이상 걸리기 때문에 우리는 차를 언제 돌려받을지 장담할 수 없었다. 쿠바에서는 늘 변수가 많았다. 그래서 약속을 지키지 못하는 것을 받아들여야 했다.

"쿠바 불편하지? 허구한 날 기다리고 계획대로 되는 것도 거의 없고……."

하비에가 미안한지 내 눈치를 보며 묻는다.

"노 프라블레모 아미고."

나는 웃으며 그의 어깨를 잡아준다.

"너는 쿠바를 진짜로 좋아하는구나."

"그런 거 같아. 지금 여기 있는데도 벌써 보고 싶어진다."

어차피 인생이나 여행은 계획대로 흘러가지 않는다. 우연과 실수가 때로는 전혀 예상치 못한 선물을 가져다주기도 한다.

1492년 10월 28일 일요일이었다. 제노아 출신의 탐험가 콜럼버

PELUQUERIA
May
70

스는 지상에서 가장 아름다운 섬을 발견했다며 신에게 감사했다. 그는 확신했다. 자신이 찾은 섬이 아시아의 일본이라고. 물론 콜럼버스가 찾은 섬은 일본이 아니었다. 일본의 지구 반대편에 있는 쿠바였다.

61

KIANE

Chapter 2

빠라이소

ARSENAL

구수한 시가 연기와 끈적한 설탕 냄새.

아마도 이게 금지된 열매의 향기가 아닐까?

쿠바의 첫인상이었다.

시계를 보니 이미 자정에 가까웠다. 토론토에서 내려와서 시차는 없었다. 1960년대 유럽 영화에나 나올 법한 인테리어의 호세 마르티 공항은 시골 역사보다도 한산했다. 안내 방송은 고사하고 음악조차 틀어놓지 않아서 엄숙하게까지 느껴졌다. 입국 심사를 통과하자, 삼삼오오 모여 잡담을 나누던 세관 직원들이 작은 가방 하나만 들고 있는 나를 본체만체 귀찮다는 표정으로 통과시켰다.

"비엔 베니도 엔 쿠바!"

내 이름이 적힌 종이를 들고 있던 전직 기자 하비에가 나를 알아보고 다가와 반갑게 악수했다. 키는 작지만 다부진 체격의 하비에는 총알 같은 말투로 자신을 소개하며 쿠바에 온 것을 환영해주었다. 단박에 봐도 머리가 잘 돌아가는 재주꾼일 것 같아서 신뢰가 갔다.

빌려온 친구의 차로 나를 아바나 시내로 데려가면서 하비에는 무슨 매뉴얼을 숙지시키듯 주의사항들을 알려줬다. 쿠바에 있는 동안 공공장소에서는 물론 호텔에서도 정치적인 이야기는 절대로 하지 말 것. 취재 비자를 발급받지 않고 들어왔으니 혹시 누가 묻더라도 내 직업을 말하지 말고 그냥 관광객이라고 할 것. 쿠바에서는 언론인, 영화감독, 작가, 저술가 등의 직업을 가진 이들은 어떠한 형태의 취재 활동도 취재 비자 없이는 불법이었다. 만약에 '불법'이 걸렸을 때는 추방당할 수 있었다. 취재 비자를 발급받으면 쿠바 공무원의 도움 또는 관리하에 여행과 취재를 해야 한다. 수많은 매체에서 쿠바가 '인민의 낙원' 또는 '가난하지만 행복한 나라'로 판박이처럼 보도되는 데는 이유가 있었다. 그래서 나는 취재 비자를 받지 않고 쿠바에서 아는 인맥을 통해 필요한 사람들을 만날 계획이었다.

아바나의 숙소를 호텔이 아닌 민박집으로 택한 이유도 비슷했다. 사실 아바나의 호텔들은, 심지어 5성급 호텔들도 그리 비싸지 않고 유럽 기업과의 합작 법인이라 수준 높은 서비스를 제공한다. 하지만 외국인들 방을 도청하고 심지어 몰래카메라로 감시까지 한다는 얘기를 신뢰할 수 있는 친구들로부터 들은 나는 호텔 대신 민박을 택했다.

아바나의 밤은 예상보다 어둡고 조용했다.

마그다, 페페 그리고 다리아나

사전에 내가 부탁한 대로 숙소는 말레꼰 부근에 발코니가 있고 건실한 기둥들이 받치고 있는 근사한 신고전주의 건물이었다. 내부 구조는 천장이 높고 커다란 돌들로 이뤄져서 깔끔하고 시원했다. 무엇보다 한 세기를 훌쩍 넘는 세월을 버틴 역사 있는 건물이라는 점이 마음에 들었다. 쿠바가 내 기대와 상상을 충족시키고 또 오랫동안 낯설게 기억될 것 같다는 예감에 흥분됐다.

집주인 마그다는 착한 사람이었지만 매우 불친절했다. 아침에 커피를 한 잔 달라고 하면 그녀는 부엌에 있는 커피 주전자를 가리키며 직접 내려서 마시라고 했다. 처음에 나는 뭘 잘못 듣거나 이 아줌마가 농담을 하는 줄 알았다. 아바나의 어지간한 호텔과 비슷한 숙박료를 현금으로 내는 투숙객에게 이게 할 소린가?

몇 해 전부터 라울 카스트로는 일반 쿠바인들에게 식당, 숙박업

등을 포함한 다양한 업종의 개인 사업을 허가하기 시작했다. 하지만 오랜 세월 동안 정부라는 산타클로스가 모든 것을 해결해주는 체제하에서 만들어진 쿠바인들의 관성은 쉽게 변하지 않았다. 그래서 마그다와 같은 많은 쿠바인들은 손님, 서비스 같은 개념에 대한 이해가 부족했다. 수요자보다는 공급자 위주의 체제에 익숙한 그들에게는 시장경제의 기본적인 요소들이 당연히 생소할 수밖에 없었다.

며칠이 지나고 하비에를 통해 내 민원을 접수한 마그다는 아침마다 내게 주전자째 커피를 끓여다 줬다. 그리고 부담스러울 정도로 친절하게 대하기 시작했다. 그런데 알고 보니 마그다에게는 그럴 만한 이유가 있었다.

마그다는 내가 미국에서 오래 생활했다는 사실을 알고부터 내게 살갑게 대했다. 마그다는 아들 페페와 함께 미국으로 이주할 계획이었다. 하지만 그녀는 평생 한 번도 미국에 가본 적이 없었다. 그저 다운받아서 본 미국 영화와 드라마, 그리고 마이애미의 친척들이 올 때마다 들려주는 이야기가 그녀가 아는 전부였다.

마그다는 원래 육상선수였다. 젊은 시절에는 국가대표로 올림픽에도 출전했고 팬암게임Pan-American Games에도 출전했었다. 하지만 그렇다고 해서 마그다가 경제적으로 넉넉하게 사는 것은 아니었다. 쿠바는 스포츠 강국이지만 메달리스트에게 특혜를 주거나 수당을 따로 주지는 않는다. 쿠바식 평등주의에서는 재능이 있다고 해서 특별한 혜택을 누리지 못했다. 그러니 국가대표 운동선수들과 국립 발레단 단원들이 잇따라 미국으로 망명하는 게 아닐까?

미국 플로리다 템파에서 열린 쿠바와 온두라스 간의 2008년 올림픽 미주 지역 축구 예선전에서 쿠바 대표팀은 퇴장 선수도 없었지만 10명의 선수로 경기를 치러야 했다. 경기가 시작되기 전에 쿠바 선수 7명이 미국으로 망명했기 때문이었다. 이날 쿠바는 온두라스에게 2 대 0으로 석패했다.

이제는 쉰의 중년이지만 마그다가 보여준 사진 속 젊은 그녀는 자그마한 소피아 로렌이었다. 미모의 젊은 마그다는 1983년 베네수엘라에서 열린 팬암게임에서 라몬이라는 쿠바계 미국인을 만났다. 짧은 만남이었지만 강렬했다. 하지만 냉전이 절정으로 치닫고 있던 1980년대는 미국인과 쿠바인의 연애 자체가 불가능한 세상이었다.

마그다는 아바나로 돌아와 육상 코치와 체육 교사로 전업했다. 그리고 자신이 가르치는 학교에서 만난 음악 선생과 결혼했다. 그 남자가 페페의 아버지였다. '특별 시기'에 아이를 낳고 키우는 것은 결코 쉽지 않았지만, 외국인들에게 피아노 레슨을 해주는 남편의 벌이가 괜찮아서 생활에 큰 어려움을 겪지는 않았다.

1995년 아르헨티나에서 열린 팬암게임에 쿠바 대표팀 코치로 참가한 마그다는 아주 우연한 기회에 라몬을 다시 만났다. 12년 만의 재회였다. 이제는 성공한 부동산 업자가 된 라몬은 마그다를 만나기 위해 1983년 이후 팬암게임이 열리는 곳마다 찾아갔다고 했다. 그 얘기를 들은 마그다는 마음이 너무도 복잡해서 대표팀 경기에는 아예 신경도 쓰지 못했다고 했다. 그렇다고 라몬이 결혼을 안 한 것은 아니었다. 라몬 역시 가정을 꾸려서 아이를 낳고 마이애미에서 잘 살고 있었다.

'특별 시기'의 해결책으로 선포된 쿠바의 개방 정책은 미국계 쿠바인의 자유로운 왕래도 포함돼 있었다. 라몬은 아바나를 옆집 드나들듯 왔다. 그 과정에서 마그다는 페페의 아버지와 이혼했다. 그러면서 마그다는 라몬에게 거액의 돈을 받아냈다. 그러니까 위자료를 남편이 아닌 애인에게서 받아낸 것이다. 독특한 사례였다.

마그다의 '상식적인 논리'에 의하면, 과거가 돼버린 쿠바인 전남편은 돈이 없었지만 미래를 같이할 미국인 애인은 부자였기 때문에 라몬으로부터 돈을 받았다고 했다. 그럼 남편과 거액의 위자료를 나눠 가졌냐고 내가 묻자, 마그다는 전남편은 돈을 싫어한다고 답했다. 마그다는 자신의 위자료가 너무나 당연하다는 듯 말했다. 당시에는 못 느꼈지만 지금 생각해보면 황당한 이야기이다.

마그다는 라몬으로부터 받은 돈으로 공매에 나온 말레꼰의 스페인 시대 건물을 살 수 있었다.

몇 년 전 부인과 사별한 라몬은 작년에 드디어 마그다와 함께 쿠바 정부에 결혼 신청을 했고, 수많은 행정적 절차에 따른 자잘한 뇌물과 기약 없는 기다림 끝에 둘의 국제결혼은 쿠바 정부의 승인을 받을 수 있었다. 이제 그녀는 아들 페페의 비자만 받으면 언제든 마이애미로 이민 갈 수 있는 몸이었다.

오늘날 거의 모든 쿠바인들은 쿠바를 떠나는 꿈을 갖고 있다. 그러나 돈이 없는 일반인들은 합법적으로 안전하게 그 꿈을 실현하기가 어렵다. 그래서 아직도 많은 이들이 엄청난 위험을 무릅쓰고 배나 뗏목을 타거나, 외국 여행 중에 정치적 망명을 택하는 것이다.

마그다도 늘 강조했듯이 그녀는 확실히 운이 좋은 사람이었다.

꿈이 현실이 되는 시점을 겪는 사람들이 누구나 그렇듯 마그다도 미지에 대한 두려움과 불안이 있었다. 그래서 그녀는 틈이 날 때마다 내게 커피를 권하면서 미국에 대해 물었다.

마그다는 머리가 좋아서 학습 진도가 빨랐다. 그러나 마그다는 세금을 개인이 내고, 미래와 노후를 개인이 책임지고 대비하는 시스템을 잘 납득하지 못했다. 마그다를 포함한 다수의 쿠바인들은 과세 제도를 체험한 지가 10년이 채 안 됐고, 국가에서 교육과 의료를 무상으로 지원해주는 나라에서 평생 살아온 그들로서는 왜 인류 역사상 가장 부자 나라인 미국이 자국민들의 보건과 복지를 책임져주지 않는지 도저히 이해할 수 없었다. 개개인이 자신의 노후를 걱정해야 하면 불안해서 정신질환에 걸리지 않겠느냐며 마그다는 염려했다.

세금과 더불어 마그다가 헷갈려하는 개념은 재테크와 자산 관리였다. 현금을 낮은 금리로 은행에 넣어두면 경제적으로 손해를 본다는 이치와, 투자를 통해 자본을 굴려야 한다는 원리를 쉽게 이해하지 못했다. 그래도 그녀는 미국 자본주의의 본질은 확실히 파악하고 있었다.

"디렉토르, 미국에서는 돈이 없으면 근심이 많겠구나."

그녀는 내 이름을 발음하기 어렵다며 그냥 '디렉토르*director*'라고 불렀다.

"당연하죠. 쿠바와는 다를 겁니다."

"모든 미국인들이 부자는 아닐 거 아냐? 그러면 그들이 말하는 '자유'는 돈이야?"

나는 끄덕였다. 가난이 죄라는 현실을 아직 모르는 쿠바인들이 대다수였지만 마그다는 그렇게 순진하지 않았다. 혁명 이후 태어난 마그다는 쿠바 정부가 늘 강조해온 '자유'라는 개념이 자본주의에서는 완전히 다른 뜻이라는 것을 예리하게 꿰뚫고 있었다. 돈에 민감한 그녀는 정치적 자유, 표현의 자유 같은 자유보다는 실질적인 경제적 자유에 더 관심이 있었다.

"그렇죠. 미국 같은 자본주의 국가에서는 선택의 자유를 가장 큰 자유라고 믿죠."

"근데 돈이 없으면 그 선택의 자유도 없어지잖아?"

"자유에는 책임이 따르고, 그 책임을 미국에서는 돈이라고 해요. 자유는 공짜가 아니에요. 자본주의에서는 공짜가 없어요."

가볍게 농담으로 던진 말이었는데 마그다의 표정은 심각했다. 마그다는 이제까지 자신이 장밋빛으로 그렸던 미래의 현실이 조금씩 걱정되는지 갑자기 조용해졌다. 고양이 솜사탕을 안고 있던 마그다가 불안한 눈빛으로 나를 쳐다봤다. 마그다는 내가 미국행을 택한 그녀의 선택이 옳다는 것을 확인해주기를 바라고 있었다.

나는 마그다를 안심시키기 위해 대화의 방향을 바꿨다.

"좋은 점도 많아요. 무엇보다 미국은 합리적이고 여러 가지 기회가 열려 있는 땅이에요. 특히 씨뇨라 마그다같이 영어도 잘하고 성실한 분은 금방 자리를 잡아서 돈도 많이 벌 수 있을 겁니다."

그 말에 마그다는 희망을 되찾은 듯 입이 찢어지게 미소를 지었다.

"나야 라몬도 있고 또 무슨 일이든 할 수 있지만 우리 페페가 걱정이지. 덩치만 컸지 애가 생각이 열 살에 머물러 있어. 세상을 너무 몰

라. 그런데도 지가 세상에서 제일 똑똑한 줄 알고."

'요셉*Josepe*'에서 나온 스페인어 남자 이름은 '페페'로 불리기도 하고 '호세'가 되기도 한다. '호세'가 훨씬 진지하고 무게 있게 들리지만 다 큰 성인도 '페페'라는 애칭을 더러 사용한다. 예를 들어 쿠바의 독립운동가이자 건국의 아버지인 호세 마르티*José Martí*는 호세이지만, 우루과이의 대통령 호세 '페페' 무히카*José 'Pepe' Mujica*는 호세이자 페페이다. 페페는 귀여운 아이의 느낌이 있어서 왠지 친근감을 준다. 마그다의 아들 페페를 호세라고 부르는 사람은 까마구에이*Camagüey*에 사는 페페의 아버지뿐이라고 했다.

스물두 살인 페페는 남자가 봐도 호감이 가는 훈남이었다. 백인 어머니와 흑인 아버지의 장점을 고루 이어받은 혼혈아(물라토*mulatto*)여서 이목구비가 또렷하고 피부가 고왔다. 특히 키가 크고 호리호리했다. 곱슬머리를 섬세하게 땋아 올려 세우고, 머리의 옆과 뒤를 밀어 면도날로 무늬를 새겨 연출한 '파인애플' 스타일은 매우 감각적이었다. 운동으로 발달된 근육과 긴 다리를 과시하듯 늘 민소매에 청바지를 입었고, 거기에 맞춰 정품 나이키 또는 컨버스 운동화를 신었다. 코와 귀의 피어싱은 과하지 않았고, 팔뚝과 목의 컬러 문신들 역시 세련되고 절제돼 있었다. 한마디로 스타일이 좋은 친구였다. 심지어 나는 처음에 페페를 봤을 때 그가 배우 지망생인 줄 알았다. 하지만 그는 아무 직업도 없는 백수였다.

쿠바의 인종은 크게 셋으로 나뉜다. 흑인, 백인, 물라토의 비율은 엇비슷하다. 쿠바혁명은 인종과 성차별을 없애는 데 크게 기여했고, 이는 사회의 모든 통계에서도 입증된다. 사실 혁명 이전의 쿠

바도 20세기 초의 미국처럼 인종차별이 심한 나라는 아니었다. 독재자 바티스타도 물라토였다.

페페의 부모가 결혼할 당시에는 아무도 그들을 이상하게 보지 않았다. 그러나 '특별 시기'로 실시된 개방 정책과 관광 정책으로 많은 외국인들이 쿠바로 들어오면서 비정상적인 현상이 일어났다. 쿠바의 주요 산업인 관광산업에 종사하는 쿠바인들 대다수가 백인으로 바뀌기 시작한 것이다. 이는 관광산업의 수요자인 외국인들의 '취향' 때문이었다. 외화가 부족한 쿠바에서 관광산업은 젊은이들이 가장 선호하는 직종이었다. 그래서 외국인들의 취향에 의해 새롭게 형성된 인종차별은 젊은 세대 사이에 묘한 갈등을 만들고 있었다. 그러나 페페가 취직하지 못한 이유는 그래서가 아니었다.

페페 본인의 말에 의하면, 자신은 제도권 교육과 맞지 않아서 고등학교를 졸업하지 않았다고 했다. 페페는 특기가 많은 친구였다. 춤과 랩에 뛰어났고 사람들과 떠들며 노는 것에 탁월했다. 그래서 사람들은 페페를 좋아했고 그 역시 사람들을 좋아했다. 문법은 많이 틀렸지만 미국 드라마를 많이 봐서 그런지 영어도 곧잘 했다. 페페는 기본적으로 선한 친구였다. 하지만 마그다의 걱정대로 정신연령은 그리 높지 않았다.

페페는 목소리가 컸다. 호기심이 왕성하고 말이 많았고, 고집인지 주장인지 우기기를 잘했다. 생각이 깊은 친구는 결코 아니었다. 페페는 여러모로 일당독재 국가에서 살기에는 위험할 정도로 순진한 면이 많았다. 현명한 어머니 마그다는 페페가 아주 어릴 때부터 정치에 관심을 갖지 않도록 교육시켰다. 정치란 매력도 재미도 의미도 없는 것이라서 사교적인 대화의 주제가 될 수 없다고 가르쳤다고 했다. 그래서 그런지 세상의 모든 주제에 대해 토를 다는 아바나의 논객 페페는 쿠바 정치에는 진짜로 관심도 지식도 없어 보였다.

페페의 최대 관심사는 예술이었다. 음악인인 아버지의 영향을 받아서 그런지 페페는 특히 쿠바 음악에 조예가 깊었다. 내가 살사*Salsa*보다 더 원형에 가까운 전통음악이 뭐냐고 묻자, 페페는 나를 룸바*Rumba* 공연에 데리고 갔다. 우리가 본 공연은 매우 역동적이면서도 서정적이었다. 템포의 흐름이 마술을 부리듯 시간을 엿가락처럼 휘어놓았다. 많은 민속 문화가 그렇듯이 룸바 역시 애환과 풍자로 가득했고, 음악과 춤으로 보여주는 서사가 마음을 들었다 놨다 할 정도로 호소력이 강했다.

19세기 서아프리카에서 온 흑인 노예들을 중심으로 퍼진 룸바의 원래 뜻은 '같이 모여서 춤추자'라고 한다. 타악기 위주의 룸바는 브라질의 삼바와 느낌이 비슷했지만 진화 과정을 들어보니 미국 남부의 재즈와 더 유사했다. 비트가 강렬한 룸바는 오늘날 쿠바 음악의 밑거름이 됐다고 페페가 말해주었다. 내가 페페의 지식에 감탄하자 그는 이렇게 말했다.

"쿠바의 음악은 '쿠바의 공기'라고 생각하면 돼요."

"쿠바는 공기가 아주 좋은 나라구나. 쿠바의 공기? 야, 그 표현 참 멋지다."

"내가 원래 스마트해요."

페페의 독특한 말버릇이었다. 마그다의 말대로 페페는 자신의 지능에 대한 자부심이 남달랐다. 페페는 정보 또는 지식에 대해 말할 때마다 자신이 스마트하다고 강조했다. 나는 이게 쿠바식 농담인 줄 알았다. 그러나 아니었다. 페페는 진심으로 자신이 스마트하다고 믿고 있었다.

페페의 지능지수는 정확히 알 수 없었지만 그의 음악적 감각은 탁월했다. 페페는 여느 쿠바의 젊은이들처럼 쿠바힙합과 레게톤 *reggaeton*을 주로 들었다.

쿠바의 젊은이들은 내가 쿠바에 대해 갖고 있던 선입견과는 달라도 너무나 달랐다. 내가 만난 젊은이들은 그 누구도 시가를 피우지 않았고 부에나비스타소셜클럽을 듣지도 않았다. 간혹 살사를 즐겨 추는 친구들은 몇몇 봤지만 관광 책자에 나온 전형적인 쿠바인은 단 한 명도 만나지 못했다. 그 누구도 마르크스는 고사하고 공산주의에도 관심이 없었다. 심지어 젊은 친구들이 쓰는 은어 중 '공산주의'라는 형용사는 '구리다' 또는 '안 좋다'로 통했다. 그렇다고 '자본주의'가 '멋지다' 또는 '좋다'로 쓰이는 것은 아니었다. 내가 만난 젊은이들은 모두 미국 문화는 말할 것도 없고, 미국이라는 나라를 선망하고 있었다. 페페의 여자친구 다리아나만 예외였다.

잠시라도 그녀와 대화를 나눠보면 다리아나가 지적인 여자라는 것을 누구나 금방 알 수 있었다. 다리아나는 정말로 똑똑했다. 영어 실력도 놀라울 정도로 뛰어났다. 그녀는 못하는 게 별로 없는 것 같았다. 게다가 그녀는 예쁘기까지 했다. 짙은 눈썹, 뾰족한 턱, 가느다란 입술과 오뚝 선 코는 날카로운 푸른 눈과 묘한 조화를 이뤘다. 거기에 군살이라고는 찾아볼 수 없는 탄력 있는 몸매와 윤기 있는 긴 갈색 머리는 모든 남자들의 시선을 사로잡았다. 화장도 치장도 거

의 하지 않는 다리아나에게서는 인류 보편적인 섹시함이 흘렀다. 그런데 페페와 동갑인 그녀에게서는 또래답지 않게 세상 물정에 대한 이악함이 풍겨났다. 위험할 정도로.

다리아나는 발레리나였다. 어려서부터 여동생과 함께 국가에서 지원하는 영재교육을 받을 정도로 재능을 타고났다. 국립발레학교에서도 유망주였던 다리아나는 친구들의 부러움과 시기를 사는 프리마돈나였다. 열여섯 살이 되던 해에 다리아나는 교통사고로 트럭에 발이 깔려 반년 이상 입원했다. 당시에 그녀는 그 사고가 인생의 심각한 사건이 될 줄은 꿈에도 몰랐다고 한다. 병원 침실에 누워 책을 보고 틈틈이 재활을 하며 자기도 알리시아 알란조*Alicia Alonso*처럼 될 거라고 확신했다고 한다.

쿠바가 낳은 세계적인 발레리나 알리시아 알란조는 아바나 출신으로 일곱 살 때 발레를 시작해서 20세기 미국과 소련의 스승들로부터 훈련받으며 성장한 독특한 경력의 독창적인 예술가다. 혁명 이후 카스트로 정부의 전폭적인 지원을 받은 그녀는 폭넓은 활동을 하며 일흔이 넘은 나이까지 솔로 공연을 하고, 아흔이 넘은 오늘날까지 국립발레단의 명예단장을 맡고 있다. 알리시아 알란조는 스무 살 때 안과 수술을 받고 주변 시력을 잃었다. 의사들은 그녀가 다시는 춤을 못 출 것이라고 했지만, 그녀는 꿋꿋이 재기해서 오늘날까지 살아 있는 전설로 남아 있다. 서울보다 인구가 적은 쿠바에 세계적인 발레단이 있고, 다리아나 같은 어린 꿈나무들이 세계에서 가장 큰 발레학교에서 영재교육을 받을 수 있는 환경 역시 알리시아 알란조 덕분이다. 그러나 세상의 모든 무용수가 알리시아 알란조와 같은 운명을 타고날 수는 없는 법이다.

성장기 때 1년의 공백을 극복하기란 쉽지 않았고, 한번 떨어진 감은 마음처럼 쉽게 돌아오지 않았다. 다리아나는 결국 발레를 포기했다. 그녀는 차라리 발 대신 한쪽 눈을 다쳤으면 좋았을 거라며 신을 원망했다.

"지금 생각해도 그냥 꿈 같아요. 꿈속에서 춤을 췄고 사람들은 박수를 치며 제게 환호했어요. 그런데 어느 날 꿈에서 깨고 보니 꿈은 그저 꿈이었어요."

다리아나는 아주 덤덤하게 또박또박 남의 일처럼 얘기했다. 하지만 듣는 나는 가슴이 쓰렸다.

퇴원한 이후 다리아나는 강도 높은 PTSD(외상 후 스트레스 장애)를 오랜 기간 겪었다. 예민한 나이에 정상에서 나락으로 떨어지는 고통은 어마어마했다. 그래도 그녀의 곁에는 초등학교 때부터 늘 단짝이었던 페페가 함께 있었다. 페페의 어머니 마그다 역시 다리아나를 친딸처럼 챙겨줬다. 어린 나이에 아픔을 겪어서 그런지 다리아나의 눈에는 초연함이 있었고, 동갑인 페페에 비하면 훨씬 누나 같았다. 페페와 다리아나는 연인이라기보다는 과거와 비밀을 공유하는 오래 산 부부 같았다.

다리아나는 이제 암시장 상인이다. 그녀는 외국인들과 여유 있는 쿠바인들을 대상으로 음식을 주로 조달한다. 일반 시장에서 유통되는 칠레 와인이 아닌 유럽 와인에서부터 바닷가재, 수입 치즈, 질 좋은 하몽까지 쇠고기를 제외한 모든 품목을 취급한다.

쿠바는 2000년대에 들어 소고기 공급이 심각하게 어려워지자,

국가 소유의 소를 허가 없이 도살하거나 유통하면 중형에 처한다. 이제는 형량이 조금 낮아졌지만 한때는 불법으로 소고기를 사고팔다 걸리면 10년형을 받는 일이 드물지 않았다. 아직도 배급소에서는 만 7세 이하의 어린이에게만 우유를 주고, 그 외에는 우유를 사서 마셔야 한다.

오늘날 쿠바인들의 주식에는 소고기가 없다. 대부분 콩밥에 돼지나 닭, 채소를 먹는다. '특별 시기'에는 공급과 유통망이 망가져서 도시인들은 한동안 야채를 섭취할 수 없었다고 한다. 정부는 이 문제를 '레솔베르'하기 위해 도시 농업을 시작했다. 이것이 세계적으로 유명해진 쿠바의 오르가닉포니코*Organopónicos*이다. 화학비료와 농약이 없어 지렁이 분변토와 방충 식물을 활용해 만든 유기농 농장들은 오늘날 쿠바의 어느 도시에서나 흔히 볼 수 있다.

수완이 좋은 다리아나에게 나는 궁금한 게 한두 가지가 아니었다. 대놓고 물어볼 수는 없었지만 제일 궁금한 것은 별다른 직업이 없는 그녀가 어떻게 먹고사는가였다. 고급 먹거리를 팔아서 아무리 이윤이 남더라도, 한눈에 봐도 만만치 않은 그녀의 소비 습관을 감당하기는 어려울 것 같았다. 옷이나 가방뿐 아니라 담배까지 다리아나는 외국산을 애용했다. 심지어 그녀는 아이폰을 갖고 다녔다.

알수록 알 수 없는

나는 독특하고 흥미로운 페페와 다리아나 커플과 함께 많은 시간을 보낼 수 있어서 즐거웠다. 한 사회의 현재와 미래를 보는 방법은 고리타분한 정치가나 연예인들의 이야기를 듣는 게 아니라 그곳 젊은 이들과 어울리는 것이라고 예전부터 나는 믿어왔다.

그들 또한 평소에 외국인 동행 없이는 갈 수 없는 클럽이나 식당, 술집들을 데리고 가주는, 아시아에서 온 영화감독을 좋아했다.

하비에는 내가 이 친구들과 어울리는 것을 못마땅해했다. 책임감이 강한 하비에는 쿠바에 온 나를 책임지는 베르길리우스로서 늘 걱정이 많았다.

"페페가 약간 모자라지만 착하잖아? 뭐가 그렇게 마음에 안 들어?"

"아무 생각 없는 그놈보다 솔직히 난 여우처럼 계산적인 저 여자애가 불안해. 네가 몰라서 그렇지, 쿠바인들은 다들 가면을 쓰고 있어."

"둘 다 음흉하거나 나쁜 의도가 있는 애들은 아니잖아. 적어도 나한테는."

"거짓말을 한다는 얘기가 아냐. 그냥 쿠바인들이 네게 보여주는 모습이 전부가 아닐 수 있다고."

하비에의 말대로 다리아나에게는 다른 모습들이 있었다. 문제를 일으킬 요소가 다분한 친구였다. 하지만 나는 개의치 않았다. 나는 관광객으로 간 것이 아니었기 때문에 모르는 것을 알고 싶고, 금지된 열매를 먹고 싶고, 세상의 끝을 확인하고 싶었다. 나는 팜므파탈 다리아나 역시 쿠바라고 생각했고 그녀의 민낯이 뭔지도 은근히 궁금했다.

하루는 5성급 호텔에서 넷이서 점심을 함께 먹었다. 그 호텔도 유럽 기업과 합작해서 만든 국영 기업이 운영하는 곳이었다. 식사를 마쳤을 때는 늦은 오후여서 손님은 우리뿐이었다. 하비에가 잠시 자리를 비우고 우리 셋이서 커피를 마시고 있는데, 갑자기 다리아나가 주변을 한 번 휙 둘러보더니 옆 테이블의 포크와 나이프, 재떨이를 자신의 캔버스백에 쓸어 담았다. 눈깜짝할 사이에 일어난 일이라 난 입을 벌린 채 잠시 말을 잃었다.

"너도 이제 좀 그만해. 그러다 걸리면 어쩌려고 그래. 우리 엄마한테 제발 얘기하지 마세요. 진짜 큰일 나요."

마마보이 페페가 다리아나를 나무라며 비밀을 지켜달라고 내게 부탁했다.

"집에 있던 재떨이 네가 깨먹었잖아. 그리고 디렉토르 식사 한번 초대하고 싶은데 포크가 몇 개 없단 말이야."

아, 나를 위해 그랬구나. 갖다 붙이기는.

"고마워. 근데 말이야. 앞으로는 집에 모자란 물건이 있어도 그러지 않았으면 좋겠다. 적어도 나랑 있는 동안에는."

꼰대처럼 훈계하는 내게 다리아나가 윙크를 하며 말했다.

"다들 이런 데 오면 하나씩 집어 가요. 관광산업으로 버는 외화를 우리도 좀 나눠 가져야죠."

"그래서 아까 여기에 오자고 한 거였어?"

"네. 개인사업자 식당에서는 보는 눈도 많고……. 정부가 아닌 개인의 물건을 가져가는 건 절도잖아요. 그냥 못 본 걸로 해주세요."

나름 일리가 있는 말이었다. 다리아나 역시 많은 쿠바인들처럼 정부를 산타클로스 또는 자신과 상관없는 개체로 생각했다.

나는 그날 사건에 대해 마그다나 하비에에게 말하지 않았다. 하비에와 달리 나는 페페와 다리아나가 좋았다. 보면 볼수록 인간적으로 정이 갔다. 재기 발랄하고 창의적인 페페와 다리아나는 자신들의 모순에 대해 아주 솔직했다. 내가 느낀 그들의 솔직함이란 이런 것이었다. 식당 종업원들의 눈을 피해서 물건을 훔치지만 그것은 생필품을 얻는 데 절차상의 불편을 피하려는 의도이지 누군가를 속여서 이득을 취하겠다는 것이 아니었다. 페페가 엄마에게 숨기는 것 역시 같은 맥락이었다.

쿠바인이라면 누구나 다 싫어하는 쿠바 경찰들에게서 본 '정직한 부패'와도 얼핏 유사했다.

한번은 경찰이 말도 안 되는 이유를 들이대며 하비에네 집에서 식사를 하는 우리로부터 돈을 뜯어내려 한 적이 있다. 당국의 허가 없이 외국인인 나를 가정집에 초대한 것은 명백한 불법이므로 하비에를 데려가서 조사를 해야겠다는 것이었다. 나는 귀찮아서 10CUC 지폐 한 장을 꺼냈다. 미화로 10달러 정도 되는 뇌물은 쿠바 경찰들에게 적지 않은 액수다. 경찰은 씨익 웃으며 염치없이 돈을 챙기면서 이러쿵저러쿵 너스레를 떨었다. 요는 10CUC를 더 달라는 것이었다. 자기와 함께 온 부하 셋을 가리키면서 그들과 함께 5CUC씩 넷이 나눠먹을 수 있게 해달라는 것이었다. 나는 그 희한한 공동체 의식에 살짝 감동받았다. 자신의 소득을 반으로 줄이면서까지 부하들과 뇌물을 균등하게 나눠먹으려는 리더십이 색다르게 느껴졌다. 나는 그 부하들을 불러 네 사람에게 각각 5CUC씩 공평하게 나눠 줬다.

나는 무엇보다도 페페와 다리아나를 이해할 수 있어서, 아니 이해하고 싶어서 그들 편을 들었다. 재떨이를 사고 싶어도 파는 가게가 별로 없고, 판다 하더라도 살 돈이 모자란다. 돈을 벌기 위해서 취직을 하고 싶은데 제대로 된 일자리는 턱없이 부족하다. 그러면 어쩌란 말인가? 담배를 피우지 않는 방법이 있겠지만, 필요한 게 재떨이가 아니라 포크와 나이프라면 밥을 먹지 말란 말인가? 개방정책으로 밀려 들어오는 외국인들로 인해 견물생심은 생기고, 시장 친화적인 정책들로 쿠바 내부의 빈부격차가 점점 더 벌어지고 있는데, 과연 정부가 운영하는 호텔에서 재떨이를 훔치는 다리아나만 탓할 수 있는가?

페페와 다리아나는 피델 카스트로를 대부代父로 삼는 마지막 세대이자 인터넷과 스마트폰을 통해 세계화된 쿠바의 첫 글로벌 세대이기도 하다. 경제적으로 어려웠던 '특별 시기'에 태어나고 자란 그들은 혁명정부가 지키지 못한 약속과 사회의 무기력증을 현실로 받아들여야만 했다. 그래서 혁명에 대한 환상도 없고 이념에 대한 관심도 없었다. 그들에게는 오직 변화를 기다리는 간절함만이 있었다.

변화에 대한 바람이 젊은 세대들에게만 국한된 것은 아니었다. 오늘날 쿠바 내외에 있는 쿠바인들 중 70퍼센트 이상이 1959년 쿠바 혁명 이후에 태어났고, 그들 역시 이제는 다른 체제의, 또 다른 체질의 쿠바를 바라고 있다. 그 변화의 열쇠를 쥔 1961년생 오바마 미국 대통령 역시 소모적인 분쟁과 갈등보다는 공생과 번영을 위해 쿠바와의 화해를 구체화하고 있다.

미국에 대해 비판적인 입장인 다리아나도 오바마에 대해서는 균형 있는 역사 의식과 국제 감각을 지니고 있다고 평가했다. 미제에 대한 그녀의 입장은 카스트로 정부의 공식 레토릭과 크게 다르지 않았다.

미국은 자본가들의 필요와 수요 때문에 타국을 침략하고 착취했고, 자본가들은 미국인들이 자랑스럽게 선전해대는 의회 민주주의 역시 막대한 자금 로비로 배후 조종했다. 인류 역사상 가장 부유한 나라는 빈부격차가 심해서 일반인들은 공부를 하기 위해 큰 빚을 져야 했고, 의료 복지와 같은 기본 인권은 국민들에게 보장되지 않았다. 무력과 자본으로 타국을 제어하는 부국 미국보다는 가난하더라도 후진국에 의료봉사단을 지원하는 쿠바가 도덕적으로 훨씬 더 명분 있는 나라가 아니냐는 것이었다.

다리아나는 독서를 많이 해서 교양이 있는 친구였다. 불의의 사고로 입원했을 때부터 그녀는 책과 친해졌다고 한다. 쿠바는 책을 좋아하는 이들에게는 천국에 가까웠다. 세계저작권협약이나 국제적인 지적재산권과 전혀 무관한 쿠바에서는 모든 책을 종잇값 정도로 살 수 있다. 그렇다고 쿠바에서 어떤 책이든 마음대로 읽을 수 있는 것은 아니었다. 반세기 이상 일당독재를 유지한 나라이기에 당연히 검열이 심했다.

"쿠바에서는 예술적 자유에 제한이 많죠. 그렇지만 자본주의에서도 검열이 있잖아요? 시장에서 팔릴지 고민해야 하는 작가들의 무의식적인 자체 검열이 더 위험하지 않을까요?"

아바나의 외신 기자들은 혁명정부의 노선과 일치된 사상을 가진 젊은 친구들을 '탈레반'이라고 부른다. 다리아나는 외국인인 나와 대화할 때는 정치적으로 민감한 주제를 가능한 한 피했지만, 그렇

LA VICTORIA ESTRATEGICA

다고 속에 없는 말을 내뱉는 사람은 아니었다.

다리아나는 지구상의 많은 이들처럼 자본주의와 사회주의를 서로 상반되는 체제라고 믿고 있었다. 나는 그것은 편견이자 오해라고 조심스럽게 지적했다.

오늘날 모든 경제체제들은 이 두 체제의 성격을 섞어 쓰고 있다. 그러니 둘은 공존할 수 없는 상극의 철학들로 보기보다는, 적절한 비율을 맞추기 위해 필요한 두 요소로 보는 게 바람직하다. 제대로 돌아가는 모든 사회에서는 생산과 분배는 둘 다 중요한 개념이다. 특정 사회의 조건과 여건에 맞춰서 효율적이고 효과적인 작동을 위해 만들어지는 경제체제는 자본주의와 사회주의의 원리들 중 그들에게 맞는 필요한 부분들을 결합해서 써야 한다. 그래야만 사회 구성원의 합의를 도출할 수 있는 바람직한 체제가 되는 것이다. 북유럽처럼 성공한 사회주의가 있는 반면 아프리카의 몇몇 나라들처럼 실패한 자본주의도 있다. 쿠바 역시 시장을 점차적으로 개방하지 않았나.

내 말에 다리아나는 잠시 조용해졌다. 순간 나는 긴장했다. 괜한 얘기를 했나 싶었다. 그런데 다리아나가 의외의 말을 꺼냈다.

"우리는 어려서부터 자본주의에 대한 적개심을 세뇌당해서 그런지 아직도 자본주의라는 용어가 익숙하지도 편하지도 않아요. 제국주의와 자본주의는 왠지 같은 것 같고, 자본주의 하면 미국이 라틴아메리카 인민들을 착취하는 역사가 떠오르고……. 하지만 나도 외국인 친구들이 많아서 알아요. 자본주의도 좋다는 걸. 저도 언젠가는 뉴욕이나 마드리드에 가서 살고 싶어요."

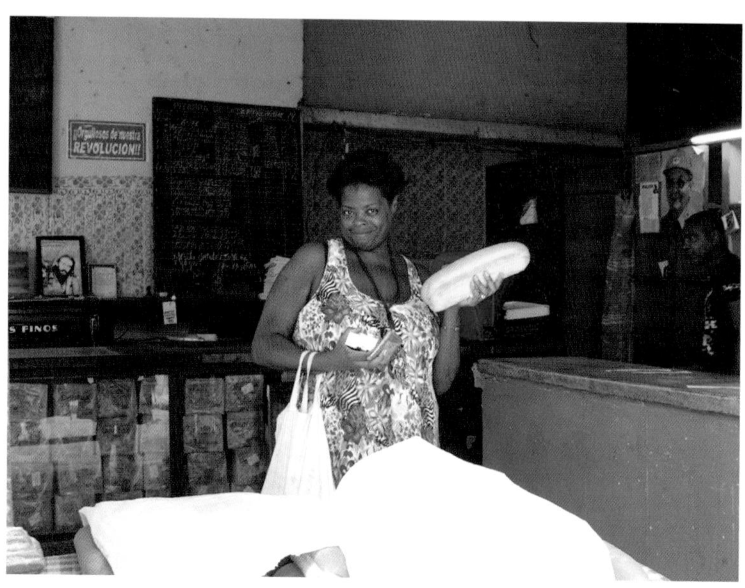
REVOLUCION!!
S FINOS

발레리나 출신이어서인지 다리아나는 유연했다. 그녀의 말을 들으며 나는 지구 반대편에 살고 있는, 사회주의라는 단어만 들어도 붉은색을 떠올리며 경기를 일으키는 병자들이 생각났다.

나는 대화의 주제를 정치에서 떨어트리기 위해 말을 돌렸다.

"다리아나, 넌 영어를 참 잘한다. 페페와는 비교가 안 될 정도로."

"캐나다인 남자친구와 오래 사귄 적이 있어요……."

피식 웃으며 그녀는 말끝을 흐렸다.

금지된 열매

말레꼰을 걷다가 뜨거운 햇빛을 피하기 위해 들어온 페페의 단골 카페는 시원했다. 페페는 몇몇 테이블 옆자리에서 오랜만에 본 친구들과 반갑게 떠들고 있었다.

내가 만난 쿠바인들은 차나 술을 따라놓고 몇 시간씩 대화를 즐겼다. 쿠바인들은 사람과 이야기를 정말 좋아했다. 도심 공원에서, 바닷가에서, 카페에서, 건물 발코니에서 나는 많은 쿠바인들과 함께 오후를 보내며 카스트로와 쿠바 정치에 대한 소재를 제외한, 무궁무진한 주제들에 대해 토론할 수 있었다. 한번 논쟁이 시작되면 친구의 친구, 사돈의 팔촌, 이웃의 이웃까지 자연스럽게 끼어들고 참여했다. 예술, 문화, 야구, 역사, 과학, 종교에 대한 토론을 통해 그들은 지식과 생각을 주고받았다. 쿠바인들의 토론은 지적인 과시를 위한 먹물들의 논쟁이나 남을 설득하고 움직이려는 정치가들의 설전이 아닌, 건설적이고 생산적인 교환이었다. 선전과 선동에 신물이 나 있는 쿠바인들은 토론의 유익함을 알고 있었다.

통제가 심한 경찰국가라서 사람들은 정부나 제도보다는 서로를 믿고 의지했다. 그 누구도 쿠바의 언론을 신뢰하지 않았고, 매일같이 외신을 접할 수 있는 직장에 다니는 이들이 확인해주는 사실들만 믿었다. 그래서 쿠바인들의 진실은 사회적인 인맥으로 확인되고 동의된 것들에 가까웠다. 쿠바에서 뉴스는 친하고 신뢰하는 이들끼리의 입소문으로 퍼져나갔다. 오후나 저녁의 토론은 쿠바인들의 SNS인 셈이었다.

아바나의 십대와 이십대들은 밤이면 도심 베다도에 있는 G거리 *Calle G*에 모였다. 왁스가 아닌 빨랫비누로 머리 모양을 잡고, 짝퉁 미국 브랜드를 입고, 싸구려 향수를 잔뜩 뿌리고 나온 이들은 대부분 학생들이었다. 술과 담배를 들고 시원한 야외로 나온 아바나의 청춘들은 G거리에서 유행을 즐기고 연애를 시작했다. G거리는 그들의 아고라이자 페이스북이자 클럽이었다. 주말에는 대형 콘서트를 방불케 할 정도로 많은 이들이 서성거렸다. 사회적 분위기 때문인지 약도 안 하고 건전하게 노는 순진한 아이들이었다.

쿨하고 터프하게 폼을 있는 대로 잡은 남자들은 짧은 치마와 노출이 심한 옷을 걸친 여자들을 꼬시며 키득거렸다. 여기저기서 자잘한 공연들이 열려 춤을 추기도 하고, 간혹 취기에 주먹질도 했지만 심하지 않은 정도였고, 대부분은 그냥 서로를 의식하며 이런저런 소식과 소문을 교환하며 무료함을 달랬다.

말레꼰에 모이는 부류도 있었다. 하지만 그곳은 세대가 훨씬 다양

10

하고 문화도 달랐다. 젊은 연인들부터 가족 단위로 나온 피서족들까지 밤이면 아바나의 긴 방파제는 각양각색의 사람들로 붐볐다.

바닷바람이 좋아서 나 역시 밤낮을 가리지 않고 말레꼰을 자주 걸었다. 그러다 자리를 잡고 앉아 바다를 보고 막연한 몽상에 빠지거나, 반대로 돌아앉아 스페인 시대 건축물들을 배경으로 달리는 미국산 올드카들을 구경하며 정체 모를 향수에 빠져들곤 했다. 나는 말레꼰에서 정말 많은 시간을 보냈다.

말레꼰에는 밤이면 어김없이 호객꾼들이 나타났다. 고급 코히바 시가를 싸게 판다는 아저씨부터 여자 또는 남자를 소개시켜주겠다는 포주들까지 아주 다양했다.

쿠바에서 매춘은 엄연히 불법이지만, 먹고살기 힘들었던 '특별 시기' 때 다시 기승을 부리기 시작한 성매매는 오늘날까지 외국인들을 상대로 공공연하게 이뤄지고 있다. 쿠바에서는 이런 모든 활동을 일컬어 '히네떼리스모*jineterismo*'라고 한다. '히네떼*jinete*'는 스페인어로 기수를 뜻한다. 즉 히네떼리스모의 어원은 말을 탄 사람을 가리킨다. 그래서 쿠바에서는 직업여성을 히네떼라*jinetera*, 남자인 경우 히네떼로*jinetero*라고 부른다.

혁명 전후의 양성평등에 관한 통계는 쿠바 정부의 공보 자료에서 빠지지 않는 레퍼토리이다. 1959년 이전에는 쿠바 노동인구에서 여성은 13퍼센트 정도에 불과했고, 그중 대부분은 가사 도우미와 매춘부였다. 그 시절 미국과 가까운 항구도시 아바나에는 유흥 업소와 미국 관광객들이 넘쳐났다. 그러나 혁명 이후 정부는 매춘부들에게 직업 훈련과 재활 교육을 시켰고, 그들의 아이들에게는 보육원을 제공했다. 반세기가 지난 오늘날 양성평등을 이룬 쿠바의 통계는 실로 놀랍다. 쿠바의 의사, 과학자 그리고 법조인의 과반수 이상이 여성이다.

쿠바 정부가 자랑하는 평등주의 정책의 성과는 모두 사실이다. 그러나 그들이 말하지 않는 진실이 있다. 쿠바의 평등주의는 너무나 '평등'해서 남자, 여자, 의사, 과학자, 법조인, 야구선수, 미용사, 무용수, 너나 할 것 없이 수입에 큰 차이가 없다. 오히려 관광산업에 종사하는 이들의 수입이 월등히 높다. 외국어를 여럿 하는 전문 가이드가 아니라도, 호텔에서 일하며 매일 팁을 챙기는 벨보이들도 의사나 과학자들보다 많이 번다. 그러니 외국인을 대상으로 하는 고부가가치 사업으로서 매춘은 쿠바인들에게 유혹적일 수밖에 없다.

매춘의 고객은 주로 쿠바계 미국인들, 스페인과 이탈리아 남자들 그리고 유럽의 중년 여성들이라고 한다. 남자가 여자를, 남자가 남자를, 그리고 여자가 남자의 서비스를 구매한다. 물론 모든 관계들이 아무런 정신적, 감정적 교류가 없는 짧은 거래들은 아니다. 장기간 사귀면서 쿠바의 파트너를 도와주는 '스폰' 관계도 상당히 많다. 한 외국인과 장기적으로 '교제'를 하는 쿠바 여성은 주변의 가족 셋을 부양할 수 있다고 한다. 잘나가는 히네떼라는 잘나가는 의사, 변호사, 운동선수 또는 무용수 월수입의 두 배 이상을 번다. 단 하룻밤에.

1990년대 말 말레꼰에서 매춘 호객 행위를 하는 영상이 미국 방송을 타고, 어느 유명한 이탈리아 잡지에서 쿠바를 '매춘 천국'으로 소개하자, 국제 언론과 대외 이미지에 예민한 카스트로 정부는 매춘을 단속하기 시작했고 지금도 마찬가지다. 하지만 한번 상자에서

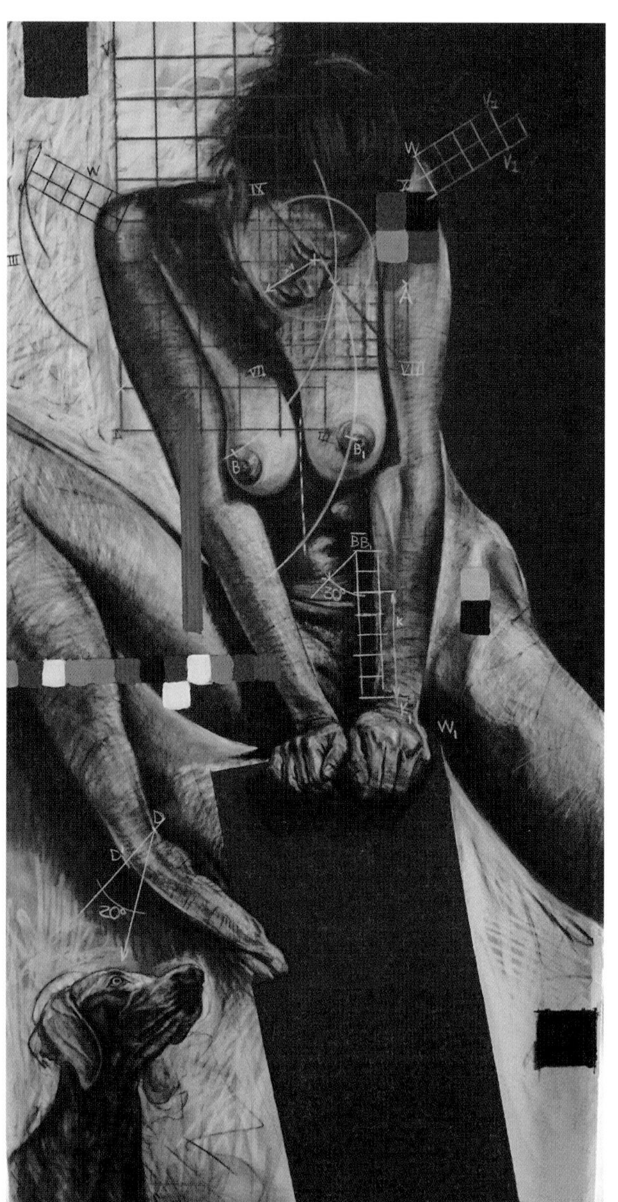

나온 귀신은 다시 들어가지 않았다.

히네떼라로 의심되는 이와 같이 있다가는 언제든 경찰에게 검문을 받을 수 있다. 그래서 매매 당사자들은 '침실'까지 나란히 걷지 않고 거리를 두고 걷는다. 포주가 있는 경우에는 무슨 스파이영화의 미행 장면처럼 세 사람이 거리를 두고 은밀한 장소로 간다고 하니, 웃기기도 하고 스릴이 넘칠 것 같기도 하다. 만약에 그렇게 걷다가 경찰의 눈에 띄어 검문을 당하면 무조건 친구라고 해야 한다. 혹시 외국인의 스페인어 실력이 부족하면, 히네떼라가 언어 또는 살사를 가르쳐주는 과외선생이라고 하면 된다. 그런 변명과 함께 작은 팁을 챙겨주면 경찰은 눈 가리고 아웅하듯 봐준다. 처벌의 기준과 수위는 외국인보다는 내국인들, 그러니까 히네떼라들에게 훨씬 불리하다. 그래서 몇몇 현지 경찰들에게 '삥을 뜯기는' 히네떼라와 포주들도 있다.

요즘 히네떼라들은 말레꼰 같은 야외보다는 호텔 바나 관광객들이 찾는 카페와 나이트클럽에서 주로 포주 없이 활동한다.

한 가지 흥미로운 사실은, 쿠바에서는 포르노그래피에 대한 법이 엄격해서 음란 잡지나 동영상이 전무하다는 것이다. 자본주의 성적 착취의 산물인 음란물은 반혁명적인 것으로 간주돼 이를 소지하기만 해도 매춘 행위보다 훨씬 더 엄하게 처벌받는다. 어떤 면에서 보면 쿠바는 성적으로 자유분방하면서도 순수한 섬이었다.

어느 외국인 남자가 클럽에서 만난 미인과 눈이 맞아 따라 나갔다가 정신을 잃었다. 깨어보니 어느 빈민가 아파트였고, 지갑과 여권은 물론 모든 소지품이 다 털린 상태였다. 이 이야기는 버전에 따라 외국인과 클럽 미인의 성별이 바뀌곤 한다.

스페인 갑부와 사랑에 빠진 아바나의 창녀 이야기 역시 유명하다. 그녀는 남자를 따라 마드리드로 갔다. 반년 후 쿠바로 도망치듯 돌아온 그녀에게는 콩팥과 간이 없었다. 이 이야기는 버전에 따라 남자의 국적과 창녀의 장기가 바뀌곤 한다.

히네떼라에 관련된 이야기는 정말 셀 수 없이 많다.

쿠바에서는 구전으로 정보가 돌다 보니 엽기적인 소문들이 넘쳐났다. 어떤 이야기가 어디까지 사실인지 확인할 길은 없었지만 한 가지 확실한 것은 이 두 이야기가 외국인들과 쿠바인들의 '사이'를 잘 보여준다는 것이었다. 그 '사이'는 바로 서로에 대한 미지였다. 미지의 세계는 호기심과 두려움을 동시에 선사한다. 그래서 그런 괴담들이 외국인들과 쿠바인들 사이를 맴도는 것이었다.

쿠바에서 이런 괴담들이 도는 또 다른 이유는 강력범죄가 거의 일어나지 않기 때문이다. 범죄라고 해봤자 고작 관광객을 상대로 한 성매매와 소매치기 수준의 경범죄가 다였다. 아무리 늦은 밤에 다녀도 나는 거리에서 위험을 느낀 적이 거의 없었다. '거의'라고 쓰는 데는 이유가 있다. 쿠바는 기본적으로 범죄가 없고 치안이 좋은 나라다.

그래서인지 페페와 다리아나는 내가 미국이나 한국의 범죄 이야기들을 들려주면 마치 옛날이야기에 빠져든 아이들처럼 눈을 동그랗게 뜨고 귀를 기울였다. 내가 일부러 짓궂게 마이애미의 범죄에 대해 부풀려 얘기해주면 순진한 페페는 한숨을 쉬며 자신의 미래를 걱정하기도 했다.

쿠바에는 왜 범죄가 많지 않을까?

모든 범죄의 근원은 돈 아니면 성이다. 대다수의 쿠바인들은 돈이 없다. 모두 평등하게 가난해서 비교할 것도 부러울 것도 없다. 또 쿠바인들은 성에 대해 열린 사고를 갖고 있어서 성적으로 억압되어 있지 않다.

쿠바인들은 삶에 대한 태도가 긍정적이다. 인생의 우선경중을 알고 주어진 조건에서 살아가는 지혜가 있다. 그래서 그들은 행복하다. 쿠바인들은 대립이나 갈등을 기피한다. 혈기 넘치는 멍청한 십대들 외에는 싸움을 거의 하지 않는다. 쿠바에서 지내면서 가장 놀란 사실 중 하나는 다른 라틴아메리카 사람들과 달리 쿠바인들은 다혈질이 아니라는 것이었다. 내가 만난 쿠바인들은 대부분 낙천적인 평화주의자들에 가까웠다. 어쩌면 혁명으로 한번 세상을 제대로 뒤집어본 민중은 사소한 일상에서 화를 내지 않는 게 아닐까 하는 생각도 들었다. 쿠바인들은 마라톤을 뛰는 선수들처럼 쉽게 지치지도 포기하지도 않는다. 자살을 엄청난 뉴스로 여기는 쿠바인들은 내게 종종 묻곤 했다. 왜 경제적으로 유복한 한국에서 자살을 그렇게 많이 하는지.

쿠바는 정부가 모든 인민의 복지를 책임지는 국가다. 쿠바에서는 돈이 없어서 치료를 받지 못하거나 굶어 죽는 사람이 없다. 일당독재이지만 인권을 심하게 유린하는 철권통치를 하지 않는다. 21세기의 쿠바는 이민의 자유까지 보장돼 있어서 돈만 있으면 언제든지 누구나 떠날 수 있다. 기본 생활권이 보장된 사회에서는 개개인의 극단적인 불안과 불만이 상대적으로 줄어들 수밖에 없다.

쿠바는 1,100만이 사는 섬나라이자 통제가 심한 경찰국가이다. 한두 다리 건너면 다 아는 사이여서 신원 조회가 쉽고 범법 행위를 저지르고 도망가기가 여의치 않다.

마지막으로 쿠바의 공동체 의식이 범죄를 예방하는 큰 요인일 것이다. 지난 수십 년간 산전수전 다 겪은 쿠바인들은 서로 믿고 의지해야 살아남는다는 체험적 지식이 있다. 그래서 그들은 기쁨도 슬픔도 함께 나눈다. 자본주의의 때가 아직 덜 묻은 쿠바인들에게는 인정과 인심이 넉넉하다. 그들에게서는 구시대의 따듯한 온정이 넘치고, 이방인들에게 베푸는 친절에도 손익에 대한 계산이 숨어 있지 않다. 인터넷에서 이뤄지는 사회적 네트워크와 달리 사람과 사람이 직접 엮인 촘촘한 공동체는 쿠바 사회를 받쳐주는 든든한 기반이다.

쿠바의 변화

쿠바인들도 인터넷을 사용한다. 단지 자주 못 쓸 뿐이다. 2008년 라울 카스트로가 인민들에게 컴퓨터와 휴대전화의 소유를 허가한 이후 대부분의 쿠바인들은 컴퓨터와 휴대전화를 갖고 있다. 하지만 통신망 시설이 열악해서 주로 직장이나 5성급 호텔에서만 인터넷을 사용할 수 있다. 쿠바는 중국처럼 페이스북을 차단하거나 특정 플랫폼에 접속하는 것을 직접적으로 통제하지는 않는다. 그래서 젊은이들은 유튜브와 해적판 콘텐트를 통해 세상 물정을 상당히 잘 꿰차고 있다. 페페와 다리아나를 포함한 많은 쿠바인들은 '싸이Psy'

는 물론이고 한국 드라마에 대해 나보다 더 잘 알고 있었다.

다리아나는 한국 사극 팬이라고 했다. 일반적인 한국 드라마는 여자들이 신분 상승을 위해 부자 남자들에게 기생하는 이야기라서 정서적으로 불편하다고 했다. 마초 기질이 다분한 마그다도 같은 이유로 연애 위주의 한국 드라마를 싫어한다고 했다. 페페는 한국 영화 외에 다른 한류 콘텐트에는 관심이 없다고 했다.

그런데 쿠바인들은 한국을 포함한 외국의 콘텐트를 어떻게 그렇게 잘 알까?

쿠바의 공중파 텔레비전에서는 한국에서 무상으로 제공된 한국 드라마를 방영한다. 그러나 대부분의 아바나 사람들은 '파케떼 세마날*paquete semanal*'을 활용한다. 우리말로 하면 '주간 묶음' 또는 '주간 소포' 정도가 될 것이다. 아바나에는 매주 대용량 외장하드에 지난 일주일간의 새로운 콘텐트를 다운받아주는 '야매' 다운로더들이 있다. 신문, 잡지, 뉴스, 책, 스포츠, 드라마, 영화, 게임 등 고객의 기호와 필요에 따라 내용은 얼마든지 바뀔 수 있다. 소액의 월 회비로 운영되는 이 서비스는 아바나 사람들이 가장 선호하는 엔터테인먼트 겸 언론 '매체'이다.

국제저작권에 대한 개념이 없는 쿠바에서는, 〈아바타〉가 북미에서 극장 상영 중이던 시기에 공중파 텔레비전에서 방영됐다. 당연히 해적판이었다.

다리아나는 자신의 아이폰에 있는 한국 사극을 내게 보여줬다. 내가 잘 모르는 드라마였다. 내가 쿠바의 많은 것들을 낯설어하며 신기하게 보듯 다리아나에게는 경복궁과 한복이 신비하게 보이는 모양이었다. 샌드위치를 가져다준 웨이터도 호기심에 기웃거렸다.

그런데 나는 카페 안에서 이상한 기운을 감지했다. 웨이터만 우리에게 관심을 갖고 있는 게 아니었다. 카페 안의 많은 시선들이 아까부터 우리 일행을 힐끗힐끗 훔쳐보고 있었다.

나 때문인가? 아무리 내가 이곳에서 유일한 외국인이래도 동양인을 처음 보는 건 아닐 텐데.

뭐지? 나는 궁금했다. 카페 안의 사람들이 왜 우리를 의식하는지.

우리가 가진 디지털 기기들 때문인가? 우리 테이블 위에는 다리아나와 내 아이폰, 그리고 페페의 아이팟까지 세 개의 '사과'가 있었다. 한 입 베어 먹은 선악과는 언제 봐도 매력적이었다. 아바나에서 아이폰을 들고 다니는 사람은 많지 않았다. 거의 대부분 2G 휴대전화를 썼는데, 통화의 송수신 비용을 부담해야 하는 방식이어서 돈이 만만치 않게 들었다. 거기다 지정된 액수의 선불 방식만 가능해서 일반 쿠바인들은 휴대전화를 주로 문자를 주고받는 호출기처럼 사용했다.

하지만 그것도 아니었다.

순간 주변을 둘러보던 나는 묘한 분위기의 정체를 한눈에 알 수 있었다. 다리아나는 카페 안 유일한 여자였다. 그리고 우리가 앉아 있는 동안 카페에 여자는 단 한 명도 얼씬거리지 않았다.

카페에 오기 전에 호텔 리브레 근처에서 점심을 먹으며 쿠바 영화에 대한 대화를 하다가 자연스럽게 〈저개발에 대한 기억*Memorias del Subdesarrollo*〉과 〈딸기와 초콜릿*Fresa y Chocolate*〉 같은 작품들에 대한 얘기가 나왔다. 식사를 마치고 페페와 다리아나는 나를 코펠리아*Coppelia*

에 데리고 갔다. 코펠리아는 세계적으로 유명한 대형 아이스크림 가게이자 〈딸기와 초콜릿〉에서 동성애자 남자 주인공인 디에고가 자신의 오리엔테이션을 드러내기 위해 딸기 아이스크림을 선택하는 장면을 찍은 곳이기도 했다.

영화 속 디에고는 쿠바의 대문호였던 호세 레자마 리마José Lezama Lima에 대한 오마주로 만들어진 인물이었다. 레자마 리마는 마초로 뭉친 혁명정부로부터 탄압과 핍박에 시달리다 죽은 동성애자 지식인이기도 했다. 쿠바가 자랑하는 평등주의는 동성애자들에게는 해당되지 않았다.

혁명정부는 1960년대 초부터 동성애자들을 '반혁명 세력'으로 간주해 사회 곳곳에서 그들을 색출해 강제수용소와 감옥으로 끌고 갔다. 정부의 이런 폭력은 1980년대로 넘어오면서 완화됐지만, 동성애에 대한 쿠바 사회의 시선은 20세기 내내 곱지 않았다. 불과 몇 년 전까지만 해도 쿠바의 LGBT(레즈비언·게이·양성애자·트랜스젠더)들은 공공장소에서 자신들의 오리엔테이션을 숨겨야 했다. 하지만 2008년 라울 카스트로가 집권하면서부터 LGBT들의 권익은 향상되기 시작했다. 이런 변화에 가장 크게 기여한 인물은 LGBT 인권 운동가이자 쿠바 정부의 실세인 라울의 딸 마리엘라 카스트로Mariela Castro이다. 그래서 그런지 라울 카스트로가 양성애자라는 소문은 아바나에서는 공공연한 비밀이다.

'아…… 이것들이 뭘 잘못 짚었구나. 아주 심하게.'

나는 낮은 목소리로 그들이 명확하게 알아들을 수 있게 또박또박 말해줬다.

"페페, 다리아나, 잘 들어. 나는 게이가 아냐. 나는 여자를 좋아하는 남자야."

분위기가 썰렁해지며 페페와 다리아나는 어리둥절한 표정으로 서로를 쳐다봤다.

그날 밤 우리 셋은 베다도에 새로 생긴, 개인사업자가 운영하는 클럽에 갔다. 쿠바계 미국인이 돈을 대고 현지인을 내세워서 운영하는 업소였다. 나는 호텔이나 카사 델 라 무시카*Casa de la Musica*처럼 관광 책자에 나오는 곳이 아닌 색다른 곳을 보고 싶었다. 개인 저택의 인테리어를 바꿔 만든 민영 클럽은 무척 세련된 분위기였다. 바텐더는 영어를 완벽하게 구사했고, 바에는 30년 이상 나이를 먹은 스카치들이 즐비했다. 디제이의 감각 역시 괜찮았다. 그리고 술값은 다른 곳보다 세 배 정도 비쌌다.

다리아나는 춤을 정말 잘 췄다. 현란한 스트로브 조명 사이로 본능에 가까운 그녀의 움직임은 실로 아름다웠다. 그녀 주위에 추근대는 놈들이 몇 보였지만 페페는 크게 신경 쓰지 않았다.

얼마 후 다리아나는 미모의 여인을 데리고 왔다. 다리아나는 그녀를 그냥 '미모의 친구'라고 소개했지만 분위기로 봐서 둘이 잘 아는 사이 같지는 않았다. 하지만 미모의 친구는 정말 일반인의 외모가 아니었고 요염한 표정 역시 예사롭지 않았다. 미모의 친구는 데이퀴리를 시키며 내게 뭔가를 물어봤다. 하지만 나는 제대로 알아듣지 못했다. 음악 소리도 시끄러웠지만 영어 단어를 몇 개 섞은 스페인어였기 때문이었다. 다리아나가 통역해주었다.

"혹시 이탈리아계예요? 좀 섞였어요?"

"내가? 아니. 전혀. 왜 그렇게 생각하지?"

"미국 시리즈에 나오는 마피아 아저씨랑 비슷하대요. 느낌이."

"뭐? 내가?"

"그 HBO〈소프라노스〉아시죠?"

"뭐라고!"

'내가 빨리 살을 빼야지. 이런…….'

뭐가 그리 재미있는지 다리아나는 테이블까지 내려치며 웃다가 눈치를 보며 수습에 나섰다.

"좋은 뜻으로 한 말인데……."

"내가 몇 년 전에 담배를 끊고 잠시 발목을 다쳐서 체중이 좀 늘어난 거야."

나는 휴대전화를 꺼내 페이스북을 눌렀지만 데이터로밍이나 와이파이가 되지 않는 곳에서 페이지가 뜰 리 없었다.

"나중에 사진 보여줄게. 몇 년 전까지만 해도 내 별명이 이쑤시개였어."

두 아가씨는 재미있다고 자지러졌다. 웃기려고 한 얘기가 아니었는데.

나중에 알게 된 사실이지만 쿠바인들 눈에는 내가 뚱뚱한 사람이 아니었다. 그리고 다리아나의 말대로 내가 이탈리아계로 보인다는 것 역시 칭찬에 가까웠다.

그렇게 실없는 소리를 주고받으며 술을 마시는데 미모의 친구는 무슨 마네킹처럼 나를 보며 미소만 짓고 있었다. 대화를 시도해봤지만 영어 단어를 오십 개 이하로 알고 있어서 한계가 있었다. 시간이 갈수록 점점 지루해졌고, 자리를 지키며 술만 마셔대는 미모의 친구 역시 뭔가를 기다리는 분위기였다. 나는 상황 파악이 안 돼서 다리아나를 쳐다봤다. 그러자 다리아나가 씨익 웃으며 내 귀에 속삭였다.

"마음에 들어? 원래 꽤 비싼 앤데 내가 아는 친구니까 잘 네고해 줄게."

잠시 어안이 벙벙했다. 그런 나를 다리아나가 이상하게 쳐다보며 물었다.

"디렉토르, 아까 여자 좋아한다고 그랬잖아?"

"그…… 그랬지."

다리아나는 이해가 안 간다는 표정이었다.

"그럼 어떤 스타일 좋아해요?"

"……."

"취향이 아니면 진작 얘기를 하지. 알았어요."

다리아나는 미모의 친구에게 뭐라고 설명을 했다. 그러자 미모의 친구는 쿨하게 이해한다는 듯 끄덕이며 자리를 떴다. 잠시 다리아나와 나는 무안해서 말없이 술잔을 홀짝였다. 그때 아까부터 다리아나 옆에서 추근대던 외국인이 우리 쪽으로 와서 아는 척을 했다. 가까이서 보니 이놈이야말로 진짜 이탈리아 놈 같아 보였다. 다리아나와 몇 마디 주고받던 이탈리아 놈이 다리아나의 허리를 손으로 쓰윽 감더니 내가 보는 앞에서 그녀와 키스를 해댔다. 나는 깜짝 놀라 주위를 둘러봤다. 바 끝에 서서 바텐더랑 낄낄거리고 있던 페페와 눈이 마주쳤다. 혼란스러운 내 표정을 본 페페가 갸우뚱하며 내 옆에 있는 다리아나와 이탈리아 놈을 힐끗 봤다. 하지만 페페의 표정은 의외로 덤덤했다. 당황스러워하는 사람은 나뿐이었다. 어리둥절해하는 내게 페페가 잽싸게 뛰어왔다.

"디렉토르…… 이게 좀 복잡해."

"……?"

"사실 다리아나는 내 여자친구가 아니야. 그냥 어려서부터 아주 친한 친구야……."

성질 급한 다리아나가 달아오른 이탈리아 놈한테서 떨어지면서 끼어들었다.

"페페는 여자를 안 좋아해요. 그걸 안 지 몇 년 안 됐어요. 그런데 얘는 엄마를 무서워하잖아요."

나는 태연한 표정을 연기하며 적절하게 던질 수 있는 위트 있는 멘트를 찾았다. 어색한 침묵을 깨면서 마마보이 페페가 당당하게 커밍아웃했다.

"나 게이예요."

나는 일단 두 엄지를 치켜세우며 활짝 웃어줬다. 다리아나는 이름 모를 이탈리아 놈과 벌써 사라지고 없었다.

모든 금지된 열매는 매혹적이다. 아마 에덴동산에 있던 선악과도 그랬을 것이다. 호기심에 사과를 따 먹은 인간은 선악을 알게 됐지만 그 결과 인간 사회는 더 복잡해졌다. 모르기에 알고 싶지만, 알면 알수록 더 모르는 것이 늘어나는. 아마도 그것이 금지된 열매의 본질일 것이다.

쿠바라는 매력적인 열매 역시 나를 알 수 없는 미로로 유혹하고 있었다.

여행이란 관습과 습관에 길들여진 나를 자극하고 변화시키기 위한 도전이다. 변화란 익숙한 것들과의 결별이다. 그러나 낯설고 새로운 것을 받아들이는 일은 생각보다 불편하고 쉽지 않다. 누구나 새로움을 갈망하지만 낡고 친근한 것들을 버리지 못해 집착한다. 그래서 자유롭지 못하다.

헤밍웨이는 그날 밤 내게 말했다. 잔을 비워야 다시 채울 수 있다고. 그래야 새 술을 마실 수 있다고. 모든 편견과 오해를 버렸을 때 우리는 새로운 맛을 볼 수 있다. 그것이 진정한 여행의 시작이다.

CALLE DE LOS OFICIOS
CALLE DE LA OBRA PIA

Chapter 3

행복이라는 체인지업

BNC
CADECA
SE VENDE
SE VENDE
RESTAURAN
JACK CLUB
CAFETERIA
ETECSA
Mayabe
CASA de ABUELOS
C.I. Forjadores del Futuro
HOGAR MATERNO
COOPERATIVA
EL ENCANTO
U.E.

'당신은 지금 행복한가?'

쿠바가 내게 물었다.

쿠바인들은 행복하다. 아름다운 쿠바에 있으니 나도 행복해지는 것 같았다. 그렇다면 행복의 조건은 아름다움일까?

나는 쿠바인들이 지닌 '행복의 기술'이 부럽고 궁금했다. 그러나 기술을 배우려면 먼저 행복을 알아야 했다. 도대체 행복이란 무엇인가? 행복을 바라보는 관점만큼 아름다움에 대한 정의 역시 명확하지 않다. 둘 다 지극히 개인적이면서도 사회적이고, 주관적이면서도 객관적이기 때문이다. 아름다움은 개인의 취향에 따라서, 또는 정치적, 경제적 이해관계에 따라서 정의된다는 것을 굳이 예술사까지 들추지 않아도 주변에서 흔히 볼 수 있지 않은가?

정의하기 어렵고 잘 잡히지도 않는 '행복'과 '아름다움'의 본질을 찾기 위해서는 그 둘의 반대를 들여다봐야 할 것이다. '불행'과 '추함'은 정의 내리기가 상대적으로 훨씬 수월하기 때문이다.

불행이란 안전하지 못하고 안정적이지 못한 상태다. 삶에 위협과 위험이 있어서 불안할 때, 신체적인 질병과 고통을 겪을 때 우리는 불행하다.

추함은 우리 감각이 피하려는 것들이다. 진화 과정에서 몸에 해롭고 치명적인 것들을 본능적으로 피하기 위해 우리는 추함을 알게 됐을 것이다. 썩은 사과는 시각적으로, 후각적으로, 미각적으로 추하다. 그래서 우리는 추함이 아닌 아름다움을 소유하고 싶어 한다.

안전과 안정이 결여됐다는 점에서 불행과 추함은 유사하다. 그렇다면 행복과 아름다움 또한 같은 선상에 있고, 아름다움을 추구하는 예술만큼 행복을 잘 보여주는 것도 없을 것이다. 만약 아름다움이 행복의 약속이라면, 예술은 행복과 아름다움을 연결하는 고리가

ICINA DEL HISTORIADO

아닐까? 그래서 예술은 행복이나 아름다움을 우리에게 상기시켜주는 역할을 하지 않는가?

우리는 때로는 비극 속에서 아름다움을, 아름다움 속에서 슬픔을 느끼기도 한다. 그러나 이런 비극과 슬픔도 안전과 안정이 보장된 상태에서 느껴야 아름다울 수 있는 것이다.

언젠가 유럽의 작은 영화제에서 봤던 마리의 영화 또한 그랬다.

말을 할 수 없는 꿈처럼 대사가 전혀 없는 마리의 단편영화는 아름다우면서도 슬펐다. 내 마음 어딘가에 꽂혀서 빠져나가지 않는 그 영화는 쿠바에 온 뒤에야 제대로 음미할 수 있었다. 그 빛바랜 16mm 필름의 이글거림은 쿠바를 표현하기에 가장 적절한 영상이었다. 내가 본 쿠바 역시 슬프면서 아름다웠고, 화질이 좋지 않은 필름처럼 이글거렸다. 마리는 그 영화를 쿠바의 '지켜지지 않은 약속'이라고 했다. 그 약속은 행복의 약속이었을까?

원스 어폰 어 타임 인 쿠바

행복과 아름다움을 잇는 예술에는 다양한 장르가 있다. 그러나 그 중에서 가장 구체적이고 실체가 있어서 우리와 물리적으로 닿아 있는 예술은 단연 건축이다.

건축은 우리 일상과 가장 밀착된 예술로, 삶에 지대한 영향을 미친다. 단순히 우리가 건물에서 거주해서가 아니라, 건축과 우리의 삶은 서로 상호작용을 일으키기 때문이다. 그래서 일반인들의 일상적이고 보편적인 삶으로 가득 찬 건물들이 모여서 이루어진 주거지역은 단순한 배경이 아니라 거주자들의 정체성에 가깝다.

건축은 그 안을 드나드는 이들에 대한 이야기를 들려준다. 건축물을 살펴보면 거주자들이 무엇을 원하고 무엇을 두려워하는지를 단박에 알 수 있다. 쿠바인들은 남들과 다른 독특한 개성을 추구한다. 그 반대되는 예로, 한국의 개발독재 시절 획일적으로 지어진 우중충한 아파트들은 거주자들이 사회적으로 튀는 삶을 두려워하게 만든다.

건축은 다른 예술과 달리 물리적으로 거대해서 한눈에 포착하기가 불가능하다. 또 건축은 공공성이 강한 예술이기도 하다. 문화의 물리적, 공간적 표현인 건축은 주거지를 형성하고 도시를 만든다. 인류 역사상 그 누구도 자신의 주거 환경을 완벽하게 선택할 수 없었다. 자기 집을 선택하고 지을 수는 있지만 집 주변의 공공시설, 그리고 더 나아가서는 도시계획을 자기 마음대로 한 사람은 아무도 없다. 상상을 초월하는 부와 권력을 가졌더라도 그 작업은 시간과 자원의 한계 때문에 현실적으로 불가능하다. 아마 가우디Antoni Gaudi가 설계한 바르셀로나가 가장 근접한 시도가 아니었을까? 그래서 주거 환경은 사회 구성원들의 공통된 경험이 만들어낸 조화이자 정신적 초상이고, 시대의 기록이 되는 것이다.

쿠바의 건축은 다른 쿠바의 예술처럼 여러 문화가 어우러져 만들어낸 잡종이자 변종이라고 할 수 있다. 그런 쿠바의 건축을 음미하기 위해서는 경제적으로 화려했던 쿠바의 역사를 먼저 들여다봐야 한다.

16세기에 식민지 시대가 본격적으로 시작되면서 쿠바에는 스페인에서 유행하는 것들이 많이 흘러들었다. 이베리아 반도에 8세기 동안 머무르다 1492년에야 아프리카로 쫓겨간 무어인들의 영향을 받은 당시 스페인의 예술은 기독교와 이슬람, 유럽과 아랍 문화의 혼혈이었다. 오늘날 우리가 접할 수 있는 (원주민의 건축양식이 포함되지 않은) 쿠바 건축의 시초는 혼합 문화인 무데하르*Mudéjar* 양식이다. 식민지 시대 초창기에 지은 무데하르 양식을 가장 잘 나타내는 건물은 1522년 산티아고에 지어진 까사 데 벨라즈케즈*Casa de Velazquez*일 것이다. 참고로 이 집의 원래 주인은 우리가 아는 17세기 화가와는 전혀 무관한, 쿠바의 총독이었다.

주황색 기와들이 꼼꼼한 결을 이루고 있는 지붕은 2층 발코니 위까지 뻗어 있어서 햇빛과 비를 막아준다. 정교한 무늬가 새겨진 하얀 벽면의 조각들은 기하학적으로 완벽하게 맞물려 있다. 고동색 난간과 조각된 나무 프레임이 발코니와 창을 보호하고, 내부 바닥에는 시원한 타일이 깔려 있고, 높은 천장은 나무로 마감되어 있다. 한눈에 봐도 빛과 그늘, 통풍을 고려하고 계산해서 지은 건축물이라는 것을 알 수 있다.

나무 천장은 목선木船의 바닥과 아주 흡사한 형태인데, 이는 아랍의 정교한 조선 기술이 반영된 것이다. 얼마나 많은 장인들과 예술가들이 건물 하나를 짓기 위해 동원되어 생고생을 했을까? 작업 현장을 상상하기만 해도 고달픔이 몰려왔다.

톨스토이는 오페라를 준비하는 수많은 이들의 노고를 목격한 뒤 그렇게 많은 이들의 희생을 담보로 하는 예술은 바람직하지 않다

고 했다. 신을 믿고 홀로 작업하는 작가의 입장에서는 그렇게 생각할 수도 있었겠지만 나는 전혀 동의할 수 없다. 건축과 영화처럼 시대와 세대와 지역을 뛰어넘어 수많은 이들의 마음을 움직이는 예술 작품을 보면 그 수많은 이들의 고생이 조금도 헛되지 않았다는 것을 느낄 수 있기 때문이다.

까사 데 벨라즈케즈 같은 대저택이 아닌 일반인들이 살던 평범한 집들을 보고 싶다면 중남부 해안에 위치한 트리니다드*Trinidad*에 가야 한다.

트리니다드에서 플라자 마요르*Plaza Mayor*라는 광장을 중심으로 퍼져 있는 작은 마을은 아메리카 대륙에서 식민지 시대의 건축물들이 가장 잘 보존된 지역 중 하나이다. 그래서 1988년에 마을 전체가 유네스코 문화유산으로 지정되기도 했다.

수많은 호박돌을 촘촘히 땅에 박고 다져 만든 마을의 거리는 끝이 없는 옛날이야기처럼 꼬불꼬불 이어져 있고, 길 옆으로 들어선 주택들의 대문과 창문은 하나같이 거대하며 모든 창에는 수직 창살들이 빠짐없이 박혀 있다.

파스텔 톤의 노란색과 초록색이 지배하는 그 마을은 19세기 중반 이후로는 새로 지어진 건물이 없어서, 마치 마법에 걸려 시간이 멈춰버린 동화 속 마을 같다. 종탑에서 치는 종소리를 들으면 꿈속에서 깨어나는지 아니면 꿈속으로 들어가는지 잠시 헷갈릴 정도로 몽환적인 곳이다.

쿠바의 여느 도시처럼 트리니다드에서도 크고 작은 성당과 종탑을 곳곳에서 볼 수 있다. 쿠바의 도시들은 1573년 신대륙 식민지를

위해 만들어진 법령*The Laws of the Indies*에 따라 네 블록마다 광장을 만들어야 했다. 그 광장에는 종교 시설들이 들어섰다. 이러한 스페인 정부의 정책으로 많은 중남미 도시들은 공간적인 질서가 잡혀 있고, 오늘날까지도 정서적으로 여백과 여유가 있다.

신세계의 열쇠

나의 아바나 건축 투어를 이끌어준 도시사학자 아델라는 고리타분하고 교과서적인 아줌마였다. 쿠바 미술사와 건축사를 공부한 아바나 토박이인 아델라는 아바나 시의 공무원이었다. 용돈을 벌기 위해 근무를 빼먹고 나왔지만, 다리아나 덕분에 나는 비용을 전혀 부담하지 않아도 됐다.

내가 동부로 여행 간다는 얘기를 들은 페페와 다리아나는 자신들을 까마구에이까지 데려다 달라고 부탁했다. 까마구에이에는 페페의 아버지가, 그리고 다리아나의 동생이 살고 있었다. 오래전부터 둘은 까마구에이에 가고 싶었지만 갈 수 있는 기회도 없었고 여건도 마땅치 않았다.

시외로 나가는 대중교통이 거의 전무한 쿠바에서 일반인들이 국토를 가로질러 여행하기란 보통 불편한 일이 아니다. 일단 비행기는 가격이 너무 비싸다. 완행열차는 많지도 않고 시간도 맞지 않는데다 고장까지 잦아서 언제 어디에 도착할지 기약할 수 없다. 버스를 몇 차례 갈아타는 방법이 있지만, 중동부 도시인 까마구에이까지 가려면 사흘 정도 고생해야 한다.

쿠바의 국도를 달리다 보면 사람들을 가득 싣고 가는 대형 화물 트럭을 볼 수 있다. 이 또한 쿠바인들이 자주 활용하는 '대중교통' 수단이다. 하지만 쿠바인들이 가장 보편적으로 이용하는 시외 교통 수단은 히치하이킹이다. 쿠바에서는 도시 밖으로 나가면 편승을 기대하는 히치하이커들을 자주 만날 수 있다.

어차피 까마구에이는 산티아고로 가는 길에 있고, 자동차 여행에 젊은 친구 둘을 데려가는 것도 재미있을 것 같아서 나는 페페와 다리아나의 부탁을 흔쾌히 들어주기로 했다. 하비에는 못마땅한 표정으로 페페와 다리아나가 기름값이라도 보태야 하는 것 아니냐고 운을 띄웠다. 나는 다리아나의 '벌이'가 아무리 좋아도 그럴 필요는 없다고 했다. 하지만 눈치 빠른 다리아나는 아바나의 건축 전문가 아델라를 내게 이틀간 공짜로 붙여줬다. 사실 며칠 전에 다리아나가 동료 히네떼라까지 동원해가며 내게 환심을 사려 했던 것도 다 이유가 있었다. 수완이 좋은 다리아나는 이래저래 다양한 부류의 여자들을 알고 있었다.

"아바나는 신세계를 여는 열쇠다! 1592년 스페인 국왕 필립 2세가 아바나를 도시로 승인하면서 한 말입니다."

엘모로가 보이는 구시가지 공원에서 우리 일행을 만난 아델라의 강의는 그렇게 시작됐다.

아메리카의 자원을 모국으로 보내는 거점이자 카리브 해의 전략적 요충지였던 쿠바는 스페인 제국에서 매우 중요한 식민지였다. 쿠바, 특히 항구도시 아바나는 신대륙과 구대륙을 잇는 출입 지점으로서 빠른 속도로 발전해갔다. 자연스레 돈이 넘쳐났고, 그러자 해적들이 파리 떼처럼 꼬여들었다.

1555년 프랑스 해적*corsair*이 아바나를 약탈하고 도시를 불태우는 사태가 일어났다. 스페인은 이에 대응하기 위해 쿠바의 주요 지역들을 지키는 요새를 건설하기 시작했다. 쿠바의 안전과 안정이 보장되지 않으면 아메리카 식민지 전체의 경제가 위협받는다는 사실을 스페인은 잘 알고 있었다. 그래서 1589년에 완성된 아바나의 엘 모로를 시작으로 1700년에는 동남부 항구도시 산티아고에도 거대한 요새가 지어졌다. 스페인에게 쿠바는 그만큼 소중한 곳이었다.

17세기의 아바나는 스페인 제국의 신대륙 수도 역할을 하면서 경제적으로 급속히 성장했다. 중남미에서 나오는 엄청난 양의 금과 은이 모두 아바나를 통해 스페인으로 갔고, 쿠바에서는 자체적으로 담배와 커피를 본토로 수출했다. 이런 알짜배기 쿠바를 눈여겨보던 스페인 남작들은 쿠바의 기후와 환경이 사탕수수를 재배하기에 가장 적합하다는 사실을 알게 됐다.

원래 뉴기니에서 재배되었던 사탕수수는 기원전 시대에 인도로 전해졌고, 그 후 페르시아와 아랍에서 유통되다가 십자군에 의해 유럽까지 전해졌다. 15세기 이후에 스페인에서도 설탕이 거래됐지만 일반인들이 쉽게 접할 수 있는 원료는 아니었다. 쿠바에 사탕수수가 유입된 것은 콜럼버스의 2차 원정 때부터였다.

쿠바에서는 18세기에서 19세기까지 '백금'으로 불렸던 설탕을 지구상에서 가장 많이 생산해냈다. 상상을 초월한 부가 쿠바 전역에 퍼져나갔고, 이때부터 까마구에이, 씨엔푸에고스*Cienfuegos*, 트리니

다드와 같은 도시에서는 화려하고 사치스러운 건축물이 경쟁적으로 지어졌다.

쿠바의 부르주아들은 다른 식민지의 지주들과는 차원이 달랐다. 쿠바의 설탕 갑부들은 프랑스, 네덜란드, 영국, 덴마크령 카리브 섬의 지주들처럼 농장 저택에 거주하지 않았다. 그들은 도시에 살면서 유럽의 건축가를 고용해 동시대에 유행하는 양식으로 지은 저택에서 살았다. 이 시대 쿠바의 건축물을 보면 위대한 예술은 필요가 아닌 욕망을 충족시키기 위한 행위라는 진실을 알 수 있다.

오늘날 뉴욕을 봐도 알 수 있듯이 돈이 있는 곳에 문화가 모이고 예술이 피어난다. 18세기 아메리카에서 무역의 중심지였던 아바나는 미국의 보스턴이나 뉴욕보다 훨씬 부유했고, 리마와 멕시코시티에 이어 신대륙에서 세 번째로 인구가 많은 도시였다.

18세기부터는 또 다른 스페인 식민지 필리핀을 통해 청나라의 물품들까지 쿠바로 들어와 문화의 다양성에 크게 기여했다.

쿠바바로크

흥미로운 사실은 라틴아메리카의 다른 식민지들과 달리 쿠바는 원래부터 메스티조*Mestizo* 예술, 즉 유럽 백인과 원주민들이 결합해 만든 예술 또는 건축이 자리 잡기 어려운 조건과 환경에 놓여 있었다는 것이다. 일단 다른 중남미 지역에 비해 쿠바 원주민의 노동력은 손재주는 말할 것도 없고 모든 면에서 질적으로 현저하게 떨어졌

다. 그래서 시공에는 대부분 아프리카 노예들을 써야 했다. 이와 더불어 쿠바 현지에서 조달되는 석회석은 질이 고르지 못해 구멍이 많고 해양 화석까지 박혀 있었다. 이런 현지의 자연조건과 자원적 한계는 얼마 지나지 않아 쿠바바로크Cuban Baroque라는 독특한 건축 양식을 낳았다.

바로크는 원래 '변형된 모양의 진주'라는 뜻이지만 '기괴하다grotesque'는 의미로도 해석된다. 바로크 건축은 원래 종교개혁에 대항하는 가톨릭의 반종교개혁과 함께 태어났다. 그래서 흔히 1626년에 완성된 바티칸의 성 베드로 성당을 바로크 건축의 시발점으로 본다. 초창기에는 유럽의 성당과 종교 시설물에만 응용되었던 바로크 건축법은 스페인 식민지가 확장되며 라틴아메리카에 널리 보급될 수 있었다.

쿠바바로크 가정집의 두드러진 특징은 대략 이렇다. 거리를 바라보는 발코니가 있고 내부에는 아치가 많다. 그리고 건물로 둘러싸인 중앙 정원은 주로 모여 사는 여러 가정이 공유한다.

쿠바바로크의 가장 대표적인 작품은 '아바나 성당'이라고 불리는 산 크리스토발 성당Catedral de San Cristóbal de la Habana이다. 예수회의 의뢰로 1777년에 완공된 이 성당은 정교하고 세밀한 조각들로 맞춰진 장식용 곡선과 편개주, 깔끔한 대리석 바닥과 거대한 돌기둥들이 단정한 분위기를 이루고 있다.

아바나 구시가지에 있는 이 성당의 독특한 매력은 무엇보다도 건물 외관의 거친 질감과는 완전히 대비되는 내부다. 바로크적인 외부와 달리 내부는 단순하고 절제돼 있다. 나는 이것이 약 50년 정도의 시차를 두고 유럽에서 들어온 건축법이 현지 조건에 맞춰서 진화하며 자생적으로 정체성을 찾은 결과라고 본다. 그래서 엄밀히 보면 아바나 성당도 바로크보다는 로코코의 특징을 많이 갖고 있다.

첫째, 많은 로코코 건축물처럼 아바나 성당의 외형은 노골적으로 비대칭이다. 정면에서 본 좌우 종탑의 크기는 확연하게 다르다. 이는 늪지대를 다져 만든 광장의 배수를 위해 불가피하게 조정한 결과라고 했다. 하지만 오히려 이런 변형이 무언가를 굳건하게 지키는 늠름한 요새 같은 분위기를 연출해낸다.

둘째, 아바나 성당을 찬찬히 살펴보면 관능적으로 휘어지는 정면은 친밀감을 주고, 구멍이 무성한 표면에서는 왠지 바다의 냄새와 노래가 흘러나오는 듯한 환상을 일으키기도 한다. 엄숙한 분위기가 두드러지는 바로크 양식의 성당과는 거리가 있어 보인다. 그래서 쿠바의 소설가 까르펜티에Alejo Carpentier는 이 성당을 '음악이 석재로 변한 것'이라고 묘사했다.

한때 콜럼버스 시신의 일부가 안치돼 있었던 이 성당은 현재 아바나 대교구장 오르테가Jaime Lucas Ortega y Alamino 추기경의 본부이다. 지난 30여 년간 카스트로 정권과 미국식 자본주의를 싸잡아 비판하며 쿠바의 정치범 석방을 위해 투쟁한 강직한 성직자와 잘 어울리는 성당이다.

훗날 윈스턴 처칠Winston Churchill이 '18세기의 세계대전'이라고 불렀던 7년전쟁은 카리브 해의 진주인 쿠바를 가만히 놔두지 않았다. 1762년 영국군은 아바나를 점령했다. 그다음 해 파리에서 체결한 평화조약으로 스페인은 영국에게 플로리다를 넘겨주는 조건으로

아바나를 다시 돌려받았다. 영국이 아바나를 지배한 것은 불과 1년도 되지 않았지만, 그 기간은 쿠바 전역에 엄청난 변화와 막대한 경제적 번영을 가져다줬다.

영국은 아바나를 장악하자마자 곧바로 자신들의 식민지인 북미와의 무역을 활성화시켰다. 영국은 스페인 지배하에 존재했던 독과점과 불필요한 무역 장벽들을 제거했고, 아바나를 일종의 '자유무역 지대'로 탈바꿈시켰다. 무역의 물꼬가 터지자 영국군이 철수하고 난 뒤에도 교류는 지속됐다. 쿠바가 이전에는 접하지 못했던 많은 문물들이 유입됐고, 특히 대량으로 들어온 말과 노예들은 노동력 부족으로 생산성이 떨어졌던 쿠바 경제에 큰 기폭제가 되었다. 이로 인해 사탕수수 농장들은 수익이 치솟았고, 쿠바의 설탕 귀족들은 해외 자본과 함께 철도와 같은 사회간접자본에도 투자하기 시작했다.

새로 유입된 다양한 자원과 문화는 소비를 촉진시켰고, 이는 경제성장의 선순환 구조를 형성하며 19세기 아바나가 '앤틸리스 제도의 파리'라는 별명을 가질 수 있게 해줬다.

신고전 쿠바

1791년에 노예 봉기로 촉발된 아이티 혁명을 피해 쿠바로 온 아이티 출신 프랑스 부르주아들과 1803년 루이지애나 매매*Louisiana Purchase*로 미국에서 온 프랑스인들은 남부 해안에 신도시 씨엔푸에

고스를 만들었다. 그 프랑스 이민자들이 들여온 건축양식이 신고전주의였다.

초기 신고전주의는 바로크 시대의 '반응'에 가까웠다. 대부분 그레코로만*Greco-Roman* 건축의 '순수한 원형'을 다시 복원하는 데 집중했고, 이는 외형적으로 콜로네이드*colonnade*가 강조되는 현상으로 나타났다.

쿠바 도시의 중심가를 걸으면 양옆으로 다양한 건물들의 기둥이 계속 이어지는 진기한 풍경을 볼 수 있다. 까르펜티에는 아바나를 '기둥의 도시'라고 불렀다. 이런 기둥의 나열이 가장 길게 이어지는 곳은 아바나의 프라도 거리*Paseo del Prado*이다.

아바나의 신구新舊 구역을 나누는 프라도 거리를 걸으면 왠지 안정감을 느끼게 된다. 몇 차례 그 거리를 걷고 난 뒤에야 나는 그 이유를 알 수 있었다. 프라도 거리 양옆으로 늘어선 기둥들은 질서와 규칙을 속삭이고 있었다. 계속 이어지는 단순함이 마음을 안정시켰고, 제각기 사력을 다해 무거운 건물을 떠받치고 있는 기둥 하나하나는 안전함을 상기시켰다. 안정과 안전을 느끼게 해주며 심란함을 잠재우는 그 마술은 바로 균형미였다.

아바나의 중심을 향해 프라도 거리를 걸어가면 우측에 영국 호텔*Hotel Inglaterra*이 나온다. 쿠바에서 가장 오래된 이 호텔은 1895년 군사 참관인으로 쿠바에 온 윈스턴 처칠이 장기 투숙한 곳이기도 하다. 사관학교를 갓 졸업한 스물한 살의 풋풋한 처칠은 그곳에서 《데일리 그래픽*Daily Graphic*》이라는 영국의 일간 화보지에 쿠바에 대해 기고했다. 처칠이 봤을 19세기 말의 화려한 아바나는 상상만 해도 가

습이 설렌다. 그 눈부신 모습에서는 마치 늙은 여배우의 화양연화처럼 아련함과 그리움이 묻어난다. 처칠은 그때 원고를 쓰면서 쿠바 시가의 맛을 알게 됐고, 평생 트레이드마크처럼 시가를 입에 물고 다녔다.

영국 호텔 바로 옆에는 20세기 초반에 증축된 네오바로크neo baroque풍의 아바나 대극장Gran Teatro de La Habana이 있다. 그곳은 쿠바의 국립발레단이 정규 공연을 하는 곳이기도 하다. 그 건물들 뒤로는 미국의회를 베껴 만든 미국발 신고전주의 엘카피톨리오El Capitolio가 커다란 원형 머리를 내밀고 있다. 그 세 건물을 배경으로 반세기를 훌쩍 넘긴 올드카들이 주욱 늘어서서 신호를 기다리는 장면은 언제 봐도 질리지 않는다. 잊고 있던 전생으로 돌아간 느낌도 들고, 감독의 액션 콜을 기다리는 시대극 영화의 현장 같기도 하다. 미국과 유럽이 200년에 걸쳐서 쿠바에 뿌린 문화가 골고루 섞여 있는 그 광경은 19세기부터 근대로 넘어오는 쿠바를 함축적으로 잘 보여주는 그림이다.

19세기 초 나폴레옹 전쟁의 여파로 국왕 페르난도 7세가 쫓겨나면서 스페인은 정치적으로 매우 혼란스러웠다. 이 틈을 타서 쿠바의 설탕 귀족들 일부는 독립을 모색하기도 했지만, 대다수의 쿠바 기득권층은 스페인과의 분리를 반대했다. 그들은 스페인의 제도적인 후원과 정치 지배 아래서만, 막대한 경제적 이익을 가져다주는 노예제도를 유지할 수 있다고 믿었기 때문이다. 그들 중 일부는 자신들의 이익을 지키기 위해 오히려 쿠바를 탐내는 미국 대통령 제퍼슨Thomas Jefferson과 미국과의 병합을 비밀리에 추진하기도 했다.

HOTEL

하지만 보수적인 쿠바의 지배 계층 대부분은 스페인 식민지에서 벗어나는 것을 원하지 않았다. 그래서 쿠바는 시몬 볼리바르가 스페인으로부터 독립시킨 중남미의 많은 국가들이나 영국과의 전쟁으로 독립을 쟁취한 미국과 달리, 일편단심 모국만을 바라보는 '의리'의 식민지로 19세기 후반까지 조용히 있었다. 그러나 시간이 흐를수록 사정은 달라졌다. 문제는 늘어나는 인구였다.

설탕으로 막대한 부를 챙긴 쿠바의 인구는 19세기 말로 접어들면서 150만을 넘고 있었다. 식민 통치와 노예제로 사회적 부의 분배는 여전히 문제가 많았고, 새로운 변화의 조짐은 인종 분포에서 나타나고 있었다. 흑인 노예와 흑백이 섞인 물라토를 합친 유색인종이 점점 늘고 있었고, 대다수의 물라토는 노예가 아닌 자유인이었다. 이런 인종 비율의 변화로 쿠바에서 백인의 입지가 점점 줄어들고 있었다.

1812년부터 노예 봉기가 일어나면서 노예제 폐지를 향한 움직임으로 이어졌다. 그러다 1868년에 독립주의자 세스페데스Carlos Manuel De Céspedes가 자신의 노예들을 모두 풀어주면서 쿠바의 독립을 위해 싸우자고 결의했다. 이 선언이 쿠바 독립투쟁의 시발점이었다. 독립운동은 이른바 쿠바의 십년전쟁The Ten Years' War으로 이어졌다.

독립군 측은 백인, 흑인, 물라토와 2,000여 명의 중국 노예들까지 포함돼 있는 다인종 연합군이었다. 그들을 이끄는 도미니카공화국 출신의 고메즈Máximo Gómez 장군과 쿠바인 물라토 마세오Antonio Maceo 장군의 활약으로 쿠바는 스페인으로부터 많은 전리품을 얻어낼 수 있었다. 그중 가장 빛나는 성과는 1886년에 이뤄진 노예제 폐지였다.

쿠바 독립운동의 가장 큰 특징은 노예제 폐지와 맞물린 투쟁이었다는 사실이다. 쿠바는 독립보다 노예제 폐지를 먼저 이뤄냈다. 이는 독립 과정에서 노예제에 대한 고민이 전무했던 인종주의적인 미국의 건국 철학과는 근본적인 차이를 보여준다.

쿠바 건국의 아버지로 불리는 호세 마르티는 작가였다. 부에나비스타소셜클럽이 불러서 이제는 전 세계적으로 알려진 쿠바 민요 〈관타나메라*Guantanamera*〉의 가사도 호세 마르티가 쓴 시이다. 그는 뉴욕 망명 생활을 오래 해서 미국의 본성을 누구보다 잘 파악하고 있었다. 독립 이후 쿠바가 미국에 종속되는 것을 우려한 호세 마르티는 쿠바의 독립운동을 혁명으로 규정했다.

호세 마르티는, 미국의 지배 위협에 대처하기 위해서라도 라틴아메리카는 유럽 출신 백인들이 아닌 다양한 인종과 민족이 연대한 사회체제를 구축해야 한다고 주장했다. 그는 스페인이나 미국과 달리 쿠바는 도덕적 명분에 기반한 사회적 정의를 이룬 나라가 돼야 제국주의로부터 진정한 독립을 지켜낼 수 있다고 믿었다.

아쉽게도 호세 마르티는 1895년에 전사했지만 그의 사상은 21세기까지 이어진 쿠바의 대제국주의 투쟁의 사상적 근간이 되었다. 무엇보다 인종 단결을 강조한 호세 마르티의 반인종주의 철학은 독립한 쿠바가 유색인의 권리를 백인과 동등하게 제도적으로 보장하는 데 크게 기여했다. 특히 선거권을 가졌던 쿠바의 유색인들은 20세기 초부터 제도권 정치인을 배출해낼 수 있었다. 그래서 20세기 쿠바에서는 20세기 미국의 짐크로법*Jim Crow Laws*처럼 제도화된 인종주의가 존재하지 못했다.

20세기의 문턱에서 대변혁을 겪는 쿠바를 눈여겨보던 미국은 쿠바의 경제 전반에 대한 투자를 계속 늘려갔다. 1895년에 이르러서는 쿠바에 투자한 미국 자본이 5천만 달러를 넘어섰다. 쿠바는 형식적으로는 스페인의 식민지였지만 경제적으로는 점점 더 미국에 의존해가는 형국이었다.

쿠바의 독립투쟁에 대한 미국 언론의 관심은 지나칠 정도였다. 식민지로부터 독립을 원하는 쿠바를, 18세기에 영국으로부터 독립한 미국과 비교하는 모든 논조는 정의와 불의, 선과 악의 구도로 쿠바의 독립 투쟁을 묘사하며 과장과 오보까지 남발해댔다. 그러자 미국 내에서는 미국 정부가 하루 빨리 쿠바의 독립을 지원해야 한다는 여론이 급속히 형성되었다. 과열된 황색 저널리즘은 단순히 판매 부수를 늘리고 싶은 뉴욕의 양대 언론사주 윌리엄 랜돌프 허스트William Randolph Hearst와 조지프 퓰리처Joseph Pulitzer 간의 경쟁으로만 볼 수 없었다.

1898년에 아주 희한한 일이 벌어졌다. 그해 1월 아바나에서 쿠바의 독립을 반대하는 스페인 지지자들의 시위가 있었다. 이 과정에서 인쇄소를 포함한 공공기관들이 파괴됐다. 쿠바 내 미국인들의 안전을 우려한 아바나의 미국 총영사는 워싱턴에 도움을 요청했다. 미국 정부는 미군함 메인 호USS Maine를 아바나로 보냈다. 아바나 항구에 정박한 지 한 달도 채 안 된 어느 저녁, 메인 호에서 원인 모를 거대한 폭발이 일어났다. 배가 침몰하면서 266명의 선원이 사망했다. 이 사건은 오늘날까지 원인과 배후가 밝혀지지 않고 있다. 스페인 입장에서는 귀신이 곡할 노릇이었지만, 그 당시 미국 내에서는 진실 규명 따위는 중요하지 않았다. 미국의 언론들은 마치 약속이라도 한 듯 한목소리로 메인호 테러의 배후로 스페인을 지목했고, 선동에 가까운 선정적인 기사들이 잇따랐다. 메인 호가 침몰하기 무섭게 미국 의회는 공식적으로 스페인과의 전쟁을 선포했다. 그렇게 시작한 미서전쟁은 반년도 지나지 않아 미국의 일방적인 승리로 끝났다. 전승국 미국은 쿠바의 독립을 지원한다면서 1902년까지 쿠바를 점령 통치하기로 결정했다.

1902년 이후부터 미국은 아예 플랫 수정법*Platt Amendment*을 만들어서 쿠바의 외교권과 경제적인 실권을 가져갔다. 그래서 많은 역사학자들은 스페인이 나간 1898년과 혁명이 일어난 1959년 사이의 기간을 '공화정 시대'가 아닌 '신식민지 시대'라고 부른다.

20세기의 시작과 함께 쿠바에는 미국 문화가 물밀듯이 밀려왔다. 미국발 신고전주의 건축의 영향을 받아 아바나 대학 본관과 미국 의회의 짝퉁 건물이 아바나 도심에 추가됐다. 중소형 건물들은 유럽과 미국의 유행을 따라 네오고딕*Neo Gothic*, 네오바로크 등 의뢰인들의 취향에 맞게 속속 지어졌다. 파리에서 들어온 보자르*Beaux Arts* 덕분에 평평한 지붕 아래 아치형 창들이 즐비한 건물들이 아바나에 늘어났고, 얼마 지나지 않아 아르데코*Art Deco*까지 상륙했다. 신소재와 신기술을 적극적으로 융합하고 활용한 아르데코 양식의 특성은 아바나의 바카디*Bacardi* 건물과 쿠바혁명의 신호탄을 알렸던 산티아고의 몬카다 병영*Moncada Barracks*에서도 잘 드러난다.

"바카디가 뭔지 아세요?"

바카디 건물에 대한 아델라의 설명이 끝나자 페페가 나를 보며 물었다.

"야, 디렉토르가 꼬레아 델 노르떼(북한)에서 온 꼬뮤니스타냐? 자꾸 멍청한 질문 할래?"

다리아나가 페페를 구박했다.

"한국에서도 바카디 팔아. 쿠바혁명 때 쿠바에서 쫓겨났지만 산티아고에서 시작한 주류 회사잖아."

"한국에서도 럼을 마시는구나."

"사실 저 집안 애가 고등학교 1년 후배였어. 기숙사도 같았고."

"정말?"

"응. 뉴잉글랜드에 있는 가톨릭 기숙학교라서 남미의 권력층 집안 도련님들이 꽤 있었어. 엘살바도르 대통령 아들도 있고…… 암튼 누구누구 새끼들이 꽤 많았어."

"라틴 애들도 많았는데 디렉토르는 왜 스페인어를 잘 못해요?"

"야! 라틴 애들이 있다고 미국 학교에서 스페인어 쓰냐? 너 바보 아냐?"

참고 있던 다리아나가 버럭 소리를 질렀다.

"아, 나는 고등학교 때 외국어로 프랑스어를 배웠어."

"애들은 어땠어요? 남미에서 온 애들?"

"착해. 의리도 있고. 그 왜 특유의 아미고amigo 문화라고 할까. 좋지. 근데 걔네들 부모 중 몇몇이 종종 물의를 일으켜서 욕을 먹었지."

"인권 문제 같은 거요?"

다리아나가 물었다.

"그런 정치적인 이슈 말고. 학교에 올 때 요란을 좀 떨었어."

캠퍼스 중앙에는 곱게 깔린 잔디밭이 하나 있었다. 미식축구장보다 조금 작은 크기의 사각형 잔디밭은 아무도 밟고 지나다니지 않는 것이 전통이었다. 잔디밭 한쪽에는 과학 건물이, 그 맞은편에는 성당이 있었다. 지식과 믿음은, 사실과 진실은 그 잔디밭을 두고 마주 보고 있었다. 아니 평행을 이루고 있었다.

그 성당은 원래 기존의 낡은 성당을 대체하기 위해 20세기 중반에 다시 지어졌는데, MIT에서 건축학장을 지내기도 했던 모던 건축가 피에트로 벨루치*Pietro Belluschi*가 설계한 작품이었다. 그 성당의 매력은 타오르는 저녁 노을과 함께 진가를 발휘했다. 그 시간대에 성당의 그림자는 완벽하게 잔디밭 프레임 안에 걸렸고, 그곳에서 약 한 시간 정도 머물며 태양의 위치에 따라 모양을 바꿔갔다. 그 모습은 실로 예술이었다. 붉은 태양빛과 녹색 잔디 배경에 명확하게 드러나는 성당 그림자는 지나가는 이를 멈춰 서게 하고, 안 믿던 이까지 하느님을 믿게 할 정도로 감동적이었다. 그래서 그 잔디밭을 학교에서는 '성스러운 잔디밭'이라고 불렀고, 그곳을 밟고 다니지 않는 규칙까지 있었던 것이다. 그런데 그 성스러운 잔디밭에 헬기가 내린 적이 있다. 라틴 권력층 학부모 중 한 사람이 뉴욕에 왔다가 아들을 보러 학교에 들렀는데, 그곳에 헬기를 착륙시켰던 것이다. 그 학부모는 노발대발한 신부님들에게 사과했지만, 그 시절 남미 권력층의 사고방식을 잘 보여주는 사건으로 기억된다.

이 이야기를 흥미롭게 듣던 아델라가 물었다.

"헬기 타고 온 작자가 누구였어요? 어느 나라 정치인?"

"누구였는지 기억은 안 나지만 내가 이상하게 생각했던 건 잔디밭에 헬기가 착륙했다는 게 아니라, 아까 다리아나가 말한 그 시절 저녁 뉴스에 나오는 얘기들이었어요. 상식적으로 이해가 안 갔죠. 어떻게 지배 계층이 모두 가톨릭인 나라들에서 신부들이 죽음을 당하고, 또 한편에서는 신부들이 총을 들고 게릴라처럼 싸우는지. 그랬더니 나랑 친한 신부님이 그러시더라고요. 미국은 남미를 입맛에 맞게 활용하기 위해 남미의 지도층을 매수하고, 그 남미의 지도층은 민중을 부리기 위해 하느님을 입맛에 맞게 활용한다고."

아델라가 손뼉까지 치며 깔깔 웃었다. 그래서 내가 덧붙였다.

"쿠바가 훌륭한 나라죠. 쿠바는 미국도 하느님도 쿠바 입맛에 맞게 부려먹잖아요."

모던 타임즈

모던 건축*Modern Architecture*을 간단하게 정의한다면 기능과 목적에 충실한 단순한 건축 형식이라고 할 수 있을 것이다. 이런 철학을 잘 반영한 건물이 아바나에 있는 호텔 리브레*Hotel Libre*이다. 1958년 완공 당시에는 힐튼 호텔로 태어났지만, 그다음 해 쿠바혁명으로 하루아침에 이름과 소유주가 바뀌는 기구한 운명을 지닌 이 호텔이야말로 불필요한 세부 요소들이라고는 전혀 찾을 수 없는, 외형의 모든 부분이 명확하게 각을 가진 깔끔한 모던 건축물이다.

나는 건축이 단순히 자연과 환경으로부터 인간을 보호해주는 기능적 용도만 지니는 건 아니라고 믿는다. 기능만을 위해 만들어진 주거환경은 재미도 의미도 없으며 거주자의 행복을 상당히 깎아먹는다.

시각적으로 멋져 보이는 많은 모던 건축물들은 우리에게 말을 걸기보다는 혼자서 외친다는 느낌을 줄 때가 많다. 프로파간다에 가까운 그 외침은 대화가 아닌 일방적인 가르침에 가깝다. 그런 건물들은 우리에게서 감정적인 반응을 일으키지 못한다. 세상에, 삶에, 인간에 대한 대화를 시도하는 건축만이 우리의 느낌과 생각을 자극한다. 우리를 감동시키는 것은 기능이 아닌 예술이기 때문이다.

건축이 만든 공간은 시간과 합쳐져서 기억을 기록한다. 오랜만에 어렸을 적에 다니던 초등학교에 가보거나 헤어진 애인과 찾았던 호텔에 가보면 건물은 기억 저장소라는 것을 쉽게 알 수 있다. 건축은 환경이자 시대의 흔적이고 또 문화유산이기도 하다. 그래서 사회의 공통된 기억을 간직한다. 물론 그 기억들이 완전한가에 대해 의문을 품을 수는 있다.

쿠바의 건물들에서도 볼 수 있듯 모든 건축은 부식하고 변한다. 인간 역시 마찬가지다. 인간의 기억은 편의에 의해 과거를 늘 재해석한다.

다행히 건축에도 인간에게도 변하지 않는 '그 무엇'이 존재한다. '그 무엇'이 바로 예술의 본질이고 인간의 '영혼'일 것이다. '그 무엇' 덕분에 우리는 건축이 번역해주는 지나간 시대의 이야기를 들을 수 있다. 그런 면에서 건축은 다른 시기를 사는 세대 간의 대화이기도 하다. 대화를 통해 축적된 지혜가 다양한 교배를 통해 만들어진 20세기의 변종 건축이 다름 아닌 절충주의*Eclecticism* 이다.

절충주의는 어떤 특정한 형식에 국한되지 않고, 과거에 전개됐던 많은 양식을 취사선택하여 활용하고 응용한 건축양식이다.

쿠바 건축의 절정은 절충주의이고, 그 절충주의의 꽃은 씨엔푸에고스에 있는 빠라시오 데 바에*Palacio de Valle* 이다. 이제는 외국인을 대상으로 하는 고급 식당이 된 빠라시오 데 바에는 20세기 초 설탕 귀족의 의뢰로 지어졌다. 무데하르식 아치들과 신고전주의를 연상시키는 건물 구조가 환상적으로 어우러진 내부로 들어가면, 모로코 장인들이 장식한 실내 기둥과 벽들이 마치 아랍 문화권에 온 듯한 착각을 일으키게 한다. 연분홍색 외곽과 더불어 가시처럼 가느다란 에메랄드빛 철제 난간들은 대저택을 더욱 섬세하게 잡아주면서 고딕풍 아우라까지 은근히 풍긴다. 그래서인지 그곳에서 식사하는 내내 저택에 사는 무어인 배트맨이 언제라도 나타날 것 같은 상상이 떠나질 않았다. 실망스러운 음식을 제외하면 빠라시오 데 바에는 500년 쿠바 건축사의 아름다움을 잘 보여주는 위대한 작품으로서 손색이 없다.

20세기 절충주의 건축들이 밀집된 곳을 보고 싶다면 해변을 끼고 있는 아바나의 고급 주택가 미라마*Miramar* 로 가야 한다. 1920년대부터 자본주의가 정착하면서 쿠바의 중상층은 점점 더 팽창했다. 그 시절에 생겨난 동네가 바로 미라마이다. 1950년대에 바티스타 정권의 실력자들이 살았던 미라마는 연회가 끊이지 않는 동네였다. 미라마의 5번가를 운전하고 달리면 1950년대 미국 영화의 배경처

럼 양옆으로 근사한 20세기 건축물들이 즐비하다. 이들 대부분은 혁명 이후 국가 소유가 됐고, 그중 많은 저택들이 현재에는 외국 공관과 대사관저로 쓰이고 있다.

쿠바혁명 이전 신식민지 시대에 가장 호시절을 누린 인간들은 그 누구보다도 미국의 마피아였다. 그들 중에서도 쿠바 내에서 영향력이 가장 컸던 실세는 전설적인 깡패 마이어 랜스키*Meyer Lansky*이다.

랜스키는 벅시 시글*Bugsy Siegel*과 함께 역사적으로 가장 출세한 유대인 출신 마피아 보스였다. 랜스키는 바티스타가 쿠데타를 일으키기 전부터 바티스타와 친분이 두터웠다. 그래서 바티스타 정권이 들어선 뒤에도 랜스키는 온갖 특혜를 누리면서 쿠바에서 얻은 수익을 바티스타와 사이 좋게 나눠 가졌다. 회계의 달인이자 사업의 귀재였던 랜스키는 리비에라 호텔*Hotel Habana Riviera*의 소유주였고 호텔 내쇼날*Hotel Nacional*의 카지노 운영권과 지분을 갖고 있었다.

1930년에 문을 연 호텔 내쇼날은 전 세계적으로 가장 많이 알려진 아바나의 랜드마크다. 피델 카스트로와 체 게바라가 쿠바 미사일 위기 때 지휘 본부로 썼던 곳이기도 한 이 호텔은 건축사적인 의미를 인정받아 세계문화유산으로 지정됐다. 지미 카터를 포함한 세계 각국 정상들은 물론 헤밍웨이, 냇 킹 콜, 프랭크 시나트라, 가르시아 마르케스, 로버트 드 니로, 올리버 스톤, 스티븐 스필버그 등이 적힌 이 호텔의 역대 투숙객 명단을 보면 20세기의 역사가 한눈에 들어온다. 많은 이들은 말레꼰을 내려다보는 언덕 위의 이 호텔을 아르데코 건축물로 생각하지만, 나는 호텔 내쇼날이야말로 전형적인 쿠바의 절충주의라고 생각한다.

정확하게 대칭을 이룬 이 건물의 외관과 옥상 위의 두 탑 때문에 아르데코 양식으로 오해받지만 이 호텔을 좀 더 주의 깊게 관찰해 보면 많은 요소들이 혼합되어 있다는 것을 금세 알 수 있다. 먼저 두 탑을 덮은 오랜지색 기와 지붕은 전형적인 무데하르 양식이다. 호텔 외벽의 부분부분에 묻어나는 신고전주의 곡선과 기둥들은 20세기 초중반에 지어진 미국 대도시의 건물들을 연상시킨다. 마지막으로 무어인 타일이 깔린 로비 바닥과 정교한 나무조각 장식이 가득한 내부 또한 이 호텔을 쿠바 절충주의의 표본으로 분류할 수 있게 한다.

호텔 내쇼날에는 각기 다른 스타일의 바가 세 개 있다. 그중 하나가 처칠 바Churchill Bar이다. 1946년 은퇴한 처칠은 트루먼 대통령의 초청으로 미국을 방문했다가 아바나에 들러 이 호텔에서 묵었다. 아바나를 한번 다녀간 사람은 아무리 오랜 시간이 지나고, 세상 어디를 가더라도 아바나에 놓고 온 자신의 일부와 자기 마음 안에 있는 아바나의 일부를 절대로 잃어버리지 않는다는 얘기가 있다. 처칠 역시 예외가 아니었나 보다.

"우리는 건물을 만들지만 그 건물들은 결국 우리를 만든다."

처칠이 자주 쓰던 표현이다. 건축은 주거 형태를 넘어 생활환경으로서 우리에게 더 풍성한 삶과 문화가 싹틀 수 있는 토양을 조성해준다. 일상적인 건축 환경이 거주자의 사고와 판단에 암묵적으로 영향을 미친다는 과학적 연구 결과들은 수없이 많다.

오늘날의 쿠바인들을 만들어내고 지탱해주는 쿠바 건축의 힘은 '순종'이 아닌 '잡종'이라는 특성에 있다. 다양한 문화의 영향을 받고 시간의 시험을 통과한 쿠바 예술은 유연하지만 독창성을 잃지 않는 정체성이 있다. 그 정체성을 지탱하는 힘은 물론 창의력이다.

창의력은 전혀 상관 없어 보이는 다양한 것들의 교합을 찾아 합치고 연결시켜 새로움을 만들어내는 힘이다. 또 주어진 자원 중 어떤 요소를 선택하고 배제할 줄 아는 능력이기도 하다.

500년간 많은 자원과 다양한 문화가 유입되고 교합될 수 있었던 쿠바에서는 아주 독특한 문화가 형성됐고, 이런 하이브리드는 그들의 주거 환경에서도 잘 나타난다.

다양성을 존중할 때 다양성은 공존한다. 서로의 다름을 인정하는 열린 사회에서만이 다양성이 꽃필 수 있다. 문화적 다양성이 있는 사회는 잡종과 혼혈의 '우성종자'를 많이 배출하므로 면역력이 높고 건강하다. 건강한 사회는 구성원들에게 건강한 태도를 심어준다. 쿠바인들의 '레솔베르' 역시 그런 맥락에서 이해해야 한다. '레솔베르'는 단순한 생활력이나 문제 해결 능력이 아닌 창의력에서 나온 긍정이기 때문이다.

세상살이의 문제들에는 대부분 정답이 없다. 또 여러 답이 있기도 하다. 확실한 사실은 정답이 있는 공식이나 질문에서는 창의력이 생겨날 여지가 없다는 것이다. 정답이 없는 열린 질문을 던졌을 때에야 비로소 우리는 신선하고 혁신적인 생각과 결과물을 얻을 수 있다.

예를 들어 '1+1=?'보다는 '?+?=2'라는 질문이 답을 찾는 이에게 무한한 가능성을 열어준다. 다양한 답이 가능한 질문은 누구에게나 긍정적인 상상력을 심어주기 때문이다.

다양성이 창의력의 근원이라면, 상상력은 창의력의 출발점이다.

쿠바의 역사에서도 알 수 있듯이 자원이 있는 곳에 문화가 따르고, 그 문화는 또 현지의 환경과 조건에 맞춰 변형되어 다양한 형태의 예술로 피어났다. 풍성한 환경은 상상력을 자극해서 창의력을 돋우는, 창조적이고 생산적인 선순환 구도를 정착시켰다. 그리고 이 선순환을 진화하게 한 결정적인 요소는 바로 '호기심'이었을 것이다.

대화, 스토리 그리고 교양

"뭐 좀 물어봐도 돼요?"

항상 질문이 많은 페페가 아바나의 건축물을 음미하며 사진을 찍고 있는 내게 물었다.

"사진은 왜 찍는 거예요?"

'아, 이건 또 뭐냐.'

거리와 건물들을 관찰하던 나는 집중력을 잃고 페페를 쳐다봤다.

"단순히 여행 왔다는 기록으로 찍는 건 아닌 것 같아서요. 진부한 그림엽서나 쓸데없는 기념품을 사는 한심한 관광객은 아니잖아요. 그렇다고 '결정적 순간'을 찍는 것 같지도 않고요."

페페가 아는 척을 하면서 사진에 대한 논의를 부추겼다.

"페페, 우리는 21세기에 살아. 이제 '결정적 순간' 같은 건 믿기 어려운 세상이지. 아니 애초에 그런 게 있었는지도 모르겠고. 디지털에, 포토숍에, CGI가 판을 치잖아? 그렇다고 그런 포스트 기법들이 사진예술을 망친다는 말은 아니지만."

"그러면 사라지는 것들에 대한 흔적을 기록하기 위해서 사진을 찍나요?"

페페가 너무 진지하게 물어서 어쩔 수 없이 나도 잠시 생각에 잠겼다.

"노스탤지어. 시간. 사진을 그런 식으로 취급하면 정신 건강에 안 좋을 수 있어. 사진이라는 게 기록과 기억만을 위한 행위는 아니니까. 그렇다고 시각적인 요소만을 강조하는 사진들 역시 재미가 없지. 사진을 왜 찍냐고? 글쎄, 찍을 때마다 다르지만 카메라 건너편에 있는 피사체와 대화를 하는 거 아닐까?"

"그러면 지금 저 건물이랑 대화를 하고 있었다는 얘기군요. 스페인어로? 영어로?"

"한국말로."

"무슨 얘기하고 있었어요?"

"까먹었어. 네가 갑자기 중간에 말을 거는 바람에."

"그러면 평소에는 어떤 얘기를 해요?"

"주로 피사체가 말을 걸어오니까 매번 다르지. 때와 장소에 따라, 피사체에 따라, 그리고 내 상태에 따라 달라지지. 중요한 건 명확한 의도를 갖고 대화를 해야만 오래 간직하고 또 누군가에게 전달할 만한 스토리가 나온다는 거야."

"그 스토리가 사진인가요?"

"응. 인내심을 갖고 관찰력을 길러서 말을 하다 보면 대화 실력이 늘지. 그래서 사진을 찍는 행위 자체가 더 좋을 때도 많아."

"그건 왜 그래요?"

"대화 실력이 는다는 건 결국 피사체에 대한 이해력이 는다는 얘기고, 그만큼 자신이 성장한다는 얘기니까. 아름다움을 느낄 줄 아는 기술이 향상되는 걸 체험하는 건 흥분되는 일이야. 왜 뭔가를 직접 할 때가 뭔가를 추억할 때보다 더 짜릿하잖아."

페페는 천천히 끄덕이며 골똘히 생각에 잠기는 것 같았다. 그러다가 다시 나를 귀찮게 했다.

"그러면 아름다움은 뭔가요?"

'다리아나는 어디서 뭐 하나. 이놈 좀 조용히 안 시키고.'

다리아나는 아델라와 함께 한 블록 떨어진 가게에서 담배와 생수를 사고 있었다.

"아름다움? 그건 아주 가끔 가다 포착하는 거야."

무성의하게 받아친 말에 페페는 또 너무도 진지한 표정으로 생각에 잠겼다.

"디렉토르, 지금 하는 우리의 대화에도 아름다움이 있는 것 같아요."

"페페, 너 참 교양 있구나."

이 말을 듣고 페페는 씨익 웃으며 좋아했다.

"내가 좀 스마트하잖아요."

"스마트하다고 교양이 있는 건 아닌데. 넌 스마트하면서 교양도 있어."

"그래요? 사실 난 아는 게 그렇게 많지 않은데. 대학도 못 갔고."

"넌 호기심과 상상력이 있잖아. 타인에게 관심과 배려를 갖고 다른 생각을 이해하려고 노력해서 좋아. 그게 교양이야. 죽은 유명인들의 이론이나 예술 작품 따위를 외운다고 교양이 생기는 게 아니지. 대학에서 아무리 책을 읽고 학위를 받아도, 생각이 바뀌지 않고 삶이 바뀌지 않는 한심한 것들은 영혼 없는 좀비들과 다르지 않아."

"떼로 몰려와서 돌아다니는 부자 나라 관광객들을 보면서 좀비 같다는 생각 많이 했어요."

"그렇지. 아무런 감동도 받지 못하면서 낯선 배경 앞에서 셀카나 찍어대고, 먹고 마시고 쇼핑만 하는 인간들에게는 의미 있는 변화나 성장을 바라기 어렵지."

"맞아요. 그런 것 같아요. 근데 다리아나도 교양이 있죠?"

"그럼. 그러니까 다리아나가 매력이 있는 거야. 교양 없는 사람들은 매력도 없고 지루해. 호기심이 없으니 의문도 질문도 당연히 없고, 삶에 대한 그 어떤 흥분도 없어. 그런 사람들은 돈이나 정보가 아무리 많아도 그들의 이야기는 늘 재미가 없지. 하지만 호기심이 없는 것들은 상상력도 없어서 자기들이 지루하다는 사실도 몰라."

"끔찍하네요. 그런 사람들을 많이 아세요?"

너무나 많은 얼굴들이 떠올랐다가 사라졌다.

"그럼 어떤 사람들이 교양이 없는 건가요? 무식한 사람들?"

"유식한 사람들도 교양이 없는 경우가 많아. 음…… 교양이 있고 없고를 측정하는 적합한 시험은 유머감각이야. 교양 없는 것들은 유머가 단조롭고 질이 떨어져."

"아무래도 균형이 있어야겠죠? 생각이 한쪽으로 치우치지 않게."

"내가 아는 대부분의 교양 없는 인간들은 다 자기들이 균형 감각이 있다고 믿어. 근데 균형이라는 것도 무엇과 무엇 사이에서 잡는지가 중요하고, 또 그보다 그 사이의 거리가 훨씬 더 중요해. 그 균형을 잡는 길이 또는 넓이가 결국 지식과 상상력의 폭이니까."

행복의 기술

아바나 도심 공원의 '뜨거운 모서리'라고 불리는 곳에서는 오후마다 야구광들이 모여 열띤 토론을 벌인다.

"댁은 어디서 왔소? 차이나?"

한 노인이 내게 물었다.

"한국이요."

"북한? 남한?"

"남한이요."

"그래? 거기도 뻴로따(야구) 좀 하지."

"씨, 베이힝 올림피코!"

갑자기 분위기가 싸해졌다. 김경문 감독이 이끈 대표팀이 베이징 올림픽 결승전에서 쿠바를 꺾고 금메달을 땄던 일을 나만 기억하고 있는 것 같지 않았다. 듣던 대로 쿠바인들의 야구 사랑은 신앙 수준이었다.

며칠 뒤 나는 아바나 팀들 간의 개막전을 보기 위해 야구장을 찾았다. 정규 시즌이 9월인 가을에 시작되고, 홈팀이 3루 덕아웃을 쓴다는 것 외에는 한국과 크게 다르지 않았다.

7회 말 팽팽한 2 대 2 동점에 1사 3루. 투수는 연달아 강속구를 던지고 있었다. 카운트는 투 앤드 투, 변화구를 던질 타이밍이었다. 승부수를 찍기 위해 나는 카메라를 들었다. 강속구의 투구 폼과 동일했지만 체인지업이었다! 관중석에서 보기에도 공이 허공에 멈춘 듯한 착시 현상을 일으켰다. 그러나 노련한 타자는 기다렸다는 듯 그 느린 공을 정확하게 맞춰 적시타로 만들어냈다! 짜릿한 통쾌함에 나는 환호성을 지르며 벌떡 일어섰다! 열광하는 관중들로 구장이 들썩였다. 그 순간 나는 알 수 있었다. 행복이 무엇인지를.

연속된 강속구 다음에 들어온 체인지업을 맞추는 타법은 요행도 우연도 아니었다. 오랜 훈련의 감각적 결과물이었다. 마치 헤밍웨이의 하드보일드 스타일이 하루아침에 만들어진 우연이 아니듯이. 쿠바인들이 행복한 것은 일상에서 행복을 포착해내는 기술을 오래전부터 연마해왔기 때문이다. 내가 사진을 찍어서 순간을 간직하듯이 그들은 일상 속에서 행복을 자유자재로 찾아내서 느낄 줄 알았다.

어쩌면 내가 쿠바에서 매력적이라고 느끼는 것들은, 한국의 일상에서 얻지 못했던 것들에 대한 불만이었을 것이다. 쿠바인들은 부유한 나라에서 온 나를 부러워했지만, 나는 그들을 보면서 미묘한 슬픔을 느꼈다. 경제적인 유복함을 얻는 것보다 일상에서 행복을 느끼는 것이 훨씬 더 어렵다는 사실을 알기 때문이었다.

인공적이고 개성 없는 환경에서 자라 암기 위주의 주입식 교육을 받고 간판을 고려해 들어간 대학에서 취업 준비로 너나 할 것 없이 엇비슷한 스펙이나 쌓는 이들도 행복을 추구하고 싶어 한다. 그러나 자본만이 절대적인 잣대와 기준이 돼버린 무한 경쟁과 승자 독식 사회에서 가치관의 다원화를 바라는 것은 무리가 아닐까?

행복은 쾌락이 아니라 의미 있는 가치다. 구시가지를 걸으면서 아델라는 쿠바혁명이 쿠바 인민들에게 그 가치를 가져다줬다고 강조했다. 나는 농담처럼 묻고 싶었다. 그 가치가 경제적인 빈곤 속에서도 의미가 있는지. 공무원인 그녀가 근무 시간에 '알바'를 하는 게 그 가치의 일부인지 아니면 그 가치와 무관한지?

행복은 경제적인 부로 보장받을 수 없다. 그러나 절대 빈곤은 행복에 확실한 걸림돌이 된다. 그런 면에서 행복은 단순한 기호가 아닌 기준에 가깝다. 최근 몇 십 년간 사회과학자들에 의해 다듬어진 행복지수들은 경제적인 통계와 설문 조사를 통해 '사회적인 행복'을 측정한다. 그런데 나는 이런 수치들을 볼 때마다 늘 석연치 않았다. 행복이란 기본적으로 삶의 '질'인데, 그런 성질의 개념을 '양'으로 계량화하는 방법이 왠지 어설프고 억지스러워 보였기 때문이다. 국제기구와 많은 나라의 행정 실무자들이 복지 개선 차원에서 각 나라의 행복을 조사하고 비교하는 일은 유의미하다. 그러나 '국가주의적인' 행복이 아닌 지극히 '자유주의적인' 개인의 행복은 정의하기 모호하고, 손에 잡히지 않는 특성을 갖고 있다. 그래서 행복은 아름다움처럼 포착해야만 느낄 수 있는 것 같다.

행복은 결코 홀로 따로 존재하지 않는다. 행복이라는 것은 예측불허한 반전과 기승전결이 있는 이야기 속에서 찾아내는 것이다. 그래서 우리는 일반적으로 불행한 요소들이 많은 극적인 구성에서

HOME CLUB
HOME CLUB

행복을 좀 더 쉽게 찾아낸다.

그러나 이보다 더 사소하고 평범한 일상에서도 행복을 포착해내는 것이 진정한 '행복의 기술'일 것이다.

행복의 순간은 비록 짧지만 포착하는 기술에 따라 얼마든지 늘려서 때로는 영원히 간직할 수도 있다. 쿠바인들이 행복한 것은 바로 행복이라는 느낌을 일상에서 포착해내는 능력이 몸에 배어 있기 때문이다. 그 기술은 그들도 모르게 이미 오래전부터 그들의 삶에 일부가 돼 있었다. 쿠바의 문화와 관습을 통해서.

불행한 이들에게서 나타나는 가장 뚜렷한 특징은 행복은 과거에만 존재한다고 믿는 증세다. 현재의 일상에서 징징거리며 감사할 줄 모르는 태도를 보이는 그들은 기본적으로 '행복의 기술'이 없다. 과거의 특정 시간이 최고로 행복했고, 이제 다시는 그런 행복을 느낄 수 없을 것이라고 생각하며 사는 사람은 이미 죽은 사람과 다르지 않다. 그들에게는 희망이 없다. 희망이란 행복을 느낄 수 있는 미래에 대한 기대이자 믿음이니까.

문화의 다양성은 창의력을 낳고, 창의력은 행복의 기술을 만들어낸다. 진정한 행복은 행복을 느낄 줄 아는 이들에게만 허락된다. 훌륭한 이야기 역시 마찬가지다.

어느 공동체에나 그 집단적 정체성의 근간이 되는 가치관과 철학이 내포된 신화가 있다. 종교적인 믿음에 기반한 것이든, 오래전부터 내려오는 전설이나 역사에서 비롯된 것이든, 신화는 모든 사회나 국가의 뿌리에 깊숙이 자리 잡고 있다.

쿠바의 신화는 아직도 따끈따끈한 체온이 느껴지는 살아 있는 이야기다. 쿠바가 직접 싸우고 쟁취하고 창조한 신화는 쿠바인들의 행복과도 무관하지 않다.

그 신화의 주인공이 체 게바라이다.

Casa de la Trova

31

Chapter 4

체

Fue una estrella
quien te puso aquí
y te hizo de este

정부군의 증강 병력과 무기를 수송해 온 기차는
이미 탈선해서 엎어져 있었다.

멈추지 않는 게릴라들의 집중포화로 기차는 벌집이 되고 있었다. 무기로 가득 찬 화약고나 다름 없는 기차 안의 정부군은 제대로 싸울 수가 없었다. 얼마 지나지 않아 열차의 군인들은 투항했다. 탈취한 무기를 확인한 체 게바라는 지난 2년간의 무력 투쟁에서 승리했다는 것을 직감했다. 그 전날 인근 농과 대학의 불도저를 동원해 철로 일부를 떼어낸 체 게바라의 작전이 성공한 것이었다.

바로 전날 새벽, 체는 불과 300여 명의 M-26-7(7월 26일 운동) 혁명군을 이끌고 중부 요충지인 산타클라라*Santa Clara*로 들어왔다. 아바나에서 274킬로미터 떨어진 그 도시에는 3,000여 명의 정규군과 열 대의 탱크가 지키고 있었고, 그것도 모자라 기차로 지원 병력까지 오고 있었다.

체가 이끄는 부대는 긴 여정과 잦은 전투로 지쳐 있었고 무기도 식량도 넉넉지 않았다. 하지만 그들은 승리를 확신하고 있었다. 산타클라라의 민중은 이미 혁명군의 편이었다. 시민들은 게릴라들에게 식량과 거처를 아낌없이 나눠 주며, 바리케이드를 함께 치고 화염병까지 직접 만들어줬다. 반면 정부군은 전의를 상실한 상태였다. 징병된 그들은 대부분 한두 다리 건너 아는 동족과의 혈전에 넌더리가 나 있었고, 부패하고 무능한 바티스타 정권에 대한 충성심도 잃은 지 오래였다.

1958년 12월 31일, 체는 자신이 직접 개설한 단파방송 '반군 라디오*Radio Rebelde*'를 통해 산타클라라의 승전보를 쿠바 인민들에게 전했다. 바티스타 정권을 몰아내는 데 결정적인 역할을 한 이 승리로 체는 세계 언론에 게릴라 전투의 대가로 알려졌다. 무엇보다 산타클라라의 승리는 피델 카스트로가 이끄는 M-26-7 진영에 중요한 전환점을 제공했다. 당시에는 바티스타 정권을 무너뜨리기 위해 연합한 여러 세력이 있어서, 혁명 이후 과도기 정부에서 권력 다툼이 예상되고 있었다. 그러나 기차에서 탈취한 대량의 무기로 M-26-7은 절대적인 주도권을 가질 수 있었다.

같은 날 밤, 연말연시 파티를 즐기던 바티스타와 그의 떨거지들은 3억 달러어치의 유동자산을 챙겨서 비행기로 쿠바를 빠져나갔다. 혁명이 성공한 것이었다.

체 게바라의 묘와 기념비가 있는 산타클라라는 쿠바에 도착한 첫날부터 오고 싶었던 곳이었다. 기념비는 1988년에 완공됐지만 체의 시신은 볼리비아에서 전사한 동료들과 함께 1997년에 안장됐다.

차에서 내린 페페와 다리아나는 기지개를 켜며 기념비 뒤의 그늘로 걸어갔다. 둘 다 체 게바라에게는 전혀 관심이 없어 보였다.

사람은 거의 보이지 않았고 사방이 비현실적으로 고요했다. 의외였다. 입구를 지키는 군인에게 물어보니 관광 시즌이 아니라서 그렇다고 했다. 그 거대한 광장에 나 홀로 있다는 사실 역시 신기했다. 이글거리는 태양을 받고 서 있는 체 역시 외로워 보였다. 아니 전 세계의 그 많은 추종자들은 여기에 안 오고 대체 어디에 있단 말이냐?

동상 아래 계단에 헤밍웨이 할배가 홀로 앉아서 책을 읽고 있었다. 체와 헤밍웨이는 혁명정부가 들어선 후 바다낚시를 함께 한 것 외에는 특별한 인연이 없는 것으로 알고 있다. 혹시나 하는 마음에 카메라를 잽싸게 꺼내 셔터를 눌러봤다.

거대한 역사 앞에 잠시 멈춰서 동상을 우러러봤다. 혁명은 라틴아메리카 전체로 퍼져야 한다는 체의 신념을 반영하기 위해 7미터 가까운 동상의 시선은 서남쪽을 향하고 있다. 좀 더 자세히 보니 기념비는 기하학적으로 매우 정교했다. 모든 조각과 작은 타일 하나까지 사각형이었다. 이는 강직하고 변함없는 체의 성격과 투지를 보여주기 위해 설계됐다고 했다.

신화, 종교 또는 장례와 관련된 건축물은 단순한 기념물이 아니다. 그것들은 역사적 소통을 원한다. 그곳을 찾아온 다른 세대, 또 다른 지역의 사람들에게 말한다. 잊지 말라고.

'Hasta la Victoria Siempre(승리를 향하여 영원히)!'

출생의 비밀

'체 게바라'를 구글에서 검색하면 수많은 문서와 사이트에는 체가 1928년 6월 14일에 태어났다고 적혀 있다. 하지만 이는 사실이 아니다. 이제까지 체 게바라에 대해 알려져 있거나 우리가 알고 있다고 생각했던 것들이 의외로 사실의 일부이거나 사실과 다른 부분들이 많다.

에르네스토 라파엘 게바라 데 라 세르나*Ernesto Rafael Guevara de la Serna*는 아르헨티나 로사리오에서 1928년 5월 14일에 태어났다.

체의 아버지 에르네스토 게바라 린치*Ernesto Guevara Lynch*는 이름에서도 알 수 있듯이 아일랜드와 바스크의 혈통이 섞인 집안의 후예였

다. 아일랜드와 바스크의 피. 20세기의 가장 유명한 혁명가를 배출하기에 걸맞은 유전자 조합이었다. 역사책에도 나오는 남미의 유명한 대지주 패트릭 린치*Patrick Lynch*를 포함해 많은 갑부 조상을 둔 집안이었지만, 대를 이어오며 가산을 탕진해 에르네스토 게바라 린치는 사업가로 활동하고 있었다.

체의 어머니 셀리아*Celia de la Serna y Llosa*는 스페인 식민지 초기부터 대대로 내려오는 순수 귀족 혈통 집안의 딸이었다. 그녀의 아버지는 아르헨티나의 대사를 지낸 저명한 법학 교수이자 정치가였다. 당연히 보수적인 가톨릭 집안이었다.

두 사람은 1927년 11월 부에노스아이레스에서 결혼했다. 그런데 문제가 있었다. 체의 어머니는 그때 임신 3개월째였다. 속도 위반 신혼부부는 남편의 사업을 핑계 삼아 인근 도시 로사리오로 떠났다. 그리고 6개월 후 체 게바라를 출산했다. 의사 친구의 도움을 받아 출생증명서를 6월 14일로 위조해서 약 두 달 조산한 것으로 꾸며 부에노스아이레스의 친지들에게 알렸다. 체 게바라는 출생부터 아니 잉태부터 기득권을 불편하게 만든 존재였다.

어린 에르네스토는 다른 상류층 아이들과 달리 사람을 차별하지 않았다. 그는 다양한 계급의 아이들과 터울 없이 사귀었다. 목욕을 자주 하지 않고 같은 셔츠를 일주일씩 입곤 해서 아이들은 그를 '짠초*Chancho*(더러운 돼지)'라고 불렀지만, 모두들 정이 많고 똑똑한 에르네스토를 좋아했다. 매우 활동적이었던 그는 특히 럭비, 축구, 수영 같은 운동을 잘했다. 주의가 산만했지만 승부 근성이 강해서 체스를 좋아했다. 모든 예술을 사랑했고 특히 문학에 매료돼 있었지만 음악에는 재능이 전혀 없는 음치, 박치에 몸치였다.

걸음마를 시작하면서부터 지병으로 천식을 안고 태어난 에르네스토는 삶이 얼마나 아슬아슬한지를 어려서부터 알고 있었다. 고통을 달고 산 그는 타인에게 도움이 되는 삶을 살고자 했다. 원래 엔지니어가 되고 싶었던 에르네스토는 고교 시절에 할머니가 병을 앓다가 돌아가시는 것을 보고 의사가 되기로 결심한다.

생각이 깊은 에르네스토는 조숙했다. 사춘기 또래와 달리 유행에 민감하지도, 외모에 관심을 갖지도 않았다. 반항아 기질이 있어서 학교에서 삐딱한 질문을 많이 했지만, 모범생 기질도 있어서 술과 담배는 건드리지도 않았다. 그 대신 에르네스토는 주체하지 못하는 왕성한 성욕에 시달렸다. 가정부와 첫경험을 가진 그는 정말 모든 타입의 여자를 좋아했다. 나이, 외모, 인종, 신분을 전혀 차별하지 않았다.

물론 그는 여자 외에도 좋아한 것들이 많았다.

나이가 들어가면서 에르네스토는 더욱더 독서에 심취했다. 문학, 역사, 철학, 정치 등 다양한 분야의 책들을 닥치는 대로 흡입했다. 홀로 있는 시간이 늘고 생각도 많아졌다. 청년 에르네스토는 삶의 의미를 찾고 싶었다. 그리고 더 큰 세상을 보고 싶었다.

라틴아메리카

1950년 스물두 살의 에르네스토는 작은 모터가 달린 자전거를 타고 아르헨티나 북부를 혼자 여행한다. 그다음 해에는 친구 알베르토 그라나도*Alberto Granado*와 함께 오토바이를 타고 남미 대륙을 일주한다. 이제는 〈모터사이클 다이어리〉로 전설이 돼버린 그 여행은 에르네스토를 혁명가로 만드는 계기가 된다.

그의 지병인 천식 때문에 부모는 의과대학 휴학과 오토바이 남미 여행을 결사 반대했다. 에르네스토의 성격상 그럴 리는 절대로 없었겠지만, 만약에 그가 엄마 말을 잘 듣는 마마보이라서 그 여행을 포기했다면 어떻게 됐을까? 쿠바혁명이 과연 가능했을까?

아르헨티나에서 출발해 칠레, 페루, 에콰도르, 콜롬비아, 베네수엘라, 파나마를 거쳐 미국 마이애미까지 이어진 그 여행은 에르네스토의 인생을 송두리째 바꿔놓는다.

에르네스토는 미국이라는 거대한 괴물이 중남미에서 저지르는 만행을 목격함과 동시에 가장 고귀한 형태의 연대는 고독하고 절망적인 인간들 사이에서 나온다는 진실을 배우게 된다. 광산업에서는 미국의 기업들로부터, 농업에서는 대지주들로부터 인간 이하의 학대와 착취를 당하는 노동자들을 보며 에르네스토는 엄청난 충격을 받았다. 한편 아마존 나환자촌의 동지애와 공동체 의식에 깊은 감명을 받으며 인류의 희망을 엿보기도 했다.

그가 일기에서도 밝혔듯이 돈이 없어서 아픈 자식을 치료하지 못하고, 또 그렇게 자식의 죽음을 어쩔 수 없는 '사고'로 받아들이는 민중들의 삶을 본 에르네스토는 고통받는 그들에게 의사로서 자신이 줄 수 있는 도움은 너무나 제한적이라는 현실을 깨닫는다.

청년 에르네스토는 자신이 유복한 가정에서 태어나 누린 안락한

HORARIO
HORARIO
LUN. SAB.
A
UNIDAD
2ú4-05

'행복'에 대해 생각하게 된다. 에르네스토와 비슷한 상황에 처한 대부분의 평범한 이기적인 인간들은 '나는 운이 좋은 환경에서 태어났으니 신에게 감사하며 잘 살자'라고 생각하거나 '나보다 운이 좋지 못한 이들을 도와주며 살자' 정도로 자위하며 고민을 덮는다. 하지만 역사를 바꾼 몇몇 인간들은 동일한 고민에서 다른 결심을 하고 다른 결과를 이끌어낸다. 청년 에르네스토는 이때부터 세상의 운이 없는 인간들을 위해 자신의 인생과 목숨을 바칠 것을 다짐하며 라틴아메리카 전체의 운명에 대해 깊은 고민을 시작한다.

이전과는 다른 새로운 의식과 양심을 품고 여행에서 돌아온 그는 1년 남은 학위 과정을 마치고 정식으로 의사가 된다. 그리고 그는 다시 떠난다. 그 이후로 에르네스토는 자신이 태어난 아르헨티나 땅을 다시 밟지 못한다.

자본주의 문어

1953년 에르네스토는 볼리비아를 시작으로 페루, 에콰도르, 파나마, 코스타리카, 니카라과, 온두라스, 엘살바도르를 여행하면서 라틴아메리카의 현실을 더욱더 깊이 있게 파악하게 된다. 그 과정에서 라틴아메리카 공공의 적이 미제, 더 구체적으로는 '자본주의 문어'인 유나이티드 프루트 컴퍼니*The United Fruit Company, UFCO*라는 사실을 알게 된다.

'치키타'라는 상표의 바나나를 비롯해 다양한 과일과 야채, 주스와 음료, 각종 포장 음식과 재료들을 판매하는 미국의 대기업 UFCO는 1990년부터 '치키타 브랜즈 인터내셔널'로 사명을 바꾼, 세계에서 가장 막강한 식품 생산, 가공, 유통 기업 중 하나다.

19세기부터 미국이 중남미에 관심을 갖는 이유는 두 가지였다. 하나는 풍부한 자원이었다. 천연자원에서부터 식량 자원까지 풍부한 아메리카 땅은 콜럼버스의 발견 이후로 서양의 탐욕을 자극했다. 다른 하나는 저렴한 노동력이었다. 미국이 오늘날까지 기회가 될 때마다 중남미에 사사건건 개입한 이유는 자원과 저임금이다.

UFCO는 미국과 중남미의 관계를 가장 잘 보여주는 독점 대기업이다. UFCO는 중남미의 경제적 착취를 넘어 내정간섭과 분쟁 조장을 서슴지 않았다. 그들이 저지른 만행은 셀 수 없을 정도로 많다. 그중 가장 널리 알려진 사건은 아마 1928년 콜롬비아에서 일어난 '바나나 대학살'일 것이다.

가브리엘 가르시아 마르케스의 소설 『백년의 고독』에도 나오는 사건의 전말은 이렇다. 인권 유린을 넘어서는 UFCO의 착취에 대항해 바나나 농장 노동자들이 파업을 했다. 요구 사항은 소박했다. 구두 노동 계약이 아닌 근로계약서 작성과 주 6일 근무제였다. UFCO의 막대한 피해가 걱정된 미국 정부는 콜롬비아 정부가 사태를 조속히 해결하지 못하면 미 해병대를 투입하겠다고 공식적으로 협박했다. 콜롬비아 정부는 지체 없이 농장에 자국 군대를 보냈다.

일요 미사를 마치고 나온 노동자와 가족들은 마을 광장에 갇혀 움직일 수가 없었다. 광장으로 이어지는 모든 골목들을 막고 건물들 위에 기관총을 설치한 군인들은 주민들에게 짧은 경고를 발표한 뒤 얼마 지나지 않아 발포했다. 말 그대로 대학살이었다. 콜롬비아 정부가 공식 발표한 사망자수는 47명이었다. 하지만 생존자들의 증언에 따르면 사망자는 몇 천 명에 이른다고 한다.

UFCO는 제국주의 비지경제*enclave economy*의 선구자이자 역할 모델이었다. UFCO가 중남미 국가의 한 지역을 장악하는 기본 방식은 대략 이러했다. 어느 소도시에 땅을 사들여 바나나 농장을 운영한다. 물론 낙후된 중남미의 소도시에는 기초적인 사회간접자본이 없다. 지역개발을 위해 UFCO는 지역 정부에 돈을 빌려준다. 그 자본으로 소도시는 하수구와 도로에서부터 물류 창고와 도살장까지 갖추게 된다. 근대화되어가면서 소도시에서는 필요한 것들이 늘어난다. 물론 이 모든 공사에는 UFCO와 관련된 미국 기업들이 투입된다. 경제 고문에서부터 일꾼들의 십장까지 미국인들이 노골적으로 다 해먹는 판이었다. 그렇게 시작된 종속의 굴레는 마침내 UFCO가 동원한 자본과 기술력 없이는 소도시가 운영될 수 없는 상태로 몰고 간다. 이 과정에서 지역 정부는 10만 달러 이상의 빚을 떠안게 된다. 1930년대 경제에서 이 금액은 어마어마한 액수였고, 세입이 안 좋은 해에는 이자 때문에 빚이 눈덩이처럼 불어난다. 지역 정부는 아무리 세금을 걷어도 원금 상환이 불가능하다는 것을 뒤늦게 알게 되고, 그때를 기다려 UFCO는 다른 협력 방안을 제안한다. 애초부터 원금 상환에는 관심이 없었던 UFCO는 고위직 인사들을 매수하고 자신들에게 유리한 법안들을 만들어 UFCO에 충성하는 머슴과 마름을 정치, 행정, 경제 분야의 요직에 두루 꽂아놓고 넉넉히 챙겨준다. 이미 막대한 자본을 동원해 엄청난 양의 땅을 헐값에 구입해

지역 경제를 장악한 UFCO는 지역 정부까지 장악하며 식민지를 완성시킨다.

UFCO에 지분을 갖고 있는 미국의 거물들은 한둘이 아니었다. 그 대표적인 예가 아이젠하워 행정부에서 고위직을 지낸 덜레스 형제였다. 국무장관을 지낸 존 덜레스*John Foster Dulles*는 UFCO의 대표 변호사로, CIA 국장을 지낸 그의 동생 앨런 덜레스*Allen Dulles*는 UFCO의 이사로 등기돼 있었다.

바나나 공화국

바나나같이 특정 품목에만 의존하는 중남미 국가를 일컬어 소설가 오 헨리*O Henry*는 '바나나 공화국'이라는 표현을 썼다. 시인 파블로 네루다*Pablo Neruda*가 UFCO를 비난하는 시에도 나오는 이 명칭은 그 후 사회과학자들에 의해 미국이 후원하는 정경 유착 중남미 독재 정부들을 일컫는 용어가 돼버렸다.

바나나 공화국 중 가장 대표적인 곳이 과테말라였다.

민주적으로 선출된 과테말라의 아르벤츠*Jacobo Árbenz Guzmán* 대통령은 1953년부터 본격적으로 토지개혁을 추진했다. 이를 라틴아메리카의 지향점으로 여기고 과테말라에 정착한 에르네스토는 페루에서 온 경제학자 힐다 가데아*Hilda Gadea Acosta*를 사귀게 된다. 공산주의자로 정부 실세들과 인맥이 두터웠던 그녀는 에르네스토를 본격적으로 정계에 입문시킨다. 이 시절에 에르네스토는 아르헨티나 방언으로 '친구'라는 뜻의 '체Che'라는 별명을 얻게 된다.

토지개혁의 가장 큰 피해자였던 UFCO는 과테말라 정부를 다방면으로 압박하고 회유했지만 민중의 지지를 얻은 아르벤츠의 정책은 멈추지 않았다. 미국의 이익은 물론이고 아이젠하워 정권 수뇌부의 이익에도 반하는 건방진 중남미 정권을 워싱턴은 좌시하지 않았다. 1954년 미국 정부는 과테말라의 반정부 군사 쿠데타를 공작해서 성공시킨다. 막대한 이권으로 뭉친 미국의 정경 유착에는 윤리도 수치도 없었다.

미국이 진두지휘한 군사 반란을 체험한 체 게바라는 미국의 이해관계가 얽혀 있는 중남미에서 민중을 위한 개혁을 이루기 위해서는 오직 무력 투쟁만이 대안이라는 사실을 확신하게 된다.

쿠데타 세력에 의해 수배 명단에 올랐던 마르크스주의자 체는 아르헨티나 영사관의 보호를 받아 무사히 멕시코로 빠져나간다. 이때부터 체는 CIA가 주목하는 요주의 인물이 된다.

멕시코에서 만난 친구

멕시코시티의 종합병원에서 의사로 취직한 체 게바라는 과테말라에서 온 힐다로부터 놀라운 소식을 듣게 된다. 체의 아이를 임신한 그녀는 가정을 원했다. 1955년 체는 결국 연상의 여인 힐다와 결혼한다.

1955년은 체에게 결혼보다 훨씬 더 중요한 인연을 가져다줬다.

체는 그해 여름 쿠바에서 수감됐다 풀려난 피델 카스트로와 운명적으로 만난다. 그 당시 멕시코시티는 중남미의 많은 좌파 지식인들과 예술가들이 활발히 교류하던 곳이었다. 체는 자신과 같은 열성 마르크스주의자 라울 카스트로를 통해 그의 형 피델을 소개받는다.

체와 피델은 첫 만남부터 죽이 맞았다. 그들은 밤새 이야기를 나누며 서로의 매력에 흠뻑 빠져들었다. 둘은 제국주의로부터 라틴아메리카를 해방시키기 위한 혁명은 쿠바에서 시작해야 한다는 데 동의하고 구체적인 계획에 착수했다. 체와 피델도 당시에는 알지 못했을 것이다. 그들의 만남이, 그들이 도모하는 혁명이 인류의 역사를 획기적으로 바꾸게 될 것이라는 사실을.

체와 피델, 그리고 그들의 동지들은 멕시코시티 근교의 목장에 모여 사격 훈련을 하고, 산악 지대에서 유격 훈련도 틈틈이 했다. 이때부터 체는 군인으로서 두각을 나타내기 시작했다. 피델과 동지들은 그때까지 체를 그저 의사 출신 먹물이라고 여겼다. 하지만 체는 군사 작전과 전술을 탁월하게 이해했고, 특히 사격에 천부적인 재능이 있었다.

영웅본색

1956년 11월 25일 새벽, 체는 걸음마를 시작한 딸 힐다 비에트리즈와 아내에게 유서를 남기고 81명의 M-26-7 동지들과 함께 쿠바로 떠난다.

M-26-7의 귀환은 출발부터 대재앙이었다. 그들이 탄 중고 요트는 멕시코를 벗어나자마자 물이 새기 시작했다. 항해 중 속도와 방향을 제대로 잡을 수 없어서 그들은 예정보다 늦게, 원래 목적지가 아닌 다른 지역에 도착했다. 엎친 데 덮친 격으로 지상에 상륙한 지 얼마 지나지 않아 매복 중이던 쿠바 정부군으로부터 대대적인 습격까지 당하며 50여 명이 목숨을 잃었다. 전멸에 가까운 대패였다. 그 날 쿠바의 관제 라디오에서는 피델 카스트로를 포함한 일당이 모두 죽었다고 보도할 정도였다. 이 전투에서 체도 목에 부상을 당했다. 목을 손으로 지혈하는 체 옆에는 탄약과 응급처치 가방이 떨어져 있었다. 몰려오는 적군을 피해야 하는 다급한 상황에서 체는 선택해야 했다. 체는 주저 없이 남은 손으로 의약품이 아닌 탄약 다발을 챙겼다.

피델과 다른 몇몇 동지들 역시 체처럼 기적적으로 살아남아 쿠바 동부의 산악 지대 시에라 마에스트라*Sierra Maestra*에서 재회할 수 있었다. 20명 남짓한 그들은 전열을 가다듬으며 장기전을 준비했다.

일개 소대의 병력으로 무력 혁명을 준비했던 M-26-7 대원들은 과연 무슨 생각을 했을까? 그들의 꿈은 확률이나 상식으로는 자살행위에 가까웠다. 그러나 게릴라들을 지지하고 지원해주는 농민들과 하나둘씩 게릴라에 합류하는 젊은이들 덕분에 혁명군의 사기는 떨어지지 않았다. 더불어 M-26-7은 도시 내에 있는 다른 반정부 투쟁 단체와 연대해 여러 형태로 지원을 받을 수 있었다. 절대적인 다수 인민의 지지를 받는 봉기는 성공한다는 역사적 진리는 쿠바에서도 변함이 없었다.

그렇다면 쿠바의 민중은 왜 M-26-7을 지지했을까? 바티스타 정부의 악랄함이 도를 넘어서 더 이상 견딜 수 없었기 때문이었다.

미국은 1898년 미서전쟁의 승리로 괌, 푸에르토리코, 필리핀과 더불어 얻은 쿠바를 20세기 초부터 자국의 식민지로 길들여 실질적으로 통치했다. 특히 쿠데타로 권력을 잡은 바티스타 정부는 워싱턴의 조종을 받는 괴뢰정권을 넘어 미국 마피아들의 돈에 놀아나는, 총체적으로 부패한 집단이었다. 그 시절 미국인들의 쾌락은 '카리브의 환락가' 쿠바가 책임졌다. 매춘, 약물, 도박과 같이 미국인들이 자국에서 하기 꺼려하는 짓거리들을 마음대로 즐길 수 있는 곳이 쿠바였다. 그러나 특권층과 기득권층이 아닌 대다수의 쿠바인들의 삶은 말할 수 없을 정도로 처참했고, 그것도 모자라 늘 잔인한 철권통치에 시달려야 했다.

1957년 1월 M-26-7 게릴라들은 처음으로 정부군에게 기습을 감행했다. 산악 지대에서 벌어진 대대적인 전투에서 체는 태어나서 처음으로 사람을 죽인다. 살인을 한 느낌과 자기 자신의 변화에 대해서 체는 일기에 자세히 기록했다. 혁명 과정에서 적을 죽이는 것에 대해 자신이 전혀 불편함이나 두려움을 느끼지 않는다는 사실에 체는 뿌듯해했다.

전투가 계속 이어지던 도중 피델과 수뇌부는 적에게 내부의 정보를 흘리는 첩자가 있다는 사실을 알게 된다. 그 첩자를 처형해야 하는 상황에서 혁명 전사들 중 그 누구도 나서지 못하고 쭈뼛거리자 짜증이 난 체가 직접 나섰다. 그는 이날의 집행 역시 일기에 자세히 기록했다.

체는 첩자에게 집행 절차를 설명해주고 마지막 대화를 나눈 뒤 25구경 권총을 죄인의 관자놀이에 대고 방아쇠를 당겼다. 마치 의사가 수술 과정을 과학적으로 정확하게 기록하듯이, 체는 총알이 관통한 흔적까지 꼼꼼히 적어 다음을 위한 참고 자료를 작성했다. 체 게바라는 가슴은 뜨거웠지만 머리는 차가운 사람이었다.

혁명군 대부분은 체를 두려워하고 어려워했다. 체는 대원들에게 늘 절제력을 강조하며 규율에 엄격했고, 작전과 전투에 있어서는 한 치의 실수도 용납하지 않았다.

열대 밀림 산악 지대에서는 건강상의 문제들이 많이 발생했다. 체는 모두의 군의관이었다. 그러나 그는 세심한 의사 선생님은 아니었다. 체는 목숨에 지장이 없는 선에서 치료를 했다. 대원들은 환자의 고통에 무감한 체에게 치료를 받는 것조차 두려워했다.

전투에서도 체는 거침이 없었다. 체는 머리만 쓰는 피델과는 본질적으로 달랐다. 체와 함께 전투에 참여한 모든 이들은 한결같이 그의 전투력에 감탄했다. 체는 기본적으로 죽음을 두려워하지 않았고 게릴라전술에 탁월했다. 대원들은 그런 체를 경외했고 체는 점점 더 전설적인 인물이 되어갔다.

모든 대원들이 체를 두려워하고 피한 것은 아니었다. 게릴라로 자원해 들어온 어린 대원들에게 체는 한없이 자상하고 따듯했다. 그들은 대부분 십대 초반이었고, 보건 시설이나 교육 시설이 전혀 없는 절대 빈곤 속에서 자란 소년들이라 글을 읽지 못했다. 체는 시간이 날 때마다 그들에게 글과 수학을 가르쳤고, 글을 깨우친 소년들에게는 철학 책을 읽게 했다. 그들은 모두 체를 숭배하는 수제자들이 되어갔다. 혁명정부가 훗날 이룬 문맹 퇴치와 무상 의료복지는 체 게바라가 게릴라 시절부터 솔선수범한 정책들이었다.

흥미로운 점은 무력 투쟁을 한창 진행하던 그 시절, 체와 피델은 물론이고 수뇌부의 그 누구도 '공산주의'에 대해 언급하지 않았다는 것이다. 그 당시 대원들의 증언에 의하면, 만약에 지도부에서 공산주의라는 단어만 나왔어도 대다수의 대원들이 산을 내려갔을 것이라고 했다.

M-26-7에 지원한 청소년들 중에는 미국인들도 있었다. 미 해병대 군의관 아버지와 함께 관타나모에서 오래 산 척 라이언*Chuck Ryan*이라는 고등학생은 바티스타 정부의 만행에 분노해 젊은 혈기에 시에라 마에스트라로 들어온 미국인 중 한 명이었다.

피델 카스트로 일당에 대한 관심은 미국에서도 뜨거웠다. 카스트로는 이미 사망했고 혁명군은 와해되어 실체가 없다는 소문이 돌자, 1957년 초《뉴욕타임스》의 허버트 매튜스*Herbert Matthews*는 이를 확인하기 위해 시에라 마에스트라로 잠입해 카스트로와 접선해 인터뷰를 진행했다.《뉴욕타임스》의 보도로 피델 카스트로라는 쿠바의 반정부 지도자는 미국은 물론 전 세계에 알려졌다. 체는 이 취재과정을 지켜보며 언론의 활용도에 대해 많이 배울 수 있었다.

같은 해 7월, 피델은 체에게 75명의 병력을 주며 한 지역을 책임지는 사령관으로 임명한다. 재량권이 많아진 체는 자신이 맡은 진영을 창의적으로 꾸려가기 시작한다. 그는 먼저 반정부 투쟁 중인 이들을 위해《자유 쿠바인*El Cubano Libre*》이라는 신문을 창간하고, 얼마 지나지 않아 단파라디오 방송까지 만들었다. 체가 만들어낸 언론은 M-26-7의 선전에도 기여했지만, 쿠바 전역에 흩어져 있는 반정부군끼리의 소통 수단으로도 용이했다. 체는 훗날 '반군 라디오'는 미국이 후원한 과테말라 쿠데타에서 CIA가 배포한 라디오가 효과적으로 활용되는 것을 보고 영감을 얻었다고 회고했다.

체는 고전적인 심리전에도 탁월했다. 게릴라 한 명을 정부군 부대 근처까지 새벽에 잠입시켜, 총을 몇 발 쏴서 부대 전체를 뒤집어놓고 돌아오게 하는 수법을 자주 활용했다. 며칠 간격을 두고 새벽마다 그렇게 대여섯 차례 휘저어놓으면, 수면 부족과 노이로제에 질린 정부군은 전투력을 상실했다. 체의 대원들은 그때를 노려 기습했다.

1958년 가을, 체 게바라는 알레이다 마치*Aleida March*를 만난다. M-26-7 지지자였던 그녀는 원래 도시에서 캠프로 정보와 무기를 보급하는 담당자였지만 신분이 노출돼 산속 부대에 남게 됐고, 얼마 지나지 않아 두 사람은 연인이 됐다. 쿠바혁명이 성공한 뒤 체는 힐다와 이혼하고 알레이다와 결혼한다.

용감한 신세계

혁명 이후 과도기 정부는 과거 청산이라는 과제를 안고 있었다. 바티스타 정권에서 만행을 저지른 경찰, 관료, 공무원들을 처벌하는 것이 시급했다. 쿠바 인민들은 복수와 집단 처형을 원했다. 피델은 이 모든 형법 절차를 총괄할 인물로 체를 임명했다. 체는 군말 없이라 카바나 감옥의 형법 책임자 임무를 받아들였다. 처벌 대상자들은 전 세계 언론이 지켜보는 가운데 속전속결로 처형됐다. 많은 이들이 사형에 처해졌고, 인류 보편적인 사법절차라고 보기에는 무리가 있는 혁명적 정의와 감정에 의해 사람들이 죽는다는 비판이 나돌기 시작했다. 그러나 혁명정부와 체는 단호했다.

총살이 이뤄지지 않으면 쿠바의 성난 인민들이 직접 학살 또는 살상을 하는 사태가 벌어질 것이라며 처형을 합리화했다. 체는 이 모든 청산이 불편을 감수하고 반드시 치러야 할 역사적 통과의례라고 믿었다. 문제는 바티스타 정권의 앞잡이들과 잔재들만 박해를 당한 것이 아니었다는 점이다. 종교인들, 동성애자들까지도 사회적으로 비판의 대상이 되었고, 죄 없는 많은 이들이 노동 수용소로 끌려갔다. 혁명 세력이 전 세계에 보내는 메시지는 명확했다.

'혁명을 완성하기 위해 우리는 무슨 짓이든 할 수 있다.'

물론 긍정적이고 건설적인 변화들도 많았다. 혁명정부가 추진해 성공한 토지개혁과 문맹 퇴치 운동은 쿠바 인민들로부터 지지를 얻었을 뿐 아니라 전 세계의 부러움을 산 획기적인 정책들이었다.

체가 과도기 정부에서 궂은 일을 도맡아 하고 있는 동안 영악한 피델은 자신의 정치적 기반을 찬찬히 다져나갔다. 피델은 강경한 마르크스주의자인 체가 권력에서 멀어진 모습을 세계에 보여야 한다고 판단했다. 쿠바 정부는 체를 혁명의 일등 공신으로 인정해 '태생적 시민권'을 부여하고, 1959년 여름에 체를 혁명정부의 사절로 해외 순방을 돌게 했다.

체는 쿠바를 대표해서 모로코, 이집트, 인디아, 태국, 인도네시아,

일본, 그리스 등 14개국을 돌며 혁명정부의 외교 채널을 열어갔다. 도쿄를 방문했을 때 일본 정부 인사들이 치도리가후치 국립묘지 참배를 제안하자, 체는 일본 제국주의의 만행을 상기시키며 거절했다. 그 대신 체는 일정을 연장해 히로시마를 방문했다.

1959년 9월 체가 순방을 마치고 돌아왔을 때는 이미 피델의 혁명정부가 어느 정도 자리를 잡은 상태였다. 그러나 쿠바 곳곳에서 이어지는 반혁명 세력들의 테러는 혁명정부를 흔들고 있었다. 이들 무장 단체의 배후에는 미국이 있었다.

1960년 3월 4일 벨기에에서 군수품을 잔뜩 싣고 아바나 항구에 정박 중이던 라 쿠브르La Coubre라는 프랑스 수송선에서 두 번에 걸쳐 거대한 폭발이 일어났다. 수백 명이 다치고 76명이 사망했다. 분노한 체는 현장으로 달려가 직접 환자들을 치료했다.

미서전쟁 발발의 명분을 제공한 1898년 메인 호 침몰 사건과 너무도 유사한 이 테러의 배후가 CIA라는 데 대다수의 사학자들이 동의한다.

라 쿠브르 테러의 추도식은 엄숙했다. 패션 사진가 출신인 알베르토 코르다Alberto Korda가 찍은 사진에서 볼 수 있듯 체는 비장한 표정으로 먼 곳을 응시하고 있다. 그날 찍은 그 사진 한 장이 먼 훗날 전 세계적으로 퍼져 '체 게바라'라는 아이콘으로 대량 복제될 것이라고 예상한 사람은 아무도 없었다.

시장경제에서 대량생산된 마르크스주의자 체 게바라의 티셔츠보다 희극적인 아이러니는 바로 쿠바 중앙은행 총재로서 모든 지폐에 찍힌 체의 사인이다.

혁명정부 초기에 체는 상공부 장관, 재무부 장관과 중앙은행 총재까지 겸임한 쿠바의 경제 수장이었다. 체의 공식 서명은 독특했다. 그는 에르네스토 게바라라는 본명으로 서명하지 않고, 쿠바의 지폐에 그냥 '체Che'라고 서명했다. 그 사인은 얼핏 보면 콧수염이나 모자 같기도 하고, 또 어찌 보면 살짝 외설적으로 보이는 만화에 가까웠다. 체 게바라는 인류 역사상 어쩌면 가장 예술가적인 통화 정책가였을 것이다. 마르크스주의자인 체는 유아적인 서명으로 돈에 대해 경멸과 조롱을 날리는 것 같았다.

언젠가 기자가 체에게 물었다. 왜 당신 같은 의사 출신 공산주의자 혁명가가 쿠바의 경제정책을 맡았느냐고. 그러자 체는 이렇게 답했다.

"하루는 피델이 경제학자가 필요한데 적합한 사람이 없느냐고 물었죠. 그래서 내가 손을 들었어요. 근데 나중에 알고 보니까 내가 '에꼬노미스타'(경제학자)를 '꼬뮤니스타'(공산주의자)로 잘못 들었던 거였어요."

체 게바라는 유머감각이 있었다. 그는 '교양' 있는 혁명가였다.

혁명의 이름으로

카스트로는 반혁명 세력에 맞서 정권을 안착시키는 데 사력을 다했다. 토지개혁을 조속히 마무리 지어나가는 과정에서 미국 기업들이 갖고 있던 19만 헥타르 이상의 땅을 압수했다. 분노한 아이젠하

LA PALABRA ENSEÑA,
EL
EJEMPLO GUÍA

워 정부는 보복 조치로 쿠바로부터 설탕 수입을 끊어버렸다. 그러자 카스트로는 미국의 냉전 라이벌인 소련으로 눈을 돌렸다. 얼마 후 쿠바는 소련에 설탕을 수출하고, 소련의 원유를 시장 가격 이하로 들여오게 된다. 이를 미국에 대한 도전으로 간주한 워싱턴은 쿠바 내의 미국 정유 업체들에게 소련 원유를 정유하지 말 것을 지시한다. 그러자 쿠바와 미국 간의 갈등은 걷잡을 수 없이 꼬이며 돌이킬 수 없는 불길로 번져나갔다.

카스트로는 원래부터 구상해왔던 민간 기업, 은행, 공장의 공영화 계획을 실천에 옮겼다. 혁명정부는 공영화를 통해 마련된 자본과 자원으로 모든 인민들이 무상으로 교육과 의료 혜택을 받을 수 있는 체제의 기반을 닦는 데 투자했다. 공영화 대상이 된 기업들은 대부분 미국 자본의 소유였다. 사유재산을 빼앗긴 미국 자본가들은 발광하며 워싱턴을 더욱더 압박했다. 미국은 대 쿠바 경제제재를 선언했고, 이 제재는 결국 경제 봉쇄가 되어 21세기까지 이어졌다.

급변하는 쿠바를 지켜보던 전 세계의 많은 지식인들은 쿠바의 혁명이 실험으로 끝나지 않기를 바라며 응원했다. 그중 한 사람이 실존주의 철학자 장 폴 사르트르*Jean-Paul Sartre*였다. 그는 연인 시몬 드 보부아르*Simone de Beauvoir*와 함께 1960년 봄에 쿠바를 방문했다. 역사적인 쿠바혁명의 '밀월 기간'을 놓치지 않기 위해 아바나를 찾은 그들은 피델과 체를 연달아 만나 깊이 있는 대화를 나눴다. 체 게바라가 학창 시절부터 즐겨 읽었던 철학자 사르트르는 훗날 체의 죽음을 애도하며 체를 '우리 시대의 가장 완벽한 인간'이라고 평했다. 그러나 쿠바혁명에 대한 일반인들의 반응은 고상한 먹물들과는 온도 차이가 있었다.

많은 사람들이 쿠바를 떠났다. 카스트로의 쿠바가 사회주의로, 그것도 공산주의 사회주의로 향하고 있다는 사실은 일반인들도 알 수 있었다. 거대한 이민 행렬의 시작은 바티스타 정권하에서 부귀영화를 누리던 부유층과 중산층이 대부분이었지만, 시간이 갈수록 일반인들도 마이애미로 가는 배와 비행기를 가득 메웠다. 심지어 M-26-7과 혁명을 지지했던 많은 이들조차도 미국행을 택했다.

신인간

1960년 11월 체는 베이징에서 마오쩌둥을 만났다. 동양적 전제주의의 냄새가 나기는 했지만, 마오는 농경사회인 중국을 사회주의라는 틀 안에서 산업화하고 있었다. 마오의 비전과 지도력에 매료된 체는 그때부터 지인들에게 자신이 구상하는 사회주의 '신인간*El Hombre Nuevo*'론을 본격적으로 설파하기 시작했다.

체가 그린 '신인간'이란 이타적이고 협조적이며, 인간을 차별하지 않고, 부패하지 않고, 반물질주의적이고, 반제국주의적이고, 물질적인 이익이 아닌 도덕적 동기에 의해 행동하는 의식 있는 인간이다. 자본주의 체제를 기본적으로 개인의 승리를 위해서 타인이 대가를 치르는 '늑대들의 경쟁'으로 본 체는 자신을 상품화하지 않으면서 성취하고 생산하는 인간이야말로 진정한 자유를 누리는 신인간이라고 믿었다.

그럴듯한 말을 내뱉는 정치인들은 세상에 많지만, 자신의 설교를 삶으로 실천하는 지도자는 드물다. 체는 금욕주의에 가까울 정도로 자기 자신은 물론 가족들에게까지 절제를 강요했다. 체의 가족들은 대중교통을 이용해야 했고, 정부에서 또는 다른 이들이 제공하는 어떠한 특혜도 누리지 못했다. 그리고 체의 처자는 체와 함께 공동체의 일원으로 노동 활동을 적극적으로 해야 했다. 흥미로운 점은 체를 증오한 동시에 두려워했던 CIA조차도 체 게바라의 양심과 신념에 대해서는 이견을 달지 않았다는 것이다.

미국이라는 제국

미국과 맞먹자고 대들며 건방을 떠는 쿠바를 지켜보던 CIA는 1960년 아이젠하워로부터 카스트로 정부를 전복할 계획을 승인받았다. CIA는 엄청난 돈으로 수많은 망명 쿠바인들을 모집했다. 이때 모집된 인원 중에는 부모를 따라 쿠바에서 망명 온 열여덟 살 청년 펠릭스 로드리게즈Felix Rodriguez도 있었다. 그는 훗날 체 게바라 추격 작전은 물론 베트남전, 이란 콘트라에서도 활약하여 부시 대통령 부자의 사랑을 듬뿍 받게 되는 인물이다. 약 1년간 군사훈련을 받은 로드리게즈는 1,400여 명의 지원자들과 함께 대대적인 쿠바 침공 작전에 투입된다.

1961년 4월 17일 미국의 망명 쿠바인들로 구성된 2506여단은 쿠바 남쪽 해안에 위치한 피그스 만에 상륙했다. 그 지역에 돼지가 많아서 미국인들은 피그스 만이라고 불렀지만 쿠바인들은 기론*Girón*이라고 부른다.

침략이 이뤄지기 전부터 미국의 B-26 폭격기들은 하루가 멀다 하고 쿠바의 공군기지와 공항을 공습하며 쿠바인들을 공포로 몰고 갔다. 하지만 KGB를 통해 미국의 침략 계획을 사전에 알고 있었던 카스트로 정부는 2506여단을 기론에서 기다리고 있었다. 미국은 약 이틀간 이어진 전투에서 대패했고 1,202명이 생포되는 수모를 겪으며 국제적인 망신을 당했다. 아이젠하워 정부 때부터 1,300만 달러의 막대한 예산을 들여 기획한 카스트로 정권 전복 작전은 제대로 싸워보지도 못하고 허망하게 끝났고, 당시 갓 출범한 케네디 정부에도 정치적으로 상당한 타격을 안겼다.

미국은 자국 기업의 이익을 지키기 위해 19세기 말부터 쿠바에 군사적, 정치적으로 개입해왔다. 미국의 대 쿠바 테러는 미국 정부의 자료에서 밝혀진 것만 해도 셀 수 없이 많다. 1964년 국무성 보고서에서도 명시한 것처럼 라틴아메리카에서 미국의 주도권에 저항하는 쿠바를 좌시할 수 없었기에 반세기에 걸쳐 미국의 폭력은 이어졌다. 피그스 만 상륙작전이 유명해진 이유 중 하나는 미국의 라틴아메리카 군사 개입에서 첫 실패작이기 때문일 것이다.

같은 해 8월, 체는 우루과이에서 열린 미주경제회의에서 우연히 케네디의 측근인 리처드 굿윈*Richard Goodwin*과 만나게 된다. 그 자리에서 체는 쿠바산 시가 한 상자를 선물하며 피그스 만 공격을 해준 케네디 대통령에게 감사를 전해달라고 말했다. 농담이 아니었다. 체는 혁명정부가 안착하지 못하던 상황에서 피그스 만의 승리로 민중들의 압도적인 지지를 받으며 입지를 굳히게 됐다고 했다. 그러면서 체는 미국과의 관계 개선을 제안했다.

화기애애한 분위기로 면담을 마친 뒤 굿윈은 케네디에게 즉시 체와의 면담 내용과 자신의 의견을 보고했다. 굿윈은 카스트로 정부에 대한 정치적, 경제적 압박의 강도를 더 높여야 한다는 의견을 제시했다. 굿윈이 옳았다.

체는 미국이 언제든지 쿠바를 군사적으로 다시 침략할 수 있다고 보고 있었다. 아마도 그래서 체는 외교적인 술수로 백악관을 떠봤던 것 같다. 당시의 모든 정황을 고려했을 때 그렇게 보는 것이 합리적인 추측이다. 마르크스주의자이며 마오를 신봉한 체가 미국을 어떻게 생각했겠나? 무엇보다 체는 미국에게 화해의 제스처를 보이며 시간을 벌고 싶었을 것이다. 그는 작은 섬나라 쿠바를 거대한 제국인 미국으로부터 보호하기 위해서는 아주 강력한 무기가 필요하다고 믿었으니까.

체는 모스크바와 교섭을 통해 쿠바에 핵미사일을 배치하는 데 성공한다. 1962년 전 세계를 3차 대전 초입까지 몰고 갔던 '쿠바 미사일 위기'의 지적재산권은 체 게바라에게 있다. 물론 미소 양대국의 막후 협상으로 원만히 해결되어 인류는 핵전쟁을 모면할 수 있었다. 위기의 타협 과정에서 쿠바는 완전히 배제됐고 모든 협상이 타결된 뒤에야 쿠바 정부는 통보를 받았다. 쿠바가 얻은 것은 미소 간의 합의에서 미국은 더 이상 쿠바를 침공하지 않겠다는 언급 정도였다. 역사가 밝혀주듯이 미국은 이런 약속을 지키지 않았고 지킬 의향도 없었다.

분노한 체는 소련에 대한 배신감을 공개적으로 표출하고 다녔다. 그는 쿠바가 미소 양대국의 노리개가 되고 소련의 위성국가가 되는 미래를 걱정했다. 쿠바 정부는 체의 이런 입장에 대해 난감해했다. 체의 진심은 더 충격적이었다.

체는 영국의 한 좌익 일간지와의 인터뷰에서 만약 핵미사일 제어권이 자신에게 있었다면 미국을 향해 발사했을 것이라고 밝혔다. 사회주의 해방을 위해서는 미 제국의 몇 백만쯤은 희생시킬 수 있다고 덧붙였다. 체가 왜 이런 발언을 했는지는 잘 이해가 되지 않는다. 히로시마까지 찾아가서 평화를 기원한 그가 왜 그렇게 몰상식하고 정치적으로 이익이 없는 말을 내뱉었을까?

망명가 혁명가

1960년대는 중소 분쟁으로 사회주의 진영이 분열을 보이던 시기였다. 쿠바는 미우나 고우나 소련으로부터 막대한 경제적 지원을 받고 있었다. 소련을 비판하고 마오의 중국식 모델을 설파하고 다니는 체가 쿠바 정부에게는 보통 골칫거리가 아니었다. 그래서 체는 다시 여행을 떠나야 했다.

1964년 12월 체는 UN 연설을 하기 위해 뉴욕을 방문한다. 국제정치의 스타로 부상한 체에게 세계의 이목이 집중됐다. 그러나 욕심을 많이 부렸는지, 제국주의를 비난하는 그의 연설은 장황했다. 연설을 마친 체는 석 달간 유럽과 아프리카, 중동, 아시아를 방문했다. 체의 여행은 결코 조용하지 않았다. 그는 가는 곳마다 돌발 발언을 했고, 세계는 이미 미디어 시대로 접어들었기에 그 여파가 컸다.

북반구의 두 제국인 미국과 소련은 남반구의 소국들을 착취하고 있고, 이를 극복하기 위해 아프리카와 아시아는 연대해야 한다. 체가 알제리에서 연설한 내용이다. 이 발언으로 체는 전 세계의 많은 예술가들과 지식인들로부터 지지를 얻게 된다. 소련에 실망한 사회주의자들과 미국의 제국주의에 도덕적 문제를 제기하는 서방의 젊은이들에게 영감을 줬다. 하지만 카스트로와 혁명 동지들의 반응은 싸늘했다.

순방을 마치고 아바나로 돌아온 체는 공항에 마중 나온 피델과 오랜 시간 대화를 나눴다. 두 사람의 밀담을 두고 추측이 난무했다. 체는 얼마 지나지 않아 쿠바에서 사라졌고 수많은 소문이 돌았다.

1960년대는 격동기였다. 세계는 새로운 질서를 만들기 위해 몸부림치고 있었다. 새롭게 태어난 나라들과 이념 투쟁으로 지구 곳곳이 들끓고 있었고, 인도차이나에서의 분쟁은 전쟁으로 확산되고 있었다. 미국의 존슨*Lyndon Johnson* 대통령은 베트남전 때문에 쿠바에 신경 쓸 겨를이 없었다. 베트남에 정신이 팔린 미국과 달리 체의 관심은 중앙아프리카에서 내전 중인 콩고에 있었다. 체는 아프리카의 해방은 콩고에서 시작될 것이라고 확신했다.

1965년 4월 24일 체는 게릴라 측근들과 함께 콩고에 나타났다. 쿠바에서 성공한 게릴라전을 아프리카에서 되풀이하는 것이 그들의 목적이었다. 그러나 체는 곧 실망하고 만다.

반군 세력의 지도자인 카빌라*Laurent-Désiré Kabila*부터 싹수가 없어 보였다. 정글 속으로 체를 만나러 온 카빌라의 배에는 위스키와 창녀들이 있었고, 그는 이념과 신념은 고사하고 철학도 인격도 의심스러운 인물이었다. 1997년 콩고의 대통령이 된 카빌라는 인권 유린과 부패로 얼룩진 전형적인 독재 권력을 누리다가 2001년 1월에 자신의 경호원에 의해 암살당했다.

카빌라의 병력은 게릴라전에 전혀 준비가 안 돼 있었다. 그들은 체의 일행이 가져온 무기 중 소총 하나도 제대로 다룰 줄 몰랐다. 한마디로 오합지졸이었다. 체의 측근들은 하루빨리 콩고를 뜨자고 했다. 하지만 체는 현지인들을 교육시켜서 투쟁을 전개할 수 있다고 판단했다. 아니 그렇게 믿고 싶었을 것이다. 하지만 희망과 현실은 차이가 컸다. 한심한 상황은 달라질 기미가 없었다. 총괄적인 지휘체계의 부재로 제대로 된 군사작전 한번 펼치지 못하고 어이 없는 패배만 이어졌다. 무엇보다 가장 큰 문제는 콩고의 반군들은 승리에 대한 의지는 고사하고 전의가 없다는 것이었다.

콩고 밀림에서 체가 이런 헛짓을 하고 있다는 사실을 아는 이들은 많지 않았다. 알제리 연설 이후로 세계 언론은 체를 보지 못하고 있었다. CIA조차 쿠바를 떠난 체가 사망한 것으로 추정하고 있었다. 미국 언론에서는 피델이 체를 죽였다는 억측까지 내놓고 있었다.

온갖 유언비어가 난무하자 피델은 1965년 10월 3일 생중계로 진행된 군중 연설에서 체가 자신에게 남긴 친필 서신을 낭독했다. 편지에는 체가 쿠바에서 얻은 시민권을 포함한 모든 권한과 권리를 내려놓고 혁명의 확산을 위해 쿠바를 떠난다고 적혀 있었다.

피델이 이 편지를 공개한 이유는 크게 세 가지였을 것이다. 첫째,

자신이 체를 죽이지 않았다는 사실을 세계에 명확하게 알리고 싶었다. 둘째, 체는 더 이상 쿠바 정부와 관련이 없다는 걸 소련에게 확인시켜주고 싶었다. 마지막으로, 쿠바 정치 서열에서 '2인자'는 없다는 메시지를 인민들에게 전달하고 싶었다.

서신이 공개되자 체는 당혹스러움을 넘어 '멘붕'에 빠졌다. 그 편지는 자신이 콩고에서 전사할 때를 대비해 피델에게 맡겨놓고 온 유서에 가까웠다. 그런데 그런 작별 인사를 세상에 알렸으니 체는 하루아침에 국제 미아가 된 기분이었다. 아프리카에도 쿠바에도 갈 수 없다면 아르헨티나로 돌아가란 말인가? 설상가상으로 아르헨티나 고향에 있는 어머니의 별세 소식이 전해졌다. 체는 우울증에 빠졌다. 지병인 천식 역시 악화돼 그를 괴롭혔다. 대원들을 피해 혼자 조용히 있는 시간이 늘어났다. 콩고의 사회주의 해방은 점점 더 가능성이 희박해 보였다. 체는 인생에서 가장 수치스럽고 힘든 시기를 겪고 있었다.

체는 콩고에서 끝까지 투쟁하다 죽을 각오가 돼 있었다. 원래 그럴 작정으로 아프리카에 왔고, 우울증까지 겹쳐서 체는 그러고 싶었을 것이다. 그런 무모함을 말린 이들은 전우들뿐이 아니었다. 피델 역시 특사를 연달아 보내 전세가 기울어진 콩고에서 탈출하라고 체에게 권했다. 주변의 설득도 있었지만 누구보다 자신이 제일 잘 알고 있었다. 콩고에서 전사하는 것은 아무 의미 없는 개죽음이라는 것을.

체는 실패와 패배를 인정하고 대원들을 데리고 콩고를 빠져나와 탄자니아의 쿠바 대사관을 거쳐 쿠바 공작원들이 마련한 프라하의

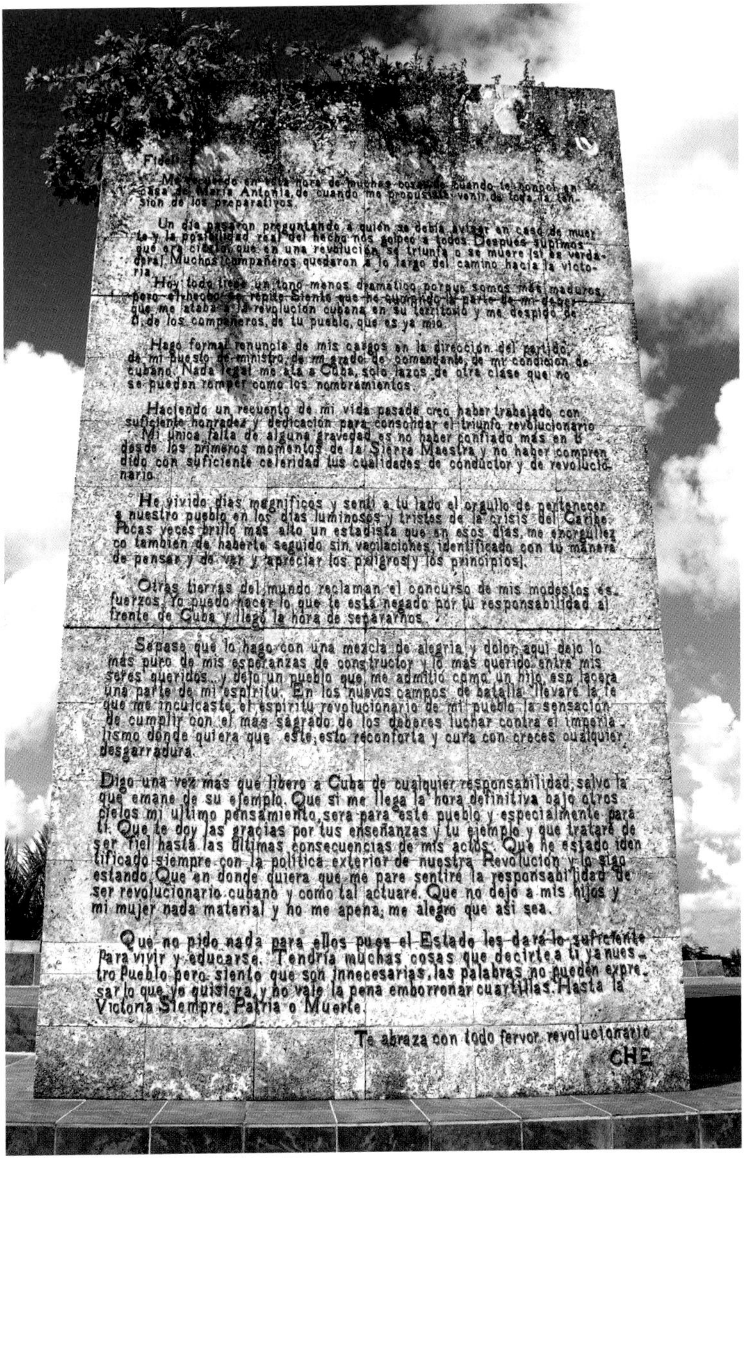

Fidel:

Me recuerdo en esta hora de muchas cosas de cuando te conocí en casa de María Antonia, de cuando me propusiste venir, de toda la tensión de los preparativos.

Un día pasaron preguntando a quién se debía avisar en caso de muerte y la posibilidad real del hecho nos golpeó a todos. Después supimos que era cierto, que en una revolución se triunfa o se muere (si es verdadera). Muchos compañeros quedaron a lo largo del camino hacia la victoria.

Hoy todo tiene un tono menos dramático porque somos más maduros, pero el hecho se repite. Siento que he cumplido la parte de mi deber que me ataba a la revolución cubana en su territorio y me despido de ti, de los compañeros, de tu pueblo, que es ya mío.

Hago formal renuncia de mis cargos en la dirección del partido, de mi puesto de ministro, de mi grado de comandante, de mi condición de cubano. Nada legal me ata a Cuba, sólo lazos de otra clase que no se pueden romper como los nombramientos.

Haciendo un recuento de mi vida pasada creo haber trabajado con suficiente honradez y dedicación para consolidar el triunfo revolucionario. Mi única falta de alguna gravedad es no haber confiado más en ti desde los primeros momentos de la Sierra Maestra y no haber comprendido con suficiente celeridad tus cualidades de conductor y de revolucionario.

He vivido días magníficos y sentí a tu lado el orgullo de pertenecer a nuestro pueblo en los días luminosos y tristes de la crisis del Caribe. Pocas veces brilló más alto un estadista que en esos días, me enorgullezco también de haberte seguido sin vacilaciones, identificado con tu manera de pensar y de ver y apreciar los peligros (y los principios).

Otras tierras del mundo reclaman el concurso de mis modestos esfuerzos. Yo puedo hacer lo que te está negado por tu responsabilidad al frente de Cuba y llegó la hora de separarnos.

Sépase que lo hago con una mezcla de alegría y dolor, aquí dejo lo más puro de mis esperanzas de constructor y lo más querido entre mis seres queridos... y dejo un pueblo que me admitió como un hijo, eso lacera una parte de mi espíritu. En los nuevos campos de batalla llevaré la fe que me inculcaste, el espíritu revolucionario de mi pueblo, la sensación de cumplir con el más sagrado de los deberes: luchar contra el imperialismo donde quiera que esté; esto reconforta y cura con creces cualquier desgarradura.

Digo una vez más que libero a Cuba de cualquier responsabilidad, salvo la que emane de su ejemplo. Que si me llega la hora definitiva bajo otros cielos, mi último pensamiento será para este pueblo y especialmente para ti. Que te doy las gracias por tus enseñanzas y tu ejemplo y que trataré de ser fiel hasta las últimas consecuencias de mis actos. Que he estado identificado siempre con la política exterior de nuestra Revolución y lo sigo estando. Que en donde quiera que me pare sentiré la responsabilidad de ser revolucionario cubano y como tal actuaré. Que no dejo a mis hijos y mi mujer nada material y no me apena; me alegro que así sea.

Que no pido nada para ellos pues el Estado les dará lo suficiente para vivir y educarse. Tendría muchas cosas que decirte a ti y a nuestro pueblo pero siento que son innecesarias, las palabras no pueden expresar lo que yo quisiera, y no vale la pena emborronar cuartillas. Hasta la Victoria Siempre. Patria o Muerte.

Te abraza con todo fervor revolucionario

CHE

안가로 도피했다. 당시에는 체코 정부도 체가 체코에 있는지 몰랐다고 한다. 피델은 체에게 수차례 서신을 보내 쿠바로 돌아올 것을 부탁했다. 체는 당연히 거절했다. 자신의 마지막 편지가 공개된 상황에서 아무 명분 없이 어떻게 쿠바로 돌아간단 말인가? 피델이 자신을 두 번 죽이려는 것 같았다. 하지만 피델의 배려에도 나름 일리가 있었다. 세계적으로 알려진 쿠바의 혁명가가 망명자로 떠돌아다니는 것은 좋은 그림이 아니었다.

체가 쿠바로 돌아가지 않은 것은 자존심 때문만이 아니었다. 쿠바에 돌아가면 자신이 피델에게 정치적 부담이 될 것이 뻔하니, 오히려 해외에서 혁명가로 활동하며 피델에게 개인적인 지원을 받는 것이 소련의 눈치를 보는 쿠바 정부 입장에서도 훨씬 득이 될 것이라고 판단했던 것이다.

피델은 측근들에게 체가 다시 투쟁을 전개할 수 있는 곳을 찾아보라고 지시했다. 과테말라, 페루, 콜롬비아, 베네수엘라는 정치적인 여건이 적합하지 않았지만, 유일하게 볼리비아만이 상황이 적절해 보였다.

볼리비아

1964년에 미국이 지원한 군사 쿠데타로 정권을 빼앗은 바리엔토스 *René Barrientos* 정부는 볼리비아의 공산당을 포함한 좌익 단체들과 분쟁 중이었다. 피델은 체에게 볼리비아를 제안했고, 출구 전략이 생긴 체는 아프리카에서 실패한 혁명을 남미의 심장부 볼리비아에서 실현할 수 있을 것으로 기대했다.

1966년 10월 피델은 각료 회의에 한 우루과이 경제학자를 참석시켰다. 두꺼운 안경을 쓴 중년을 훌쩍 넘은 대머리 남자를 그 누구도 알아보지 못했다. 그 남자는 다름 아닌 체 게바라였다. 체의 변장술은 라울 카스트로를 포함한 혁명 동지들까지 속을 정도로 완벽했다.

체는 우루과이 여권으로 볼리비아에 잠입해 곧바로 산속으로 들어갔다. 체의 '자유'를 향한 여정, 또는 '죽음'을 향한 질주는 그렇게 다시 이어졌다.

볼리비아에서의 투쟁은 처음부터 삐걱거렸다. 볼리비아 공산당 측은 모든 투쟁의 총괄 지휘는 자신들이 맡아야 한다고 고집했다. 체는 게릴라 전술에 경험이나 지식이 전무한 그들의 제안을 받아들일 수 없었다. 체는 어쩔 수 없이 24명의 대원을 데리고 독자적으로 캠프를 차려야 했다.

볼리비아 군사정부의 세뇌와 협박으로 현지 민중들은 공산당 게릴라를 혐오하고 두려워했다. 그러니 체의 게릴라들은 민중의 지원은 고사하고 오히려 도망 다녀야 하는 상황이었다. 문제는 그뿐이 아니었다.

체의 예상과 달리 게릴리들의 적은 볼리비아의 형편없는 일반 정규군이 아닌 CIA에서 훈련받은 특수부대원들이었다. 미국으로서는 그들이 그토록 오랜 기간 추적해온 체 게바라가 볼리비아에 제 발로 걸어 들어온 절호의 기회를 놓칠 수 없었다.

체 게바라를 잡기 위해 투입된 특수부대원들을 이끄는 CIA 요원은 몇 년 전 어린 나이에 피그스 만 침공에 참여했던 쿠바계 미국인 펠릭스 로드리게즈였다. 로드리게즈 일행은 1967년 10월 7일 현지 정보원들이 파악한 위치에서 치열한 교전 끝에 체 게바라를 생포하게 된다.

체 게바라의 유령

로드리게즈는 일단 가장 가까운 두메산골 마을의 작은 학교에 체를 가두고 워싱턴에 보고했다. 그 시대의 통신수단은 무선전화나 인터넷이 있는 요즘과는 비교할 수 없을 정도로 느리고 비효율적이었다. 미 정보국의 보고 체계 역시 간단하지 않았다. 로드리게즈의 암호화된 무전은 볼리비아 현지의 미국 대사관을 거쳐 남미 CIA 지국을 다시 거쳐서 워싱턴으로 전달됐다. 그러니 산속에서 작전 중인 로드리게즈에게 CIA 본부의 회신 명령이 전달되는 과정 역시 시간이 꽤 걸릴 수밖에 없었다. 그렇게 하루가 지나갔다.

로드리게즈가 전달받은 지시는 명확했다.

볼리비아 정부군과 공조해 체를 파나마 CIA 지국으로 옮기라는 것이었다. 그곳에서 미국은 체를 본격적으로 심문할 예정이었다. 미국은 체 게바라를 죽일 의도가 없었다. 적어도 볼리비아에서는.

그러나 미국과 달리 볼리비아 정부는 이미 체를 죽이기로 결정한 상태였다. 바리엔토스는 체 게바라를 죽여서 자신의 반대 세력과 자국민들에게 확실한 메시지를 보여주고 싶었다.

1967년 10월 9일 아침, 체가 갇혀 있던 교실에 물을 떠다 준 여선생은 잡혀 있는 포로가 체 게바라라는 사실에 깜짝 놀랐다. 지성인이자 미남형인 체는 이제까지 볼리비아 정부에서 국민들에게 선전한 것과는 너무나 다르기도 했지만, 라디오에서는 이미 체 게바라가 교전 중에 사살됐다고 보도하고 있었기 때문이었다. 여선생이 체를 만난 지 한 시간도 지나지 않아 로드리게즈는 체를 학교 밖으로 끌고 나와 함께 사진 촬영을 했다. 그리고 체에게 그가 곧 총살될 것이라고 알려줬다. 체는 고개를 끄덕이며 자신이 생포된 것이 잘못이니 오히려 잘됐다며 받아들이는 분위기였다. 체는 독특한 억양을 쓰는 로드리게즈에게 어디 출신이냐고 물었다. 로드리게즈는 자신이 쿠바 출신 미국인이라고 말했고, 이 기괴한 운명의 장난에 체는 코웃음 치며 더 이상 말하지 않았다.

로드리게즈는 평생 수많은 인터뷰에서 왜 그날 볼리비아 정부의 사형 결정을 막지 않았느냐는 질문에 시달렸다. 그는 늘 다음과 같이 답했다. 그곳은 볼리비아였고 체는 그곳에서 잡힌 그들의 전쟁 포로였다고.

로드리게즈는 바티스타 정권 관료의 조카로 어린 나이에 혁명이 일어난 쿠바에서 쫓겨나듯 미국으로 온 이민자였다. 본디오 빌라도가 예수의 처형을 어찔 수 없이 승인했다면, 로드리게즈는 체를 죽일 수 있는 구실이 생긴 마당에 굳이 막을 필요를 못 느꼈을 것이다. 오늘날까지도 로드리게즈는 체가 마지막 순간까지 차고 있던 롤렉스 시계를 전리품으로 사무실에 진열해놓고 있다. 하지만 로드리게즈가 체로부터 얻은 것은 고인의 시계뿐이 아니었다.

체가 죽은 이후로 로드리게즈에게는 이상한 병이 생겼다. 로드리게즈는 이전에 앓은 적 없던 천식을 앓기 시작했다. 그래서 고지에서 숨이 가빠질 때마다 로드리게즈는 늘 체 게바라를 떠올린다고 한다. 체의 저주를 받은 이는 로드리게즈만이 아니었다.

죽은 체의 시신을 헬기에 매달아 바이아그란데로 이송한 볼리비아군의 수반 바리엔토스 대통령은 1969년 헬기 추락 사고로 사망한다.

빌라도와 마찬가지로 로드리게즈도 손에 피를 묻히지 않았다. 체 게바라를 사살한 볼리비아인은 테란*Mario Terán*이라는 서른한 살의 주정뱅이 군인이었다. 그는 자신의 친구들이 체의 게릴라들에 의해 죽었다며 복수에 혈안이 돼 있었다. 테란 역시 체의 유령으로부터 자유롭지 못했다. 테란이 체에게 '복수'한 지 39년이 지난 2006년, 늙은 테란은 베네수엘라에서 쿠바 의료봉사단으로부터 무료로 백내장 수술을 받고 잃어버렸던 시력을 되찾게 된다. 체 게바라의 후예들은 체를 죽인 테란이 다시 빛을 볼 수 있게 해준 것이었다.

로드리게즈는 체가 전투 중 사살된 것으로 보이게 하기 위해 테란에게 목 아래로 쏘라고 명령했다. 체가 갇힌 교실에 들어온 테란은 긴장한 나머지 머뭇거렸다. 그러자 체가 성질을 내며 외쳤다.

"빨리 쏴! 이 겁쟁이 자식아! 그냥 사람 하나 죽이는 거다!"

옳은 말이었다. 사람은 죽일 수 있어도 정신과 사상은 죽일 수 없다.

볼리비아 군사정부는 자신들이 체 게바라를 잡았다는 것을 세계에 자랑하고 싶었다. 체의 시신은 인근 도시 바이아그란데의 병원으로 옮겨졌다. 그곳에서 체의 목을 통해 폼알데하이드를 주입했다. 시체에 방부제가 들어가자 근육들이 경직되며 감겨 있었던 체의 두 눈이 번쩍 뜨였다. 시신을 닦던 수녀와 간호사들은 예수 그리스도와 흡사한 체가 자신들을 지켜보는 것 같다고 했다. 심지어 그들 몇몇은 행운을 위해 체의 머리카락을 잘라 갔다.

오늘날 바이아그란데 지방에서는 '성 에르네스토' 상이나 그림 앞에서 기도하는 현지인들을 볼 수 있다. 물론 무신론자이자 마르크스주의자였던 체 게바라는 바티칸에서 성자로 인정된 적이 없다.

볼리비아 정부는 아르헨티나 당국과 지문을 확인한다는 이유로 체 게바라의 양손을 잘라냈다. 체의 시신을 훼손하는 것도 모자라 그들은 시신을 빼돌려 아무로 모르는 장소에 비밀리에 묻어버렸다. 그들은 체 게바라에게 무덤을 줘서 순교자로 만들고 싶지 않았다.

사람들에게 숨겨졌던 그의 탄생처럼 그의 죽음 역시 사람들이 확인할 수 없는 비밀로 영원히 남겨지는 것 같았다. 그렇게 세월이 흘렀다.

1995년 11월 체 게바라의 자서전을 집필하던 존 리 앤더슨Jon Lee Anderson은 퇴역한 볼리비아 장군과의 인터뷰에서 아주 우연한 기회에 체 게바라의 유해가 묻힌 장소를 알아내게 된다. 고해성사에 가까웠던 그 증언으로 발굴 작업이 시작됐다.

1997년 7월 쿠바와 아르헨티나의 법의학자들은 양손이 없는 체 게바라의 유골을 찾아냈다. 그렇게 죽은 지 30년 만에 비로소 체 게바라는 사랑하는 가족과 쿠바의 품으로 돌아갈 수 있었다.

CHÁVEZ:
NUESTRO MEJOR AMIGO

"진정한 혁명가는 거대한 사랑의 감정으로부터 안내를 받는다."

체 게바라가 생전에 자주 한 말이다. 그는 혁명의 근원은 사랑이라고 믿었다. 체 게바라는 열정적인 인간이었다. 그는 혁명, 예술, 여자, 자유, 정의를 진심으로 사랑했다. 체 게바라는 쿠바혁명이라는 정신적인 모범이 국경을 넘어 세계로 퍼질 것이라고 확신했다. 그의 열정과 정신은 오늘날까지 전 세계의 많은 가슴을 뜨겁게 달구고 자극하며 우리에게 변화를 상상하게 한다.

변화의 시작은 상상력이었다.

체 게바라는 사회주의로 단결된 라틴아메리카를 상상하고 간절히 원했다. 하지만 그 꿈을 이루기 위한 투쟁에 헌신하는 것으로 그는 생을 마감해야 했다.

꿈을 좇는 많은 몽상가들은 오해와 수모로 상처받고 좌절하다가 결국에는 절망한다. 물론 그중에는 끝까지 포기하지 않는 이들도 있다. 그들의 처절한 노력 역시 세상을 현실적으로 바꾸기는커녕 조금도 움직이지 못할 때가 많다.

그런데 어느 날 느닷없이 세상이 믿기지 않을 정도로 변한 것을 체감하는 날이 있다. 기적 같은 그 변화는 고통과 실망 속에서 죽어간 수많은 이들이 끝까지 놓지 않았던 소망일지도 모른다.

1999년 차베스가 집권한 베네수엘라를 시작으로 칠레, 브라질, 아르헨티나, 볼리비아, 우루과이 등으로 성난 불길처럼 번진 라틴아메리카의 '분홍 물결'은 21세기의 사회주의 모델을 제시했다. 이는

19세기의 시몬 볼리바르와 20세기의 체 게바라의 꿈이 합쳐져 만들어낸 결과물이었다.

체 게바라는 어쩌면 우리가 모르는 수많은 몽상가들의 복합체일 것이다. 그래서 체 게바라의 상상력은 오늘날까지 살아 숨쉬며 우리에게 용기와 희망을 던져주는 것이다.

상상력은 변화를 가능케 한다. 많은 이들이 갈망하는, 반드시 이뤄져야 할 소망은 단순히 꿈으로 끝나지 않는다는 것을 역사는 증명한다.

체 게바라는 세상을 바꾸고 싶어 했다. 그리고 자유를 갈망했다. 그래서 평생 자신을 끊임없이 죽음으로 몰고 갔는지도 모른다. 세상을 바꾸려면 자신부터 변해야 한다는 것을 그는 누구보다 잘 알고 있었으니까. 수많은 예술가들과 혁명가들처럼 체 게바라는 삶이란 축적하는 것이 아니라 소멸하는 것이라는 진리를 본능적으로 알고 있었다.

변화는 낡은 것이 죽고 새로운 것이 태어날 때에만 가능하다. 다시 태어나기 위해서는 일단 죽어야 한다. 희생 없는 변화란 불가능하니까. 타인과 인류를 위해 자신의 목숨을 희생하는 행위는 인간이 할 수 있는 가장 고결한 행위다. 체 게바라는 더 나은 세상을 위해 인생을 걸었고, 결국 목숨까지 바쳤다.

상상력으로 시작된 변화는 희생으로 영원해졌다.

자신의 모든 것을 바치고 서른아홉이라는 젊은 나이에 죽은 체 게바라는 국경을 넘어, 이념을 넘어, 세대를 넘어 오늘날까지 존경받고 사랑받는다. 그래서 오늘날 체는 낭만적 신화이고, 투쟁의 상징이자 문화적 아이콘이다.

체가 그토록 혐오했던 자본주의는 체가 죽는 순간부터 하이에나처럼 달려들었다. 체의 사망 직후 제작에 들어간 오마 샤리프*Omar Shariff* 주연의 〈체!〉라는 할리우드 졸작에서부터 1970년대에 만들어진 브로드웨이 뮤지컬 〈에비타*Evita*〉까지 수요자의 입맛에 따라 체 게바라는 문화적으로 재현되고 조작되며 여러 파생 상품들을 낳았다. 여담이지만 체 게바라는 페로니즘*Peronism*과는 생리적으로 맞지도 않았고, 활동 연대나 공간도 전혀 달라서 에바 페론과는 만난 적도 없었다. 하지만 그런 역사적 사실과 무관하게 체와 관련된 상품들은 거의 반지성주의 수준으로 만들어졌고, 전 세계적으로 널리 팔려나갔다. 이제는 세계 어디서나 체가 프린트된 티셔츠를 볼 수 있고, 롤렉스 광고에서부터 컴퓨터게임에까지 체가 재활용되고, 심지어 영국에서는 체 게바라 맥주까지 등장했다.

이러한 전 지구적인 체 게바라 마케팅의 가장 큰 수혜자이자 숨은 기획자는 바로 쿠바 정부였다. 죽은 체 게바라는 특히 경제적으로 어려웠던 '특별 시기'에 쿠바의 이미지를 받쳐주며 관광산업 부흥에 크게 기여했다. 자본주의가 그를 상품화했다면, 카스트로는 체 게바라를 신격화했다.

1967년 10월 18일 100만 명에 임박하는 군중이 체의 죽음을 애도하기 위해 아바나 혁명광장에 모였다. 피델은 눈물을 머금으며 외쳤다.

"우리 시대가 아닌 미래에 속한 인간 유형을 우리가 찾는다면, 나는 내 마음속 깊은 곳에서부터 외칠 수 있습니다. 한 줌 얼룩 없는 언행으로 볼 때 그 유형은 바로 체라고! 우리의 아이들이 어떻게 자라

José Martí
Haz algo bueno cada día
en nombre mío

길 바라느냐고 묻는다면, 열정적인 혁명가들인 우리는 마음속에서부터 외칠 것입니다. 그들이 체처럼 되길 바랍니다!"

오늘날 쿠바의 모든 교실에는 체의 사진이 걸려 있다. 학생들은 조회 시간에 국가에 대한 맹세를 마친 뒤 "공산주의의 선구자들이여, 우리는 체처럼 될 것이다*Pioneros por el comunismo, Seremos como el Che*!"라고 힘차게 외치며 하루를 시작한다.

마그다의 집 옆 건물에는 훌리아라는 일곱 살짜리 아가씨가 살고 있다. 훌리아와 나는 아침에 마주칠 때마다 서로 인사하며 친해진 사이였다. 초등학교 2학년인 훌리아는 영어를 못해서 하비에나 마그다가 우리의 대화를 통역해주곤 했다.

아바나에서 동부로 출발하던 날 하비에와 내가 차에 짐을 싣고 있는데 줄넘기 연습을 하던 훌리아가 달려와서 섭섭한 표정으로 내게 한국으로 가느냐고 물었다. 나는 산타클라라를 들러 산티아고까지 일주일 정도 여행을 하고 돌아올 거라고 얘기해줬다. 훌리아는 자기도 언젠가 어른이 되면 체 게바라의 기념비에 꼭 가보고 싶다고 했다.

"아저씨는 체 게바라에 대해 아세요?"

"아니, 잘 몰라. 음…… 네가 좀 가르쳐줄래?"

친절한 훌리아는 줄넘기를 접으며 내게 체에 대해 차근차근 설명해줬다.

"체는 아르헨티나에서 태어났어요. 피델과 함께 쿠바를 해방시켰고요. 그리고 제국주의와 싸우기 위해 외국으로 떠났죠."

"우~와, 정말? 대단한데!"

그녀가 뿌듯한 듯 미소를 머금었다.

"체가 외국에 갔다고 했는데…… 어느 나라에 갔니?"

추가 질문에도 훌리아는 두 눈을 반짝이며 막힘없이 대답했다.

"체는 볼리비아에서 싸우다 죽었어요."

"저런……."

"하지만 슬퍼하지 않아도 돼요. 체의 사상은 영원히 죽지 않으니까요."

"그래? 아니 어떻게?"

훌리아는 자신의 가슴과 머리에 왼손을 차례로 대며 말했다.

"체의 사상은 우리의 마음과 머리에 살아 있으니까요."

학교에서 아침마다 배운 이야기와 숙달된 동작이었지만 자부심을 갖고 이방인에게 체 게바라에 대해 가르쳐주는 훌리아의 표정은 내 마음 어딘가를 흔들었다.

"그렇구나. 근데…… 체의 사상? 그게 도대체 뭐니?"

훌리아가 생각에 빠졌다. 어려운 질문이었다. 하비에가 애써 웃음을 참으며 눈짓으로 짓궂은 나를 나무랐다. 머뭇거리던 훌리아가 정답이 생각난 듯 활짝 웃으며 우리에게 말했다.

"우리는 더 좋은 세상을 만들 수 있다는 거죠!"

Chapter 5

개 같은 날의
오후

"나는 체 게바라가 싫어요."

하비에와 내가 체 게바라에 대해 이야기를 나누고 있는데 뒷좌석에 앉은 페페가 끼어들었다.

"아니 왜?"

내가 돌아보며 물었다. 체 게바라에 대해 그리 우호적이지 않은 페페는 진지한 표정으로 나를 보며 말했다.

"체는 너무나 많은 것들을 이분법으로 나누고 단순화시켰어요. 그것도 아주 마초적으로요. 미국은 제국주의라서 무조건 싸워야 한다고 강요했어요. 하지만 싸우고 싶지 않은 사람들도 있어요. 조국이 아니면 죽음을Patria o Muerte? 왜 둘 중 하나여야 하죠? 미국으로 이민 갈 수도 있어요. 그것도 자유잖아요."

운전하던 하비에는 룸미러를 힐끗 보며 페페의 말을 들었다. 내 뒤에 앉은 다리아나도 귀에서 이어폰을 빼며 페페와 우리를 번갈아 봤다.

"체 게바라가 종교인이나 성소수자에 대한 사회적 탄압과 학대를 주도한 건 아시죠? 체 때문에 혁명정부는 조금이라도 다른 생각을 가진 이들을 사회의 질병으로 간주하며 잡아 가뒀다고요. 그런 폭력적인 전체주의가 과연 '신인간'들이 사는 해방된 사회일까요?"

"일리 있는 말이다. 페페, 너 정말 스마트하구나."

"그거 아세요? 1960년대에는 한동안 쿠바에서 영어로 된 음악을 듣는 게 불법이었어요. 그래서 비틀즈를 숨어서 들어야 했대요."

"말도 안 돼."

내가 믿을 수 없다는 표정을 짓자 하비에가 나를 보며 끄덕였다. 하긴 한국에서도 불과 몇 십 년 전까지만 해도 장발과 미니스커트

를 단속하지 않았던가.

내가 '탈레반'으로 오해했던 다리아나 역시 체 게바라에 대해 은근히 비판적이었다.

"쿠바혁명의 마초적인 성격은 마치 헤밍웨이의 소설 같아요. 너무 전위적이죠. 마치 섹스를 잘 못하는 남자들이 과도하게 남성성을 과시하며 폭력을 휘두르는 것처럼."

"그런 말 해도 돼? 혁명에 대해서."

오히려 내가 걱정하자 쿠바인 셋이 크게 웃었다. 전날 트리니다드 근처 해변가에서 술을 마시고 하룻밤을 함께 보낸 우리 네 사람은 어느 정도 친해져 있었다. 그래서 이런 얘기도 주고받을 수 있었다. 하지만 그 '어느 정도'는 체 게바라에 대한 비평과 혁명의 과오까지 논하는 수준이었다. 체를 비판하면서도 페페와 다리아나는 피델에 대한 언급은 단 한 마디도 하지 않았다. 아무리 늙었어도 살아 있는 권력이 죽은 신화보다 가깝고 무서운 법이다.

책을 좀 읽고 이론적으로 공부한 다리아나의 말이 맞았다. 쿠바혁명의 근원은 공산주의 또는 사회주의가 아닌 반제국주의였다. 거대한 제국과 싸우는 소국은 지나친 마초가 될 수밖에 없었는지도 모른다. 큰 개 앞에서 큰 소리로 짖는 작은 강아지들처럼.

"다음 주유소에서 좀 쉬었다 가죠."

"어디 불편해요?"

"아니, 화장실에 갔으면 해서요."

다리아나는 답을 피하며 얼버무렸다.

"42년산인데 디젤로 개조한 거예요. 칠도 여러 번 한 것 같네요."

맞은편에서 달려오는 시보레를 가리키며 페페가 설명했다. 올드카들이 지나갈 때마다 페페는 친절하게 연식과 메이커 등을 내게 가르쳐줬다. 페페는 음악뿐만 아니라 차에 대해서도 조예가 깊었다. 페페에 의하면 쿠바에 있는 올드카는 대부분 디젤엔진으로 이미 개조된 차라고 했다.

쿠바의 시골 국도는 차와 마차, 오토바이와 자전거, 버스와 트럭, 때로는 소 떼까지 함께 사용하지만, 아침부터 폭우가 내려서인지 달려도 달려도 한동안 아무도 보이지 않았다.

카리브 해안의 천둥번개는 실로 천지개벽을 연상시킬 정도로 무서웠다. 먹구름과 장대비를 동반한 폭우는 아침 해를 집어삼키고 비와 빛을 큰 소리로 땅에 꽂아댔다. 아바나에서 와이퍼를 고치고 온 게 천만다행이었다. 표지판 하나 제대로 없는, 정말 답이 없는 쿠바의 지방도로도 위험했지만, 도로 위에 간혹 띄엄띄엄 보이는 큼직한 바닷게들이 진짜 위험한 지뢰들이었다. 시야 확보가 어려워서 그놈들을 피하기가 여의치 않았고, 만약 운이 없어서 타이어가 게에 찔려 펑크라도 나면 정말 골치 아픈 상황이 될 수 있었다. GPS는 고사하고 전화 통화도 안 되는 그 허허벌판에서 비를 맞고 서 있는 고생을 감수할 만큼 우리는 바쁘지도 급하지도 않았다. 그래서 우리는 트리니다드에서 이른 점심을 먹으며 비가 그치기를 기다렸다가 빗줄기가 약해진 뒤에 다시 출발했다.

주유소에 도착했을 때 비는 이미 그쳐 있었다. 주유기 옆에 차들이 몇 대 서 있었지만 아무도 주유를 하고 있지 않았다. 사람들은 모두 주유소 안 식당에 있었고 밖에는 아무도 없었다. 그리고 모두 아

B 019211

이스크림을 먹고 있었다. 정말 기이한 풍경이었다.

주유소 안으로 들어갔던 하비에가 직원으로 보이는 물라토와 함께 나왔다. 궁금해진 나도 차에서 내려 그들에게 갔다.

"저쪽으로 20분쯤 가면 갈림길이 있는데, 거기서 왼쪽으로 가면 산티스피리투스*Santi Spiritus*까지 주유소가 없어요. 그러니까 오른쪽 길로 빠져야 돼요. 그래서 5분만 가면 작은 다리가 나와요. 그 다리만 건너면 주유소가 있어요."

셔츠는 걸치지 않은 채 반바지에 쪼리만 신고 있는 물라토가 하비에에게 길을 설명하다가 나를 보고 고개를 끄덕이며 인사했다. 올라! 나도 인사를 받아주며 웃어줬다.

"정전이라서 주유를 못해. 아까 천둥번개로 전기가 끊겨서 펌프가 작동을 안 한대."

영업은 하지만 주유를 할 수 없는 주유소였다. 쿠바에서만 가능한 현상 같았다. 잠시 말을 잃고 있는 내게 하비에가 눈썹을 살짝 올리며 특유의 '레솔베르' 톤으로 물었다.

"여기서 전기가 돌아올 때까지 기다리거나, 아니면 지금 이 친구가 설명한 다음 주유소로 가는 방법이 있어. 어떻게 할까?"

"전기가 언제 돌아온대?"

"이 친구 말로는 20~30분이라는데…… 그걸 누가 알겠어. 쿠바에서 기다리는 시간이란 무한대로 늘어날 수 있다는 거 이제 좀 알잖아."

할 말이 없었다. 쿠바인들은 때로는 시간을 매우 주관적으로 인식하는 게 사실이었다.

"기름이 넉넉하면 다음 주유소까지 가지."

"많진 않지만 이 친구 말대로라면 가까우니까 충분히 갈 수 있을 거야."

화장실에서 나온 다리아나는 하비에에게 트렁크를 열어달라고 했다. 그녀는 자신의 가방을 뒤져 칫솔과 치약을 꺼낸 뒤 잠시만 기다려달라며 다시 화장실로 향했다. 그러고 보니 아까부터 다리아나의 안색이 안 좋은 것 같았다.

"다리아나, 어디 아프니? 토한 것 같던데."

내가 페페에게 슬쩍 물어봤지만 페페 역시 상황 파악이 안 된다는 표정이었다.

"그러게요. 물어봤더니 그냥 속이 안 좋대요."

우려한 대로 주유소 직원은 시간을 주관적으로 인식하고 있었다. 그가 말한 갈림길은 20분이 아닌 40분이 지나서야 나왔다. 그런데 문제는 그게 아니었다. 갈림길에서 우회전을 하자 길을 막고 서성이는 사람들이 보였다. 그들은 담배를 피우며 서로 잡담을 나누면서 뭔가를 재미나게 구경하고 있었다.

불과 100미터 정도 앞에 주유소가 보였지만 주유소와 우리 사이에 있어야 할 다리가 보이지 않았다. 차에서 나와보니 무너져 내린 다리의 잔해 사이로 강물이 유유히 흐르고 있었다. 우리와 주유소 사이의 간극은 보통 사람의 재주와 곡예로는 도저히 건널 수 없을 듯 보였다. 계곡은 실족해서 굴러 떨어져 죽을 정도의 깊이는 충분히 돼 보였다.

물 건너 주유소에서는 사람들이 아무 일도 아니라는 듯이 주유를 하고 있었다.

나중에야 들은 얘기지만 쿠바의 시골에서는 폭우로 도로가 움푹 파이거나 꺼지는 수준을 넘어 작은 다리가 끊기는 일도 간혹 있다고 한다.

어쩔 수 없이 차를 돌려서 왔던 길을 다시 갔다. 기름이 간당간당했다. 하비에는 에어컨을 끄고 언덕을 내려갈 때는 기어를 중립으로 놓기도 하며, 별의별 짓을 다해 연료를 최대한 아끼려고 노력했다. 하지만 역부족이었다. 얼마 가지 않아 자동차는 멈춰 서고 말았다.

오후의 태양은 이미 젖은 도로를 다 말리고 데울 정도로 뜨겁게 이글거렸다. 우리는 일단 차를 그늘 쪽으로 밀어야 했다. 상태가 안 좋아 보이는 다리아나에게 차에 앉아 있으라고 했지만 그녀는 내려서 걷겠다고 했다. 페페와 내가 차를 밀었다. 페페는 의외로 힘을 잘 못 썼고 차를 미는 요령조차 없었다. 짜증이 난 하비에가 자신이 차를 밀 테니까 페페에게 운전대를 잡으라고 했다.

"저…… 운전면허 없는데요."

"면허? 장난하냐? 그냥 잡고 걸어가면서 좌우로 조금씩만 틀면 되잖아."

"그게…… 운전해본 적이 없어서 자신이 좀 없는데……."

"아까 차에 대해서 떠든 건 뭐였어? 아는 척 많이 했잖아?"

"아, 그건…… 내 친구가 택시를 몰아서요."

지식과 활용은 엄연히 다르다. 하비에가 페페를 째려보며 다시 운전대를 잡았다. 그늘을 찾아 걸어가는 다리아나를 따라 남자 셋이 차를 밀고 가고 있었다. 누군가가 먼 거리에서 사진을 찍으면 아주 독특한 그림이 될 것 같다는 상상을 했다. 길게 쭉 뻗은 도로에는 차는커녕 짐승 한 마리 지나가지 않았다.

나무 그늘 아래도 더웠다. 커다란 나무뿌리에 걸터앉았다 일어나자 반바지의 엉덩이 부분이 민망할 정도로 흠뻑 젖어 있었다. 페페는 하비에의 눈치를 보느라 우리로부터 약간 떨어져 앉았다. 컨디션이 좋지 않아 차 안에 누워 있는 다리아나가 걱정됐지만 휴대전화는 신호가 전혀 잡히지 않았다.

우리는 기다려야 했다. 누군가가 나타날 때까지. 그러나 아무도 오지 않는 길 위에는 아지랑이만 피어오르고 있었다.

얼마나 기다렸을까. 언덕을 넘어서 뭔가 다가오는 것이 보였다. 무인도에 조난당한 선원들처럼 우리는 자리에서 벌떡 일어났다. 다리아나도 차에서 나왔다. 작은 트럭 같은 물체는 정전된 주유소가 있는 방향과는 반대로 가고 있었지만, 그래도 사람을 볼 수 있다는 사실에 우리는 고무되었다. 그런데…….

우리를 향해 다가오는 것은 트럭이 아니라 소 두 마리가 끄는 달구지였다. 카우보이 모자를 쓴 중년의 농부가 우리 앞에 달구지를 멈춰 세웠다.

"올라! 어디까지 가세요?"

하비에가 밝게 웃으며 카우보이에게 물었다. 그러자 그가 달구지에 실은 수많은 삽들을 가리키며 말했다.

"공사 현장에 간답니다. 저기…… 다리가 끊겨서. 실은 점심때까지 갔어야 하는데. 허허."

"네……."

"거기까지 태워다 드릴까요?"

우리는 정중히 거절했다. 카우보이는 다시 길을 가기 위해 소들에게 채찍을 가했다. 우소와 좌소를 연달아 내리치며 카우보이가 외쳤다.

"피델! 라울!"

내가 귀를 의심하는 표정으로 하비에를 쳐다보자 하비에는 별일 아니라는 듯이 웃으며 말했다.

"채찍질할 때 소의 이름을 불러야 반응을 하잖아. 원래 시골에서 소에게 많이 붙이는 이름이야. 피델이랑 라울. 가축에게 그 이름을 붙이는 게 불법은 아니니까."

멀어지는 달구지를 아쉬워하며 페페가 말했다.

"우리 저거라도 타고 갔어야 되는 거 아닌가?"

하비에가 바로 쏘아붙였다.

"왜? 가서 노가다라도 뛰게? 아니면 그 강을 네가 수영해서 건너가서 기름이라도 사 오게?"

하비에가 신경질적으로 반응하자 페페는 꼬리를 내렸다.

"그냥…… 다리아나가 몸이 안 좋아 보여서…… 여기 있는 것보다는……."

"제발 조용히 좀 해!"

어느새 차에서 박차고 나온 다리아나가 페페에게 소리를 질렀다. 우리 모두는 깜짝 놀라 길을 휘청휘청 걸어가는 다리아나를 그저 쳐다보기만 했다. 그러다가 그녀가 멈춰 섰다.

"으아악!"

갑자기 그녀는 허공에 대고 괴성과 욕설을 질러댔다! 제정신이 아니었다.

그리고 잠시 후 다리아나는 다시 차 안으로 조용히 들어가 뒷좌석에 누웠다.

"재 지금 뭐라고 한 거야?"

내가 하비에에게 조용히 묻자 하비에도 조심스럽게 소곤소곤 속삭였다.

"나도 잘 못 들었는데, 욕이 많이 섞여 있었지만 쿠바를 떠나고 싶다…… 뭐 그런 내용이었어."

다리아나는 '탈레반'이 아니었다. 그녀의 상태는 심상치 않아 보였다. 단순히 더위를 먹은 것 같지 않아서 불안했다. 아니 그곳에 오래 있다간 우리 네 사람 다 미칠 수도 있을 것 같았다. 그런 걱정을 하며 땀을 뻘뻘 흘리고 있는데, 멀리서 우리를 향해 달려오는 차 한 대가 어렴풋이 보였다. 이번에는 우리를 구해줄 구조선이라는 확신이 들었다.

잠시 후 모습을 드러낸 고급 관광버스는 손을 흔드는 다리아나 옆에 멈춰 섰다.

다리아나는 버스 운전사와 얘기를 나누더니 하비에를 불렀다. 세 사람은 몇 마디 더 주고받더니 고개를 끄덕였다. 하비에가 뭔가를 종이에 적어서 다리아나에게 건넸다. 다리아나는 우리에게 손을 흔들더니 버스에 올라탔다. 그러자 버스는 바로 출발했다.

"유럽 관광객들을 태우고 산티스피리투스까지 가는 버스인데 빈자리가 있대. 다리아나가 에어컨 바람이라도 좀 쐬는 게 좋을 것 같아서 먼저 가 있으라고 했어. 우리 누나랑 어머니가 거기에 사니까 연락하라고 전화번호를 적어줬어."

다리아나는 그렇게 순식간에 우리 앞에서 바람처럼 사라졌다. 비록 쿠바는 떠나지 못했지만 그녀는 무더위의 허허벌판은 떠날 수 있었다.

우리는 다시 기다렸다.

얼마나 지났을까. 자전거를 탄 두 청년이 나타나 도와줄 게 없는지 우리에게 물었다. 우리는 그들에게서 생수를 받아 마시며 상황을 설명했다. 메신저백을 멘 친구는 전형적인 라티노로 보였지만 작은 배낭을 앞으로 메고 있는 친구는 슬라브계 느낌이 확 났다.

1970년대 초부터 1980년대 후반까지 소련과 혈맹 관계였던 쿠바는 경제적인 원조 외에도 소련과 활발히 교류했다. 특히 그 시절에는 양국 간에 국제결혼이 유행해서 오늘날 쿠바에서는 슬라브계를 종종 볼 수 있다. 그러나 대부분의 쿠소 가정은 소련이 붕괴하고, 경제적으로 어려웠던 '특별 시기'가 시작되자 쿠바를 떠났다고 한다.

청년들은 자동차 길이 아닌 사탕수수밭 사이의 좁은 지름길로 가면 주유소에 금방 다녀올 수 있다고 했다. 페페는 자기가 자전거의 뒤에 서서 타고 주유소까지 갔다 오겠다고 했다. 기름을 사 올 사람은 한 명이면 족했고, 어차피 우리는 길가에 세워둔 차를 지켜야 했다. 내가 휘발유 살 돈을 주자 페페는 받지 않겠다고 사양했다. 페페는 자기 때문에 화가 난 하비에에게 나름대로 화해의 제스처를 보내고 있었다.

하비에와 나는 그늘 밑에 자리를 잡고 앉아서 다시 기다렸다. 작

아져가던 자전거 두 대는 차도 옆으로 빠지며 우리의 시야에서 사라졌다. 그렇게 페페도 떠났다.

다리아나가 발광하며 소리친 것처럼 쿠바의 젊은이들은 모두 떠나고 싶어 했다. 삶의 선택이 많지 않고, 미래가 불안하고 불투명한 나라를 떠나고 싶은 욕망은 어쩌면 당연한지도 모른다.

하비에는 쿠바인들이 불평불만을 더 이상 공개적으로 표출하지 않는 이유는 정부가 무서워서가 아니라 바뀌는 게 없을 거라는 사실을 너무 잘 알고 있기 때문이라고 했다.

쿠바의 젊은이들은 원하는 삶을 선택할 수 있는 자유를, 그러니까 혁명정부가 반세기 이상 선전해댄 자유와는 전혀 다른 자유를 찾는 그날이 오기를 학수고대했다. 그러나 지키지 못한 약속과 구호뿐인 미래에 그들은 지쳐가고 있었다. 할 수 있는 것도, 제대로 되는 것도 없는 나라에, 또 세상이 언젠가는 나아질 것이라는 막연한 기다림에 그들은 모두 지쳐가고 있었다.

오래 기다리고 또 기다림에 지치다 보면 누구나 서서히 미쳐갈 수 있다. 그래서 사람들은 미치기 전에 떠나야 하는지도 모른다.

지구 반대편

가을이었다. 서촌의 괜찮은 이탈리아 식당에서 친구와 저녁을 먹었다. 와인도 각 한 병씩 비웠고, 날씨도 좋아서 시시콜콜한 이야기를 나누며 거리를 걸었다. 얼마 가지 않아 노란 형광색 유니폼을 입은 경찰들이 둘러싼 천막이 나타났다. 그 안에는 바다에서 죽은 아이들의 부모들이 자신들을 외면하는 대통령을 기다리며 며칠째 단식 중이었다.

깊은 수심으로 빠져드는 무기력함에 소화가 되지 않아 발걸음을 멈췄다.

나는 오래전에 본 단편영화가 떠올랐다. 마리의 영화였다. 이제 와서 돌이켜보면 말 못할 슬픔, 지켜지지 않은 약속, 침묵의 분노와 같은 절망감 때문이었던 것 같다.

그때 바람이 불었다. 나에게 말을 걸듯이 잔잔한 바람은 멈추지 않고 내게 불어왔다. 그 바람은 어딘가로 나를 밀어주고 있었다.

나는 떠나고 싶었다. 아주 멀리, 지구 반대편으로. 그렇다고 진부하게 뉴욕으로 갈 수는 없어서 목적지를 쿠바로 정했다. 지구 반대편 카리브 해에서, 바다와 하늘이 맞닿은 곳에서 불어오는 파란 바람을 맞으며, 굵직한 시가라도 한 대 피우면 그 답답함을 해소할 수 있을 것 같았다. 그리고 마리의 영화도, 마리도 다시 보고 싶었다.

만약에 마리가 다른 장소, 다른 시기에 태어났다면 어떤 작품을 찍었을까? 그녀가 지구 반대편에서 태어나고 살았다면 인생이 많이 달라졌을까? 만약에 그녀가 위도상으로 조금 더 북쪽에서 태어나 뉴욕에서 일했다면 그녀의 인생은 확실히 달랐을 것이다. 다재다능하고 섹시한 다리아나 역시 샌프란시스코나 런던에 사는 전문직 여성이 훨씬 더 어울릴 것 같았다.

인생의 많은 부분은 우리의 선택과는 무관하게 무작위적인 운에 따라 정해진다. 언제 어디서 어떤 환경과 부모에 의해 어떤 유전자를 갖고 태어나는지가 인생의 상당 부분을 결정한다. 하지만 의외로 이런 사실을 간과하는 사람들이 많다. 특히 자신이 나름대로 성취한 것에 큰 자부심을 가진 이들 중에는 오만한 인간들이 꽤 있다. 자기 운명의 주인은 자신이고, 인생의 성패를 개인의 노력과 책임으로만 생각하는 이들은 기본적으로 상상력만 모자란 게 아니라, 과학적인 사고를 하지 못하는 병자들 같다. 그들은 약자에 대한 배려도, 삶에 대한 감사도 없다. 물론 사회생활을 하며, '정치적 올바름'으로 듣고 외운 것들이 있어서 말로는 다르게 얘기하지만, 기본적으로 그들은 자신의 성공과 기쁨은 자신이 이룬 것이고, 타인의 실패와 아픔은 타인의 책임이기 때문에 본인 외에는 그 누군가에게 깊이 감사하거나 또 원망할 이유가 없다고 굳게 믿는다. 이런 정신상태는 자본주의사회에만 국한된 현상이 아니다. 내가 만난 쿠바의 기득권층 역시 크게 다르지 않았다.

쿠바에서 잘나가는 부류는 주로 외국에서도 인정받고 돈을 벌 수 있는 유명한 문화예술인이나 쿠바 내에 인맥과 영향력이 있는 공기업 임원들이었다. 돈 또는 권력을 가진 그들은 피델의 아들이 주최하는 파티와 같은 사교장을 다니며 끼리끼리 어울렸다. 그런데 놀라운 사실은 아티스트이든 당 간부의 자녀든 그들이 취중진담으로 내게 털어놓은 속내는 하나같이 다음과 같았다는 것이다.

쿠바가 비합리적인 사회인 것은 인정한다. 그러나 터놓고 말해서 다른 사회들도 다 그렇지 않은가? 자기계발과 노력을 통해서 사회 시스템을 활용하는 방법을 터득한 인간들은 세상 어느 곳에서나 성공할 수 있다. 그러지 못해서 낙오하는 것 역시 어쩌면 자연스러운 현상이다. 그런데 자세히 보면 능력도 모자란 것들이 게으르고 항상 불만이 많다…….

그들은 자신들의 배경 또는 유전자, 또는 말 그대로 행운이 자신들의 성공에 엄청난 부분을 기여했다는 사실을 인지하지 못하거나 숨기는 것 같았다. 행운을 믿지 않거나 숨기려는 자들에게도 행운은 계속 함께해줄까? 나는 그런 부류의 인간들을 접할 때마다 늘 그게 궁금했다.

인생은 기다림이다

"그래도 운이 좋았어."

"적어도 여기서 밤을 지새우지 않아도 되잖아."

"다리아나도 괜찮았으면 좋겠다."

"한국 여자들은 어떤지 모르지만…… 고통을 잘 못 참는 쿠바 여자들이 있어. 하긴 고통은 기다려주지 않으니까."

"배 속의 아기도 기다려주지 않아."

내 말에 하비에가 담배를 문 채로 눈을 동그랗게 뜨고 나를 쳐다봤다.

"아니 그게 무슨…… 정말 그렇게 생각해?"

"그냥 내 감이야."

"그러고 보니…… 그럴 수 있을 것 같다. 음…… 충분히."

"쿠바에서는 애 키우기 편하지 않아? 보육, 보건 복지가 무료로

다 잘돼 있으니까."

WHO에서도 여러 차례 밝혔듯이 쿠바의 유아 사망률은 미국보다 훨씬 낮다. 쿠바의 임산부들은 출산까지 지역 보건소의 지정된 의사로부터 관리받을 수 있다. 물론 전부 무료다.

"낙태도 빠르고 안전해. 무료이고."

"아니 쿠바같이 애 키우기 편한 나라에서 왜……."

"애를 키우기는 편할지 몰라도, 그 애가 자라서 편하게 살 수 있는 나라인지는 잘 모르겠어."

열 살 난 아들을 둔 아버지 하비에의 한숨 섞인 말에는 묵은 고민이 묻어 있었다. 사회과학자들은 흔히 그 나라의 미래와 현재를 진단하기 위해 출생률을 살펴본다. 쿠바의 출생률은 1970년대부터 꾸준히 떨어져 2014년 말에는 인구 1,000명당 9.96명을 기록하고 있다. 이는 조사 대상이 된 전 세계 221개국 중 193위다. 물론 1,000명당 8.42명으로 215위인 한국보다는 무척 높은 편이지만, 쿠바의 낮은 출생률은 현재 쿠바의 젊은 층이 앞날을 어떻게 전망하는지를 잘 나타낸다.

"애가 어느 정도 나이가 들면 이런저런 질문을 해. 왜냐하면 애들이 봐도 학교에서 배운 거랑 현실이 너무 다르거든. 그래서 쿠바에서는 부모들이 애들한테 꿈이나 기대감을 어느 정도 낮추도록 유도하게 된다고. 그게 아버지로서 가장 가슴 아픈 일 중 하나야. 쿠바 교과서에 나온 역사와 진짜 세계사는 상당히 다르다. 자본주의사회라고 모두 나쁜 것은 아니다. 쿠바에서는 현실적으로 이뤄지지 않는 민주주의라는 제도는 바람직하고 공평하다. 쿠바의 정부는 밑천이,

그러니까 돈과 아이디어가 이미 오래전에 떨어졌다. 쿠바에서는 그렇게 많은 직업과 기회가 열려 있지 않다. 그런 식으로 아이들의 인생에 대한 기대치를 어느 정도 현실적으로 조정해줘야 애들이나 부모나 모두 이성을 잃지 않고 살아갈 수 있어."

"자라날 아이들의 행복이 보장되지 않는 환경에서 새로운 아이들이 태어나기를 바랄 수는 없지."

"한국에서도 그래? 애를 안 낳아?"

"지구 반대편의 현실도 크게 다르지 않아."

"그래?"

"거기서도 다들 변화를 바라지. 미래에는 더 나아지기를 기대하고 기다리지. 그런 미래가 올지는 모르겠지만."

"하긴 인생이라는 게 원래 그런 거 아닌가? 죽치고 기다리는 거. 일어나지도 않을 일을 막연하게 기다리는 거. 기다리다 기다리다 결국에는 아, 이거였어? 그러는 게 인생 아닌가?"

하비에와 나는 각자 목에 둘렀던 수건을 풀어서 쥐어짰다. 아침에 짜 먹는 과일 주스처럼 땀이 뚝뚝 떨어졌다. 얼굴을 닦았지만 땀은 멈추지 않았다. 더위는 짜증을 넘어 건강을 위협하는 수준이었다.

그때 자전거 두 대가 우리를 향해 오는 것이 보였다. 라티노 친구와 페페였다. 배낭을 멘 페페는 좌우로 살짝 휘청거리면서도 열심히 자전거를 몰고 있었다.

"페페!"

드디어 사우나에서 해방될 수 있다는 기대감에 나는 손을 흔들며 그의 이름을 외쳤다. 그러자 신이 난 페페는 안장에서 일어나 페달을 더욱 힘차게 밟았다.

“쟤도 도움이 될 때가 있구나.”

“하비에, 너무 그러지 마. 저 녀석도 고생했을 텐데.”

페페는 표정이 한결 밝아져 있었다. 아무래도 자신이 우리의 위기 탈출에 크게 기여한 것이 뿌듯한 모양이었다. 배낭에서 기름이 든 페트병 두 개를 꺼내며 페페가 생색을 냈다.

“멀지는 않지만 길이 포장돼 있지 않아서 자전거 타기가 힘들었어요. 내가 CUC가 있어서 주유소 직원이랑 흥정을 잘할 수 있었어요. 그래서 아주 싼값에 샀죠. 내가 좀 스마트하잖아요.”

쿠바인들이 유로화 다음으로 선호하는 현금이 외국인 전용 화폐 CUC다. 그래서 아마 페페는 주유소 직원이 빼돌린 기름을 싸게 살 수 있었던 것 같았다. 그런데 페페에게 기름값을 물어보던 하비에의 표정이 굳어졌다. 하비에는 뭔가 이상해도 너무 이상하다는 듯이 고개를 갸우뚱했다.

“혹시 이거…… 디젤이냐?”

그러자 이번에는 페페의 얼굴에서 핏기가 사라지며 표정이 굳었다. 그런 페페의 얼굴을 보는 순간 나는 현기증을 느꼈다. 다리에서 힘이 풀려 그 자리에서 쓰러지는 줄 알았다.

“아…… 이 차는 렌터카라서 휘발유였죠…….”

기어들어가는 페페의 말을 듣던 하비에가 버럭 고함을 질렀다!

“아까 내가 말했지! 이 차는 휘발유라고! 차에 대해서 많이 안다고 잘난 척하더니 타고 있는 차가 휘발유인지도 몰라! 뭐?! 네가 스마트하다고! X발 내가 아무도 너한테 얘기해주지 않은 비밀 하나

가르쳐줄게! 넌 전혀 스마트하지 않아! X발 네가 여기 쿠바 깡촌 벌판에 있지? 네가 좋아하는 스마트는 X발 저기 저 지구 반대편에 있다고! 알아? 그게 너하고 스마트하고의 거리야! 너랑 스마트는 평생 만난 적도, 만날 일도 없어!"

침묵이 흘렀다.

'버럭' 하비에도 기대감을 낮추는 법을 배워야 할 것 같았다. 하지만 나는 아무 말도 하지 않았다. 열이 받을 대로 받아 터진 하비에와 나는 99퍼센트 공감하고 있었다.

페페가 가져온 차가운 생수를 마시며 탈수증은 면할 수 있었다. 그래도 여전히 더웠다.

이제는 페페와 내가 주유소로 간 하비에를 기다리고 있었다. 왜 다들 떠나는데 나만 기다려야 하나? 쿠바의 국민 스포츠인 기다림을 왜 이방인인 나만 누려야 하는 걸까?

"디렉토르, 하비에가 왜 그렇게 나한테 화가 났어요?"

'인마, 나도 솔직히 지금 너한테 감정 좋지 않으니까 그냥 닥치고 있지.'

나는 심호흡을 하며 그 말을 입 밖으로 내뱉지 않으려고 노력해야 했다.

"페페, 그건 말이야. 어쩌면 네가 말이 많아서 그럴 수 있어. 옆에 있는 사람과 꼭 대화를 해야 되는 건 아니잖아. 침묵의 미학이라는 게 있어."

"그렇군요. 내가 말이 많아요?"

"어."

갑자기 무릎이 아파왔다. 그분이 오신 것이었다. 옆에 보이지는 않았지만 근처에 계신 게 확실했다. 나는 차에 가서 가방에 있는 펜과 가죽 다이어리를 챙겨왔다. 그늘에 다시 앉아 나는 종이에 글을 쓰기 시작했다. 무릎도 무릎이었지만 귀찮게 구는 페페를 상대하고 싶지 않았다. 5분 정도 침묵이 이어졌다.

"뭐 하나 물어봐도 돼요?"

나는 못 들은 척하며 계속 글쓰기에 열중했다. 특별히 쓸 내용이 떠오르지 않아서 페페가 못 알아보는 한글로 생각나는 대로 썼다. 페페는 바보다. 페페는 신이 내게 내린 시험이다. 이 상황에서 나는 무조건 참아야 한다.

"글은 왜 쓰는 거예요?"

눈치 없는 페페는 말을 이어갔다. 그는 글쓰기란 무엇이고 왜 하는가에 대한 자신의 의견을 늘어놓기 시작했다. 하비에가 돌아오려면 시간이 아직 한참 남아 있었다. 바람 한 점 불지 않았다.

차도 위로 피어나는 아지랑이 사이로 장총을 들고 선 헤밍웨이 할배가 어렴풋이 보였다. 사냥을 나온 모양이었다. 헤밍웨이가 페페를 총으로 쏘는 장면이 내 머릿속에서 떠나지 않았다.

Chapter 6

노인과 바다

1998년 요한 바오로 2세가 아바나를 방문했다.

피델 카스트로는 교황을 직접 안내하며 말레꼰을 걷고 있었다. 그때 바닷바람이 거세게 불어와 교황이 쓰고 있던 반구형 모자 주케또가 날아가 바다에 떨어졌다. 이를 본 피델은 잽싸게 방파제를 넘어 바다로 뛰어들었다. 그리고 물 위를 달려 바다 위에 떠 있는 주케또를 집어 교황에게 다시 돌아와 모자를 돌려줬다.

다음 날 언론은 이 사건을 비중 있게 다뤘다.

'물 위를 걷는 피델! 역시 그는 신이다!'라며 쿠바의 일간지《그란마*Granma*》는 호들갑을 떨었고, 바티칸 일간지는 '교황의 기적이 카스트로를 물 위에서 걷게 했다'면서 대서특필했다. 오직 쿠바계 미국인들이 구독하는《마이애미 헤럴드*Miami Herald*》만이 작은 박스로 이 소식을 전하며, 제목을 '수영도 못하는 카스트로'라고 뽑았다.

피델 카스트로를 세상이 어떻게 보는지 잘 보여주는 농담이다. 비록 그가 물 위를 걸었다는 기록은 없지만, 피델 카스트로의 인생은 수많은 기적들로 채워져 있다. 영국 다큐멘터리 〈카스트로를 죽이는 638가지 방법〉에서도 다룬 CIA의 수많은 암살 시도를 무사히 넘긴 것을 치지 않더라도, 내가 보기에 피델은 인생에서 적어도 일곱 번의 기적을 체험한 인간이다.

기적의 사나이

하루에 세 번씩이나 죽음의 문턱까지 갔다가 돌아온 사람은 드물다.

1953년 7월 26일 새벽, 해가 뜨기 전에 반정부 무장 집단 140여

명은 산티아고의 몬카다 병영을 공격했다. 재야 정치인이자 변호사인 카스트로가 이끄는 그들은 미리 작성해둔 혁명 선언문을 새벽 다섯 시에 주요 신문사에 배포한 상태였다. 그들은 무기고가 가득한 병영을 점령한 뒤 근처에 있는 라디오 방송국에서 대 인민 메시지를 발표하고, 전국적으로 무력 투쟁을 전개해 바티스타 정권을 전복시키려는 치밀한 계획을 갖고 있었다. 그러나 거사는 계획대로 이뤄지지 않았다. 돌발 변수들 때문에 작전은 여러 군데서 꼬였다. 피델과 동지들은 뿔뿔이 흩어져 산속으로 후퇴했다. 많은 이들이 사살당했고 생포된 이들도 바티스타 정권의 분풀이로 재판 없이 총살을 당했다.

피델의 일행은 후원자인 산티아고의 추기경을 만나러 가던 중 계엄군에게 잡혔다. 계엄령이 선포된 이후 한숨도 못 잔 정부군은 제정신이 아니었고, 언제라도 반군을 쏴 죽일 태세였다. 그때 토벌대를 이끌던 페드로 싸리아*Pedro Sarría*라는 중년의 흑인 중위가 나섰다. 그는 다음과 같은 말을 되풀이하며 상황을 진정시켰다.

"쏘지 마라! 아이디어를 죽일 수는 없다."

토벌대는 포로들을 끌고 산 밖 고속도로로 나왔다. 싸리아 중위는 그 와중에도 피델의 일행들에게 낮은 목소리로 "자네들은 참으로 용감한 청년들이다."라고 격려했다. 싸리아의 언행을 지켜본 피델은 그에게 자신이 '피델 카스트로'라고 밝혔다. 그러자 싸리아는 정색하며 군인들 앞에서는 절대로 그 이름을 발설하지 말라고 했다. 싸리아의 반응에 피델은 자신이 언제든지 죽을 수 있는 분위기라는 것을 파악할 수 있었다.

그 당시 쿠바에서 피델 카스트로라는 반정부 청년은 이미 유명 인사였다. 계엄을 선포한 정부 측은 피델 카스트로가 전투 중에 사살됐다고 언론에 발표한 상태였고, 군부 내에서는 그를 찾는 즉시 사살하라는 명령이 이미 떨어진 상태였다.

싸리아는 포로들을 트럭에 태우면서 다른 포로들과 달리 피델은 자신과 운전사 사이에 앉혔다.

그들이 출발하려는 순간 옆에 차가 한 대 정차했다. 그 차에는 잔인하기로 악명 높은 쇼몽Pérez Chaumont 사령관이 타고 있었다. 쇼몽은 싸리아에게 포로들을 자기에게 넘기라고 했다. 싸리아는 일개 중위였고 쇼몽은 그 지역의 지휘관이었다. 쇼몽에게 포로들을 넘기면 그들은 이미 죽은 목숨이나 다름없었다. 그러나 싸리아는 상관의 명령을 재치 있게 거절했다. 생포한 반군들은 조무래기들에 불과하고 이 포로들은 자신의 실적이라는 점을 강조했다. 그것이 그날 피델에게 일어난 두 번째 기적이었다.

피델은 반세기가 훌쩍 지난 뒤에 그 일을 회고하면서도 왜 쇼몽이 그 순간 싸리아의 말을 듣고 그냥 갔는지 모르겠다며 신기해하면서 행운에 감사했다.

싸리아는 운전사에게 별별 핑계를 대며 피델과 포로들을 몬카다가 아닌 인근 도시 비백Vivac으로 이송했다. 이것이 피델 카스트로의 목숨을 살린 세 번째 기적이었다. 계엄군이 있는 몬카다에 피델을 데리고 가는 것은 야수들에게 먹이를 던져주는 행위와 같았지만, 언론과 여러 눈이 있는 비백에서는 피델이 정상적인 사법 절차에 따라 민간 재판을 받을 수 있었기 때문이다.

피델이 경찰에서 취조받는 사진에 함께 찍힌 것 외에는, 쿠바 밖에서는 싸리아에 대해서 알려진 바가 전혀 없다. 싸리아는 흑인이어서 차별받은 탓에 승진이 늦었던 직업군인이었고, 여가 시간에 법을 틈틈이 공부하는 의식 있는 시민이었다.

피델은 비록 전투에서는 졌지만 결국 더 큰 전쟁에서는 승리할 수 있었다. 몬카다 병영을 습격한 날을 따서 만들어진 M-26-7은 몇 년 뒤 바티스타 정권을 몰아내는 데 성공한다. 피델은 정권을 장악하자마자 생명의 은인인 싸리아 중위를 찾아 승진시켰다. 그러나 불행히도 싸리아는 악성 종양으로 눈이 멀어 새로운 세상을 보지 못하고 얼마 지나지 않아 사망했다.

'아이디어를 죽일 수는 없다.'

피델은 이 말을 평생 간직하고 살았다. 그는 인터뷰를 할 때마다 자기 인생의 원동력은 권력도, 명예도, 돈도 아닌 아이디어라고 강조했다. 1990년대 '특별 시기' 때 피델이 인민들에게 설파했던 '아이디어 전투'와 '레솔베르'도 같은 맥락에서 이해할 수 있다. 피델은 어려운 문제에 당면할 때마다 새로운 아이디어를 생각해내고 그 아이디어들을 실현하는 데 몰두하다 보면, 욕심과 이기심, 증오, 잔인함과 같은 불필요한 감정이나 욕망들로부터 자유로워진다고 말했다. 반세기가량 통치한 정치 지도자의 철학은 성직자 또는 예술가의 그것처럼 단순했다. 결국 피델을 두려워한 바티스타나 미국 역시 아이디어를 두려워한 것이 아닌가?

많은 이들이 쿠바혁명의 씨는 1953년 몬카다 병영에서 뿌려졌다고 생각한다. 그러나 피델은 쿠바혁명의 지적재산권은 19세기의 사상가 호세 마르티에게 있다고 했다.

인종주의를 타파하고 다인종 다민족 연합으로 제국주의를 물리쳐야 쿠바의 진정한 자주독립이 가능하다고 믿었던 마르티의 영향을 학창 시절 때부터 받은 피델은 그 어떤 차별에도 반대했다. 그리고 그는 집권하면서부터 사회 개혁에 매진했고, 쿠바에서 모든 차별을 몰아내는 데 성공했다고 평가받는다. 이런 인류애에 기반한 피델의 철학과 원칙이 1953년 쿠바 동부의 밀림에서 싸리아의 언행에 영향을 미치지 않았을까?

반인종주의에 대한 피델의 신념은 쿠바 내에만 머무르지 않았다. 피델이 국제적인 지도자로 입지를 다지는 데 가장 크게 기여한 업적 중 하나는 앙골라 전쟁 참전과 승리였다.

1975년 포르투갈 식민지로부터 독립하면서 터진 앙골라 내전은 사실 쿠바와 남아공 아파르트헤이트 정권 간의 전쟁이었다. 그 당시 아프리카 대륙 남쪽에서 일어난 이 전쟁에 미소 양국 모두 직접 개입할 명분이 없었다. 그러나 앙골라와 국경을 공유하며 여러 지정학적 이해관계가 엮여 있던 남아공은 달랐다. CIA는 아파르트헤이트 정권을 지원했고, 쿠바는 자국에 있는 소련산 무기와 소련으로부터 훈련받은 군사력을 동원했다. 엄밀히 말하면 미소 간의 전쟁 같지만, 훗날 기밀 해제된 많은 문서들로 밝혀진 사실은 앙골라 참전은 소련의 영향 없이 피델 카스트로가 독자적으로 결정했다는 것이다.

앙골라 내전이 일어나기 1년 전, 미국의 키신저Henry Kissinger 국무장관은 다양한 채널을 통해서 쿠바와의 해빙을 모색했다. 이는 그 시

절에 유행했던 데탕트*détente* 외교의 일환이기도 했지만 점점 더 경제적, 정치적으로 제어하기 힘들어지는 쿠바를 중립화시키려는 키신저의 유연한 외교술이기도 했다. 쿠바 미사일 위기를 겪어본 미국의 입장에서 쿠바는 늘 불안한 존재였다. 플로리다에서 얼마 떨어지지 않은 그 '거대한 항공모함'이 언제 또다시 소련의 군사기지로 돌변할지 예측할 수 없었기 때문이다.

실무자들 간의 몇 차례 비밀 접촉으로 쿠바는 미국으로부터 몇몇 통상 혜택을 챙길 수 있었다. 그러나 그다음 해에 피델은 앙골라에 파병을 감행하며 미국과의 관계 개선에 파투를 놔버렸다.

피델은 앙골라 파병을 단순히 지구상에 사회주의를 확산시키고 제국주의로부터 아프리카의 해방을 돕기 위한 투쟁을 넘어, 남아공의 백인 우월주의 아파르트헤이트 정권을 타도하고, 투옥된 만델라의 지지 기반인 ANC(아프리카민족회의)를 지원하는 데 있다고 인민들에게 설명했다. 심금을 울리고 피를 끓게 하는 그의 연설은 쿠바 인민들을 감동시켰다. 쿠바 인민의 3분의 2 이상은 아프리카 흑인이 조상이라는 사실을 피델은 굳이 지적하지 않았지만, 명분 있는 파병으로 피델은 국내외적으로 많은 지지를 얻게 됐다. 이를 계기로 피델은 1979년부터 1982년까지 비동맹국가운동 NAM의 의장을 지내게 된다.

1979년 10월 UN 총회에서 피델은 점점 심각해지는 전 지구적 빈부 격차를 지적하며 정의, 평등, 평화에 기반한 '신세계 질서'에 대한 자신의 구상을 설명했다. 이날의 감동적인 연설에 대해 서방의 외교관들과 언론들도 호평했다. 피델의 세계적인 인기는 수직

상승하는 듯했다. 그러나 1979년 12월 소련이 비동맹국가인 아프간을 침공하면서 피델의 정치적 입장은 아주 곤란해졌다.

제국주의를 반대해온 비동맹국가운동의 대표로서 피델은 당연히 소련의 침략을 막는 데 힘을 써야 했지만, 그는 비난 성명조차 내지 않았다. 1968년 '프라하의 봄'에 소련이 개입했을 때처럼 피델은 침묵했다.

1970년대부터 쿠바는 경제적으로 소련에 종속돼 있었다. 피델은 자신의 명예를 위해 인민을 굶길 수는 없었다. 이런 피델의 입장을 두고 국제사회에서 비판이 잇따랐지만, 그럴 때마다 피델은 알아듣기 어렵고 꼬불꼬불 꼬인 이야기로 아프간의 근대사를 설명하며, 아프간 침공의 본질을 다양한 각도에서 보여주면서, 소련의 침공을 정당화하는 듯한 발언을 했다. 아니 대부분의 경우 그는 아프간 침공 관련 질문에서 벗어난 답변으로 그 주제를 피해갔다. 소련이 망하고 20년이 지난 뒤에도 이 민감한 주제에 대한 피델의 태도와 레토릭은 변하지 않았다.

국제적인 피델주의

1985년 미국《플레이보이*Playboy*》지와의 인터뷰에서 피델은 중남미와 아프리카의 제3세계 국가들에 대한 부채 탕감의 명분과 현실적인 필요성을 설명했다. 그런 피델의 획기적인 아이디어에 대해 인터뷰를 진행했던 외교 전문가 디멀리*Mervyn M. Dymally* 연방하원의원조차도 현실적으로 서방 지성인들의 지지를 얻지 못할 것이라고 말했다. 하지만 약 10여 년이 지난 1990년대 말, 경제학자 제프리 삭스Jeffrey Sachs와 U2의 보컬 보노Bono가 똑같은 주장을 펼치면서 전 세계적으로 빈국부채탕감운동을 전개했다.

1986년 피델은 IOC 위원장 사마란치Juan Antonio Samaranch에게 1988년 하계올림픽의 남북한 공동 개최를 제안한다. 이를 모색하기 위해 남북 간 실무자 회의가 제네바에서 몇 차례 열렸다. 공동 개최는 결국 이뤄지지 못했고, 북한의 동맹인 쿠바는 동서방 국가 160개국이 참여한 서울 올림픽을 보이콧한다. 하지만 한반도 내에서도 공개적으로 거론되지 않았던 화합의 아이디어를 지구 반대편에 있는 피델이 제안했다는 것은 상당히 흥미롭다.

20세기에 가장 성공한 정치 지도자 중 한 사람인 피델은 탁월한 어젠다 선점으로 국제정치를 쥐었다 놨다 했다. 때로는 늑대처럼, 때로는 여우처럼, 때로는 사자처럼. 아마 피델의 그런 능력 덕분에 쿠바도 미국의 위협으로부터 살아남을 수 있었을 것이다.

1991년 미국의 중재로 이뤄진 정전협정으로 쿠바군은 앙골라에서 완전히 철수한다. 쿠바가 군사적으로 개입한 나라는 이디오피아와 니카라과를 포함해 여럿 있었지만 앙골라만큼 깊게 긴 시간 동안 관여한 나라는 없었다. 1975년부터 1991년까지 쿠바는 6만 명의 군인과 30만 명이 넘는 의료진과 교육자로 이뤄진 민간 봉사단을 앙골라에 파견했고, 쿠바는 앙골라 전쟁에서 남아공에 승리했다. 쿠바에게는 명분과 실리를, 피델에게는 국제적인 명성을 가져다주는 계기가 됐다. 하지만 상처 없는 영광은 없는 법이었다. 쿠바의 사상자는 1만 5,000명을 넘었고, 참전용사들에 대한 복지 처우는 너무나 미흡해, 많은 진보 지식인들은 앙골라 참전을 두고 '쿠바의 베트남'이라고 비판했다.

1991년 여름, 쿠바에는 아주 특별한 손님이 방문했다. 바로 전해에 27년간의 투옥 끝에 자유를 찾은 남아공의 전설 넬슨 만델라 *Nelson Mandela*였다. 만델라는 피델을 만나, 지난 10여 년간 남아공 아파르트헤이트 정권과 싸우며 남아공 흑인들의 인권 향상을 위해 다방면으로 지원해준 것에 대해 깊은 존경과 감사를 표했다.

피델은 1994년 만델라의 취임식에 최고 주빈으로 초청받게 되고, 이 자리에서 남아공 최초의 흑인 대통령은 피델에게 귓속말로 "이 모든 것이 당신 덕분에 가능했소 *You made this possible*."라고 했다. 이 속삭임은 한 방송사의 고성능 마이크에 잡혀 전 세계에 생방송으로 전해졌다.

피델과 만델라, 두 정상만의 면담 자리에서는 더욱 흥미로운 대화가 오갔다. 피델은 만델라에게 남아공의 핵무기가 어디 있는지 아느냐고 물었고, 만델라는 정권 이양을 받을 때 기존 백인 군부 세력으로부터 핵무기에 대한 언급은 없었다고 했다.

미국은 1980년대에 들어 앙골라 전쟁에서 남아공이 전세가 밀리자 8개의 핵탄두를 이스라엘을 통해 아파르트헤이트 정권에 전달했다. 과연 남아공이 실전에서 핵탄두를 사용할지에 대해서는 많은 이들이 의문을 품었지만, 피델의 증언에 의하면 당시 남아공 군부에서는 이를 사용하는 것을 적극 검토했다고 한다. 이것이 인권과 인종차별을 대하는 미국의 민낯이었다.

1980년대의 세계는 21세기와는 너무나도 다른 세상이었다. 일단 미국만 해도 차별 금지법으로 평등권이 보장된 지 고작 20년이 안 된 상태였고, 남아공에서는 평등을 외치는 흑인 시위대를 향해 공권력이 일상적으로 폭력을 휘두르던 시절이었다. 냉전 시대의 절정이었기에 중동, 아시아와 중남미에서는 자잘한 무력 분쟁이 끊이지 않았고, 미소 양국에서 너무나 많은 국제정책을 언론 몰래 집행했던 '암흑의 시대'이기도 했다.

남아공에서 일어나는 인종차별의 만행을 더 이상 지켜보고만 있을 수 없다는 여론에 떠밀려 1986년 미국 의회는 포괄적 반인종차별법을 통과시켰다. 이 법률에는 남아공 아파르트헤이트 정권에 대한 강력한 경제제재가 포함돼 있었다. 인류와 인권의 진일보에 미국 정부가 힘을 발휘하는 듯했다. 그러나 이 법률은 레이건Ronald Reagan 대통령에 의해 거부됐다. 전 인류가 규탄하는 남아공의 인종차별주의 정권을 옹호한 미국의 결정은 역사에 큰 수치로 남아 있다.

국제정치 9단의 피델은 UN을 가장 잘 활용한 정치가였다. 만델라가 대통령으로 취임한 다음 해인 1995년, 피델은 UN 설립 50주년 행사에서 연설했다. 피델은 전 지구적인 자본주의 체제의 위험을 일관되게 설파했다.

국제적인 거물이 된 피델을 뉴욕에서 만나고 싶어 하는 이들은 한둘이 아니었다. 《월스트리트저널The Wall Street Journal》이 주최한 미국 경제인들과의 간담회를 포함한 다양한 일정이 빽빽이 잡혀 있었다. 그러나 피델이 뉴욕에서 가장 오랜 시간을 보낸 곳은 다름 아닌 할렘이었다. 마중 나온 할렘의 인파에게 피델은 다음과 같은 인사

말을 건넸다.

"35년 전 우리는 갈 곳이 없었습니다. 그때 할렘이 우리를 반겨줬습니다. 그 은혜를 어떻게 잊을 수 있겠습니까?"

피델은 할렘의 상징인 애비시니언 교회에서 장장 네 시간에 걸쳐 연설을 했다. 사실 동시통역으로 잡아먹은 시간을 고려하면, 평균 다섯 시간을 훌쩍 넘는 피델의 군중 연설에 비해 양호한 길이였다. 그날 피델을 보기 위해 수많은 미국의 여론 주도자들이 할렘에 모였다. 몇몇 현역 민주당 의원들은 당의 입장과 무관하게 개인적으로 참석한다는 연막탄까지 치며 교회에 나타났다.

1959년 쿠바의 혁명이 안착한 뒤에 피델 카스트로는 워싱턴을 방문했다. 골프를 치러 간 아이젠하워를 대신해서 나온 닉슨 부통령과의 면담은 그리 생산적이지 못했다. 닉슨은 카스트로가 공산주의 성향이 강하다면서 미국이 곧 '손봐야 할 인물'이라고 대통령에게 보고했다.

1960년 피델은 쿠바의 국가원수 자격으로 UN 총회에서 연설을 하기 위해 미국에 다시 왔다. 그가 미국의 제국주의적 만행과 인종주의를 신랄하게 비판하자, 미국의 보수 언론은 피델을 '빨갱이'로 몰고 갔다. 심지어 피델 일행이 투숙 중이던 뉴욕 미드타운 호텔의 주인은 그들을 일방적으로 쫓아냈다. 화가 난 피델은 UN 건물 앞에서 천막을 치고 야영을 하겠다고 세계 각국의 기자들에게 말했다.

이 소식을 들은 할렘의 한 고급 호텔에서 피델 일행을 초청해 무료로 숙박을 제공했다. 피델은 테레사 호텔에 머물면서 세계적인 지도자들을 접견했다. 흑인인권운동가 말콤 엑스Malcolm X부터 소련

당서기장 흐루시초프*Nikita Khrushchev*까지.

"피델 카스트로는 공산주의자입니까?"

미국 기자들이 피델을 만나고 나온 흐루시초프에게 물었다. 그러자 그가 활짝 웃으며 답했다.

"피델이 공산주의자인지는 모르겠지만, 확실한 건 내가 피델주의자*Fidelist*라는 겁니다!"

피델에게는 그런 매력이 있다. 대다수의 쿠바인들은 자신들은 공산주의자도 사회주의자도 아닌 피델주의자라고 자부한다.

피델의 철학은 인종주의를 반인륜적으로 규정한 마르티의 사상에서 출발했다. 그래서 피델은 학창 시절부터 흑인들과 허물없이 지냈다. 이는 단순히 정치적인 행위가 아니었다. 이를 정치적인 의도와 계산이 섞인 행위라고 의심하는 자는 어쩌면 어느 정도 인종차별이라는 개념이 본인의 의식 또는 무의식에 숨겨져 있을 것이다.

만인은 평등하다. 인종주의는 생물학적인 근거가 없는 사회적인 무지와 편견이다.

이런 당연하고도 인류 보편적인 가치관을 믿고 실천한 지도자에게는 도덕과 원칙이 있고, 그에 따르는 권위가 있다. 진정한 권위는 권력이 아니라 도덕적 명분에서 나오는 법이기 때문이다. 오로지 권력만을 좇아 시류와 조건에 따라 국적도, 이름도, 소속 단체도, 충성의 대상도, 이념도 아무 거리낌 없이 바꿔가며 정권을 잡는 이들은 우리 역사 속에서도 볼 수 있다. 사회 내부의 갈등을 조장해 장기 집권하면서 한 나라의 경제 발전을 이룬다 한들, 그런 지도자는 정의는 고사하고 도덕적 명분이 없으므로 진정한 권위가 있을 수 없다.

피델은 강대국들의 권력관계의 변화 속에서 적절한 기회를 활용하며 쿠바의 입지를 넓혀가면서, 때로는 국제정치의 역학 구도 자체를 변형시키기도 했다. 이는 쿠바 미사일 위기나 앙골라 전쟁, '특별 시기' 극복 등을 봐도 알 수 있지만, 만델라와의 관계에서 가장 두드러지게 나타난다. 미국 대통령에게 인정받거나 북구에서 주는 평화상을 타고 돌아와 국내에서 정치적 지렛대로 활용하는 유형의 지도자들에게 익숙한 우리에게는 신선하지 않을 수 없다.

2013년 12월 5일 만델라가 서거했다. 오바마 대통령은 자신에게 인생의 영웅인 만델라의 죽음을 애도했다. 장례식에는 세계 각국의 정상들이 모였는데, 세계 언론은 라울 카스트로와 오바마의 악수를 톱뉴스로 전했다. 그로부터 1년 뒤 오바마는 쿠바에 대한 미국의 경제제재를 해제하고 외교 관계를 복원하겠다는 성명을 발표했다. UN에서 투표를 할 때마다 180여 개국이 반대하고 오직 미국과 이스라엘 두 나라만이 찬성했던, 도덕적으로 전혀 명분이 없었던 반인륜적인 쿠바 경제제재에 대한 미국의 입장이 처음으로 바뀐 것이었다.

미국의 초대 흑인 대통령은 어려서부터 만델라를 존경해왔다. 옥시덴탈 대학 시절 오바마가 학생회에서 처음으로 한 연설도 남아공 경제제재에 관한 내용이었다. 그런 그가 만델라와 피델의 돈독한 관계를 모를 리가 없었다.

미국이 쿠바에게 내민 화해의 제스처는 피델의 인생에서 일어난 일곱 번째 기적이었다. 피델의 연설처럼 어떤 이야기들은 보통 이야기들보다 훨씬 길고, 어떤 해피엔딩은 생각보다 늦게 찾아온다.

하지만 이뤄질 일은 꼭 이뤄진다.

강한 자가 살아남는 게 아니라 살아남는 자가 강한 자라는 말이 있다. 피델을 두고 한 말일 것이다. 하지만 단순히 살아남는 생명력이 아니라 인류 보편적인 철학과 신념이 피델을 강자로 만들었다.

피델은 1960년대부터 꾸준히 일관되게, 기회가 있을 때마다 외신과의 인터뷰를 통해 마틴 루터 킹 목사*Martin Luther King Jr.*야말로 인권의 상징이자 진정한 영웅이라고 강조했다. 킹 목사를 존경한 피델을, 만델라는 존경했다. 그리고 그런 만델라를 오바마가 존경했다. 역사는 어쩌면 뿌린 대로 거두는 법인지도 모른다.

어떤 이들은 파란만장한 피델의 인생도, 만델라의 극적인 출소도, 미국에서 탄생한 흑인 대통령도, 쿠바가 망하지 않고 다시 살아난 것도 모두 기적이라고 생각할 수 있다. 어쩌면 도덕적인 가치를 지닌 대의명분에는 기적이 따르고, 기적은 또 다른 기적을 낳는지도 모른다. 인종주의를 반대한 피델의 신념이 젊은 시절 그의 목숨도 하루에 세 번이나 살려주고, 반세기가 지난 후에 인생의 황혼에서 그와 쿠바에게 커다란 해피엔딩을 가져다준 게 아닐까?

혁명으로 가는 길

쿠바혁명은 단순한 정치권력의 변동이 아니었다. 경제적인, 사회적인, 문화적인 모든 분야에서의 총체적인 혁명이었다. 쿠바혁명으로 쿠바인들의 일상생활은 근본적으로 바뀌었고, 통치 구조는 획기적으로 달라졌으며, 사회경제제도 역시 새롭게 편성됐다. 무엇보다 쿠바혁명은 제3세계와 유럽은 물론 아시아에도 지대한 영향을 미친, 세계사적으로 유의미한 사건이다.

한때 뜨거운 논란이 됐던 쟁점은 혁명 이전의 쿠바가 과연 피델과 그의 신봉자들의 주장처럼 절망적인 사회였는지, 아니면 부작용은 있었지만 전반적으로 경제 발전이 이뤄지고 있는 체제였는지에 대한 것이다.

혁명 이전의 쿠바에 부富가 없었던 것은 아니다.

20세기 초 아르헨티나와 함께 쿠바는 라틴아메리카의 부국이었다. 1957년에 쿠바는 1,000명당 45대의 텔레비전이 있었고, 이는 당시 모나코, 미국, 캐나다, 영국에 이어 세계에서 다섯 번째였다. 바티스타 정권하에서 사회경제적 발전이 있었던 것 또한 사실이다. 그러나 산업 기반이나 제조생산업이 구축된 발전은 아니었다. 미국 마피아와 결탁한 정권은 그런 경제학적인 안목이 없었다. 실로 그들은 너무나 무능했다. 역사적으로 패망하는 지배 집단의 특징은 도덕적 타락과 무능함이다. 아니 도대체 얼마나 한심한 상태였으면, 국가권력과 체제가 고작 열 몇 명의 청년들에게 고스란히 넘어간단 말인가?

1950년대 쿠바의 가장 큰 문제는 빈부 격차로 인한 불평등이었다. 그 시절 쿠바에는 극단적인 빈과 부가 존재했다. 맨 위에는 90만 명 정도의 부유한 쿠바인들이 나라 전체 소득의 43퍼센트 이상을 차지하면서, 내키면 마이애미로 쇼핑을 갈 정도로 호화로운 삶을 즐겼다. 그들 아래에는 간신히 생계를 꾸려가는 350만 명이 버티고 있었고, 최하위 계층에는 150만 명의 극빈층이 있었다.

20세기 초부터 쿠바는 미국 경제에 종속돼 있었기에 쿠바인들이 구매하는 상품들은 미국 본토에서 공수된 수입품들이었다. 그래서 쿠바의 생활비는 미국과 비슷하거나 더 높았다. 하지만 쿠바의 임금은 훨씬 낮았으며, 쿠바인들은 미국 시민들처럼 사회복지 혜택이나 사회적 안전망을 누리지 못했다.

민심은 새로운 질서를 원했고 쿠바에는 혁명의 기운이 돌았다. 여기에 도화선이 된 사건이 몬카다 병영 습격이었고, 그 반란을 계획하고 주도한 인물이 바로 피델 카스트로이다.

피델은 산티아고의 사탕수수 농장 주인의 서출로 태어났다. 유복한 가정에서 자란 그는 가톨릭 기숙학교를 거쳐 아바나 대학 법학과에 진학했다. 당시 미국의 속국이나 다름없었던 쿠바를 걱정하며 학생운동에 참여한 피델은 마르티와 마르크스의 사상에 심취했다. 경쟁심이 강한 피델은 그때부터 정치가의 자질을 드러냈다. 그는 말발이 세고 문학적 감각이 남달라 웅변에 강했다.

피델은 재력가의 딸 미르따*Mirta Diaz-Balart*와 결혼해 뉴욕으로 신혼여행을 갔다. 브롱스에서 장기간 머물렀던 피델은 아버지의 돈으로 산 링컨 컨티넨탈을 몰며 티본스테이크, 훈제연어와 중국 음식을 먹으면서 미국 문화를 즐겼다. 기억력이 뛰어난 피델은 하루에 영어 단어를 200개씩 외우며 영어를 독학하기도 했다.

미국에서 돌아온 피델은 변호사로 개업했지만 마음은 정계에 가 있었다. 1952년 혼란스러운 정국을 더 이상 관망할 수 없었던 피델은 총선에 출마한다. 유권자들은 그를 좋아했고 당선 가능성도 높

아 보였다. 그러나 선거는 치러지지 않았다. 바티스타의 군사 쿠데타로 선거는 취소됐고, 의회와 모든 정당이 해산되면서 정치 활동이 금지됐다.

열혈 청년 피델은 고민 끝에 쿠바를 바꿀 수 있는 길은 오로지 혁명뿐이라는 결론을 내렸다. 피델이라는 정치가가 처음부터 비민주적인 형태의 무력 투쟁을 택했던 것은 아니었다. 역사적, 시대적 상황과 여건이 피델을 몬카다 병영으로 몰고 갔다는 것이 진실에 더 가깝다.

싸리아 중위 덕분에 하루에 세 차례나 죽을 고비를 넘긴 피델은 재판에서 동생 라울과 함께 15년형을 구형받았다. 자기 자신을 변호한 피델은 그 유명한 "역사가 나를 용서할 것이다*La historia me absolverá*!"라는 말을 남기며 감옥으로 끌려갔다. 그 와중에도 그는 법정에 취재하러 온 로하스*Marta Rojas*라는 여기자에게 자신의 최후 변론을 제대로 받아 적었는지 확인하는 것을 잊지 않았다.

다른 반정부 인사들과 달리 피델과 라울은 고문을 당하지 않았다. 아무리 막가는 독재 정권이라도 사법절차를 지켜야 했고, 산티아고의 추기경까지 피델과 M-26-7에 대해 공개적으로 선처를 호소하는 상황이었다. 그래서 바티스타 정부도 이미 언론을 통해 대중에게 알려진 피델을 함부로 할 수 없었다.

몬카다 병영 습격에 가담했던 M-26-7 대원들 중 가장 잔인한 고문을 경험한 이들은 아이데 산타마리아*Haydée Santamaría*와 아벨 산타마리아*Abel Santamaría* 남매다. 아바나에서 대학 시절부터 피델과 운동을 함께해온 그들은 정부군에 잡혔을 당시 묵비권을 행사하며 취조에 협조하지 않았다. 그러자 아이데가 홀로 잡혀 있는 취조실에 경찰이 안구를 하나 들고 왔다. 경찰은 남동생 아벨이 나머지 눈이라도 간직하게 하려면 누이가 협조하라고 협박했다. 그러자 아이데는 단호하게 말했다. "눈을 파낸 내 동생도 말을 안 했는데 내가 말을 하겠나?" 결국 아벨은 두 눈을 모두 잃고 감옥에서 사망했다. 오늘날 산타클라라에는 아벨 산타마리아의 이름을 딴 공항이 있다.

독재의 추억

훗날 피델은 감옥이 최고의 학교였다고 회고했다. 그는 감옥에서 하루에 열네 시간씩 독서와 집필을 했고, 면회 오는 지인들을 통해 서신을 내보내 은밀하게 정치 활동을 이어갔다. 그리고 시간이 많았던 피델은 자신의 최후 변론을 원고로 다듬었다. 간수들 몰래 지인들을 통해 한 장씩 빼낸 원고는 결국 책으로 출간됐고, '불온서적' 『역사는 나를 용서할 것이다』는 지하조직을 통해 암암리에 2만 부 이상 팔려나갔다.

피델의 옥중서신은 정치에 국한되지 않았다. 피델에게는 영화배우 빰치는 미모의 유부녀 애인 나티*Naty Revuelta*가 있었다. 피델과 그녀는 몬카다 병영 습격 이전부터 관계를 맺어온 사이였다.

수감 생활을 한 지 1년 정도 지난 어느 날, 피델은 아내 미르따로부터 아들의 양육권을 가져간다는 이혼 통보를 받았다. 피델이 집에 보내는 편지와 애인에게 보내는 편지를 간수들이 일부러 바꿔서 보낸 것이었다. 죽이지도 못하고 고문도 할 수 없는 피델이라는 정적에 대한 바티스타 정권의 치졸한 공격이었다. 피델은 광분했지만 감옥에 있는 그가 할 수 있는 일은 많지 않았다. 그는 인내심을 갖고 출소를 기다렸다.

바티스타는 1954년에 시행한 대통령 선거에 단독 출마했다. 그러니까 선거의 후보가 바티스타뿐이었다. 미국 정부와 대기업들로부터 전폭적인 지원을 받는 바티스타의 독재에 대한 여론은 점점 더 악화돼갔다. 이미지 개선이 필요하다고 판단한 바티스타는 1955년 5월 15일 모든 정치범들에 대한 특별사면을 단행했다. 피델과 그의 동지들 역시 사면 대상에 포함됐다.

출소의 기쁨도 잠시였다. 바티스타가 피델을 암살할 계획이라는 소문이 끊이지 않았다. 여러 정황을 고려해 피델과 라울은 출소한 지 6주 만에 쿠바를 떠났다. 그 와중에도 부지런한 피델은 M-26-7의 지하조직을 다지고 자금을 모으며 훗날의 거사를 위한 준비에 착수했다. 심지어 피델은 연인 나티와의 사이에서 딸을 하나 갖기도 했지만 두 사람은 결혼은 하지 않았다. 사실 피델은 미국의 프로파간다와 달리 문란한 사람이 아니었다. 미르따와 이혼한 뒤 그는 1980년까지 자신의 두 번째 배우자인 트리니다드 출신 달리아*Dalia Soto del Valle*를 공개하지 않았다. 피델은 문맹 퇴치 운동 시절에 만난 그녀와 지금까지 살고 있다.

쿠바를 떠난 피델에게는 가정을 꾸리는 일보다 훨씬 중요한 일들이 기다리고 있었다. 그는 가장 먼저 미국의 주요 도시를 돌며 쿠바계들을 대상으로 M-26-7에 대한 후원과 지지를 호소하는 데 주력했다. 그러면서 다른 한편으로는 멕시코시티의 본부를 중심으로 무력 투쟁을 준비했다.

그란마

피델의 인생에서 일어난 네 번째 기적은 바티스타 정부군에게 대패한 그란마 상륙작전에서 살아남은 것이다.

1956년 11월 25일 새벽, 피델과 체를 포함한 82명의 M-26-7 전사들은 디젤엔진 요트 '그란마'에 올랐다. 미국 플로리다의 쿠바인들이 성금을 모아 구입한 이 12인용 중고 배는 이름 그대로 '할머니'였고, 항해를 시작한 지 얼마 되지 않아 문제가 생겼다.

낡은 그란마에서는 물이 새고 있었다. 엎친 데 덮친 격으로 배를 수리하는 과정에서 대원 한 명이 바다에 빠졌다. 멕시코 만 주변은 칠흑 같았고, 대원들은 패닉 상태였다. 심지어 많은 이들이 이 모든 것이 불길한 징조라며 두려워하고 있었다. 그때 피델이 배를 멈춰 세웠다.

피델은 외쳤다. 82명 중 단 한 명도 빠짐없이 쿠바로 갈 것이라고. 그러니 모두 함께 바다에 빠진 대원을 찾자고. 얼마 지나지 않아 배 위의 81명은 바다에 빠진 대원을 극적으로 구출할 수 있었다.

훗날 쿠바 최초의 흑인 사령관이자 혁명 영웅으로 추대된 후안 알메이다Juan Almeida는 바다에 빠진 대원을 구해낸 바로 그 순간이 두려움에 떨던 M-26-7의 사기를 반전시키는 전환점이었다고 회고

했다. 죽을 뻔한 동지를 바다에서 구해내자 모든 대원들은 피델이 그 누구도 버리지 않을 지도자라는 확신을 가질 수 있었다고 한다.

혁명의 주역들

우리는 종종 위인전에서 주인공의 업적을 실제보다 부풀려 그리거나 언론에서 특정 인물을 과대 포장해 비현실적인 능력자로 표현하는 경우를 본다. 그런 우상화는 진실도 사실도 아니다. 거사는 한 사람의 업적이 아니다. 쿠바혁명 역시 피델 혼자서 이룬 것이 아니며, 이룰 수도 없었다.

피델과 대학 동창인 후안 알메이다는 운동권 시절부터 2009년 사망할 때까지 피델과 평생을 함께한 전우였다. 그는 어떤 역경에서도 웃음과 긍정을 잃지 않는 매우 재치 있는 인물이었다고 한다.《뉴욕타임스》의 허버트 매튜스가 산속 게릴라 진지를 취재할 때도 피델 외에 유일하게 알메이다는 자기 본명을 밝히며 자신이 그란마를 타고 온 82명 중 한 명이라는 사실을 강조해 주목받기도 했다.

쿠바로 향하는 낡은 그란마 위에는 까미오 씨엔푸에고스Camilo Cienfuegos도 타고 있었다. 게릴라 투쟁을 하면서 체의 절친이 된 까미오는 M-26-7을 승리로 이끈 전략가이다. 젊은 시절 반정부 운동을 하다가 뉴욕으로 떠난 그는 미국 비자가 만료돼 멕시코로 갔고, 그곳에서 피델을 만났다. 그는 1959년 스물일곱 살의 나이에 많은 의문을 남긴 비행기 사고로 사망했다. 오늘날 아바나 혁명광장에는

Vas
bien
Fidel

그의 거대한 초상 벽화가 체 게바라의 초상과 함께 호세 마르티의 동상을 바라보고 있다.

원래 그란마는 산티아고에서 M-26-7의 도시 조직 담당 프랑크 빠이스Frank Pais가 이끄는 무력 봉기에 맞춰 동남부 지방에 상륙해 시가전을 지원할 예정이었다.

빠이스와 함께 산티아고 봉기를 계획하고 피델 일행의 안착에 필요한 준비를 담당한 이는 조직 내에서도 두뇌가 명석하기로 유명한 씰리아 산체스Celia Sánchez였다. 그녀는 M-26-7 운동 초창기부터 가담한 소수의 여성 중 한 명으로 시에라 마에스트라 게릴라 캠프에서도 병참을 총괄 책임질 정도로 피델이 신뢰한 인물이다. 그녀의 아버지는 빈민을 위해 평생 헌신한 존경받는 의사였고, 그 덕분에 그녀는 의료 복지에 대한 관심이 남달랐다. 쿠바의 전 인민을 대상으로 무상 의료 복지 정책을 시행한 피델의 신념 뒤에는 체 게바라와 씰리아 산체스라는 두 인물의 영향이 분명 있었을 것이다.

훗날 혁명정부가 들어선 뒤 최고 지도자 피델의 비서실장을 오랜 기간 역임한 씰리아를 두고 많은 호사가들이 그녀를 피델의 연인이라고 했다. 그러나 영화감독 올리버 스톤과의 인터뷰에서 피델은 자신과 씰리아는 사랑과 우정이 깊은 사이였지만, 일반적으로 생각하는 남녀 관계는 아니었다고 명확하게 밝힌 바 있다.

82명을 태운 그란마는 예정보다 이틀이나 늦게, 그리고 목적지보다 훨씬 서쪽에 도착했다. 산티아고의 무력 봉기는 정부군에 의해 이미 진압된 뒤였고, 그 과정에서 그란마에 대해 알게 된 정부는 이미 군인들을 매복시켜 피델 일행을 기다리고 있었다.

정부군과 교전하며 82명의 대원 중 대부분은 사살됐고, 스무 명 남짓한 생존자들은 뿔뿔이 흩어졌다. M-26-7은 제대로 싸워보지도 못하고 도망 다니는 신세가 돼버렸다. 그러나 며칠 뒤 피델과 동지들은 시에라 마에스트라 밀림의 집결지에서 기적적으로 재회하게 된다. 많은 군사 전문가들과 사학자들은 그 당시에 피델의 반군을 바다가 아닌 육지의 산악으로 몰고 간 작전은 정부군의 오판이었다고 지적한다. 그러나 정부군은 물론이고 군 통수권자였던 바티스타도 시에라 마에스트라 밀림에서 생존할 수 있는 인간은 없다고 굳게 믿고 있었다. 물론 그들이 틀렸다는 사실은 역사가 증명한다.

그란마 상륙작전에서 일어난 예상치 못한 여러 상황들은 피델에게 절대적으로 불리했다. 아니 여러 정황을 고려할 때, 피델과 그의 일행이 살아남은 것은 말 그대로 기적이었다. 그렇게 구사일생으로 살아난 피델과 M-26-7은 2년 뒤 바티스타 정권을 몰아내고 혁명정부를 세우게 된다.

오늘날 아바나의 혁명기념관에는 멕시코에서 혁명 전사 82명이 타고 온 그란마가 보관돼 있다. 그 배가 상륙했던 지방의 지명은 그란마로 바뀌었고, 오늘날 쿠바의 일간지 역시 동일한 이름을 갖고 있다.

EL PARTIDO EXISTE
SÓLO POR EL PUEBLO
Y PARA EL PUEBLO

사람들은 피델과 게릴라들을 '수염 달린 사내들*los barbudos*'이라고 불렀다. 라울과 여자 대원들을 제외한 모든 대원들이 수염을 덥수룩하게 길렀기 때문이다. 피델, 체, 까미오 등 혁명 세력 대부분은 권력을 잡은 뒤에도 면도를 하지 않았다.

1959년 피델이 쿠바의 실권을 장악하자 미국 언론인 에드워드 머로*Edward R. Murrow*는 그와 생방송으로 텔레비전 인터뷰를 진행했다. 머로가 수염에 대해 질문하자, 피델은 "좋은 정부를 수립하겠다는 약속을 지키는 그날까지 수염을 자르지 않을 것"이라고 말했다. 그리고 피델은 그 이후로도 수염을 자르지 않았다.

시에라 마에스트라에 둥지를 튼 '수염 달린 사내들'은 인기가 좋았다. 인민들의 아낌없는 지원으로 M-26-7은 다시 세력을 확장해 나갈 수 있었다. 훗날 씰리아 산체스는 게릴라 캠프에서의 공동체 생활이 혁명 주체 세력으로서의 인생에서 가장 행복한 시절이었다고 회상했다. 젊은 그들은 열정과 이상으로 가득 차 있었고, 그 어떤 역경도 이겨낼 수 있는 희망이 있었다고 했다.

피델의 반군은 바티스타의 정부군에 비해 여러모로 열세였다. 그러나 피델은 마치 탁구를 치듯 적들이 예상하지 못한 곳만을 골라서 공격하며 차근차근 승기를 잡아갔다.

1957년《뉴욕타임스》의 보도 이후 미국의 방송사 CBS도 게릴라 캠프로 찾아왔다. 이번에도 피델은 미국 언론을 영악하게 활용했다. 자료 화면을 위해 연출된 게릴라들의 영상 클립들은 한국의 군부 독재 시절 국방 드라마 〈배달의 기수〉를 연상시킬 정도로 유치하고 조잡했지만, CBS에 방영된 피델의 인터뷰는 미국 내에 쿠바 정세에 대한 관심을 일으켰다. 미국 마피아와 결탁한 바티스타의 독재로 약 2만 명 정도의 시민들이 살해됐다는 사실에 미국인들은 분노했고, 반대로 독재자 바티스타와 싸우는 변호사 출신 게릴라 피델의 인지도는 연예인 수준으로 올라갔다.

1958년 3월 미국은 바티스타 정부군에게 무기 지원을 멈췄다. 미국 정부는 싹수도 명분도 능력도 없는 부패한 독재 정권을 지속적으로 도와줄 이유가 없었고, 새롭게 들어설 쿠바의 권력을 굳이 부담스럽게 생각할 이유 역시 없다고 생각한 것이다. 미국의 이런 변화는 피델의 언론 캠페인과 무관하지 않았다.

관망 자세로 돌아선 미국의 입장은 정부군과 반군 사이에서 티핑 포인트가 됐고, 일부에서는 미국이 반군 세력에 힘을 실어줬다고 분석했다. 그러나 미국에 대한 피델의 생각은 단호했다. 다음은 같은 해 여름, 피델이 씰리아에게 쓴 편지의 일부다.

'지금의 투쟁이 끝나면 나는 더 큰 투쟁을 맞이할 거요. 그 투쟁은 미국과의 싸움이 될 것이고, 그것이 운명이요.'

피델과 반군은 25개월간의 투쟁 끝에 바티스타 정부를 몰아냈다. 그러나 피델에게는 또 하나의 숙제가 남아 있었다. 그 당시 쿠바 내의 반정부 세력은 여러 세력들이 연대해 있어서 권력의 위계질서가 명확하지 않았다.

피델에게는 체 게바라 사령관이 산타클라라에서 전리품으로 탈취한 대량의 무기가 있었고, 그 무력으로 기존의 군부를 원만하게 접수할 수 있었다. 이와 더불어 2년간의 투쟁과 대인민 선전 덕분에 M-26-7에 대한 인민들의 인지도와 선호도는 상당히 높았다. 그러나 이 정도의 정치적 자산으로도 피델은 안심할 수 없었다.

바티스타가 쿠바에서 도망쳤다는 소식을 들은 피델은 제일 먼저 자신의 고향이자 '혁명의 요람'인 산티아고로 갔다. 그리고 그곳에서부터 수도 아바나까지 지지자들과 함께 천천히 '행진'하며 기회가 될 때마다 멈춰 인민들과 방송기자들 앞에서 가두연설을 했다. 구구절절 듣는 이의 피를 끓게 하는 피델의 연설에 도시와 농촌의 인민들은 열광했다. 그렇게 피델은 최고 권력의 자리를 향해 천천히 다가갔다.

1959년 1월 8일 아바나에 입성한 피델은 수만 명의 아바나 시민과 전 세계가 생방송으로 지켜보는 가운데 혁명 세력의 승리를 선포하는 장시간의 연설을 했다. 연설이 끝날 무렵에는 평화의 상징인 하얀 비둘기 떼가 날아올랐는데 그중 한 마리가 피델의 어깨에 내려앉았다. 그 시절 쿠바 인민 대다수는 교육 수준이 높지 않았고, 토속 종교인 산테리아Santeria를 믿고 있었다. 화려한 화술로 자신들을 감동시킨 카리스마 넘치는 젊은 지도자의 어깨에 하얀 비둘기가 내려앉는 장면을 목격한 인민들은 감탄하지 않을 수 없었다. 신이 피델을 낙점한 게 확실하다고 믿은 것이다. 그 순간부터 그들은 쿠바를 구하고 이끌어갈 메시아가 피델이라는 '계시'를 의문 없이 받아들였다.

이 해프닝이 피델의 인생에서 일어난 다섯 번째 기적이었다.

얼핏 보면 새가 어깨에 앉는 것은 그리 대단한 일이 아니다. 그러나 1959년 혁명의 기운에 도취돼 새로운 시대와 지도자를 갈망하는 쿠바 인민들에게 그 사건은 신의 계시 그 자체였다.

국가의 탄생

여러 계파들이 골고루 분배된 과도기 정부가 세워졌다. 그러나 진짜 권력이 누구에게 있는지는 알 만한 이들은 다 알고 있었다. 18개월 뒤에 선거를 치르겠다던 혁명 공약도 지켜질 것 같지 않았다. 그리고 실제로 지켜지지 않았다.

피델과 M-26-7 수뇌부는 바쁘게 움직이면서 과도기 정부 내의 다른 정파와 조직들을 흡수해나갔다. 피델은 여러 줄기의 물과 강이 흘러 모이는 바다처럼 점점 더 넓고 깊어졌다.

피델의 정체성을 파악하고 싶었던 미국은 1959년 4월 그를 초청했다. 워싱턴에서 만난 닉슨 부통령의 태도와는 달리 뉴욕에는 피델을 마중 나온 환영 인파가 장관을 이뤘다. 대부분 쿠바계 미국인들과 진보적인 성향의 젊은 지식층이었다. 그러나 이런 대중적 인기와 무관하게 미국 언론은 피델의 사상을 집요하게 검증하려 들었다.

미국 정부와 언론이 피델을 관찰하며 분석하고 있을 때 피델 역시 미국을 간 보고 있었다. 피델은 세계 언론을 활용하기에 가장 효율적이고 효과적인 곳이 미국이라는 사실을 잘 알고 있었다. 그리고 향후에 쿠바가 소련과 관계를 다질 때를 대비해서라도 미국과 밀고 당기는 모습을 연출해 쿠바의 협상력을 높이고 싶었을 것이

26 DE JULIO

다. 피델은 미소 양강 구도의 냉전 시대에서 쿠바의 생존은 국제정치에 달렸다는 현실을 본능적으로 알고 있었다.

1960년 피델이 다시 미국을 방문했다. 그러나 그를 대하는 미국은 그 전해와는 온도 차이가 컸다. 미국과의 갈등은 서서히 증폭돼 결국 1962년 10월 전 세계를 핵전쟁 바로 앞까지 몰고 갔던 쿠바 미사일 위기로 이어졌다.

쿠바에 배치한 소련의 핵무기는 미국으로부터 쿠바를 보호하기보다는 더 큰 위협에 빠트리고 있었다. 피델은 그 위기의 13일 동안 미국이 언제든 쿠바를 침공할 수 있다는 사실을 인지하고 있었다. 군사 분쟁이 일어날 경우 쿠바의 운명이 밝지 않으리라는 사실도 알고 있었다.

'사회주의 진영을 지키기 위해서 필요하다면, 쿠바의 희생이 따르더라도 미국에 미사일을 쏴라.'

이는 이판사판이라고 생각한 피델이 흐루시초프에게 보내는 서한을 주 쿠바 소련 대사에게 직접 구술한 내용이다. 이를 보고받은 흐루시초프는 피델이 3차 대전을 일으킬 수도 있는 위험한 인물이라고 판단했다.

며칠 뒤 흐루시초프는 쿠바에서 미사일을 철수하기로 결정했다. 미소 양국 간의 협상에서 피델과 쿠바는 완전히 배제됐고, 추후에 소련 측으로부터 결과를 통보받는 데 그쳤다. 소련으로부터 노골적으로 무시당한 피델은 격노했고, 흐루시초프에 대해 욕설을 퍼부으면서 거울을 박살냈다고 한다.

소련 역시 미국과 똑같은 놈들이다. 강대국을 믿고 의지해서는 안 된다, 그래 봤자 쿠바는 속국이 될 것이다. 피델은 분노를 가라앉히며 쿠바의 미래를 위한 독자 노선을 고민해야 했다. 그리고 그 고민에는 미국과의 적절한 관계 개선도 포함돼 있었다.

1963년 11월 22일 케네디 대통령이 암살당했을 때 피델은 공교롭게도 케네디가 보낸 밀사인 프랑스 언론인 장 다니엘Jean Daniel과 대화를 나누고 있었다. 21세기에 들어서야 밝혀진 사실이지만, 그 당시 케네디도 피델과 대화 창구를 다시 열고 싶어 했다고 한다.

같은 해에 피델은 소원해진 관계를 개선하려는 흐루시초프의 초청으로 모스크바를 방문한다. 두 정상은 사냥도 함께 하고 여가를 즐기며 많은 대화를 나눴다. 그때 소련은 향후 쿠바에 필요한 군사무기와 물자의 무상 원조를 약속한다. 그런 흐루시초프의 선물에도 불구하고 소련을 대하는 피델의 마음은 예전 같지 않았다. 피델은 웃으면서 수행원들에게 이런 농담을 던졌다.

"내가 사냥을 하다가 실수로 흐루시초프를 쏘면 어떻게 될까?"

경제라는 문제

1960년대에 쿠바는 세계의 많은 젊은이들에게 혁명의 수도였다. 피델은 1966년 1월 아바나에서 열린 삼대륙(아시아, 아프리카, 라틴아메리카) 회의에서 미 제국주의와 맞선 사회주의의 투쟁이 있는 곳이라면 쿠바는 어디든 지원하겠다고 공언했다. 피델은 원칙적으로 국내외 정치에 구분을 두지 않았다. 쿠바혁명은 전 세계로 확장

될 수 있는, 아니 확장돼야만 하는 모델이라고 굳게 믿고 있었다. 소련에서 무상 지원해주는 무기로 꽃놀이패를 쥔 피델은 이를 실천에 옮겼다.

미국과 전쟁 중인 호치민의 공산당에 쿠바는 설탕, 쌀, 제약, 수혈, 의료진 등을 지원했다. 그 외에도 중동, 중앙아프리카, 중남미의 많은 분쟁에 쿠바는 직간접적으로 개입했다. 그 당시 아프리카와 남미에서 활동한 체의 원정 역시 이와 같은 맥락에서 봐야 한다. 그렇게 제3세계와 사회주의 진영에서 쿠바의 입지는 점점 더 커졌다.

베트남전에 몰두해 있던 미국은 전 세계의 공산화를 심각한 위협으로 느끼고 있었다. 특히 아메리카 대륙에서 사회주의의 불씨를 지피는 쿠바를 다시 예의 주시했다. 쿠바의 이런 오지랖을 못마땅하게 본 것은 미국뿐이 아니었다.

1964년 소련에서는 권력 교체가 있었다. 흐루시초프의 후임으로 당 서기장에 취임한 브레즈네프Leonid Brezhnev의 최우선 정책 의제 중 하나는 미소 간의 과도한 군비 경쟁을 진정시키는 것이었다.

워싱턴에서는, 진지한 협상을 바란다면 고삐 풀린 망아지처럼 날뛰는 피델부터 진정시키라고 모스크바에 전했다. 그러자 모스크바에서는 아바나에 다음과 같이 경고했다. 쿠바가 계속해서 무분별하게 국제분쟁에 개입할 경우 미국의 쿠바 불가침 조약을 소련은 더 이상 보장하지 못할 수 있다고. 피델은 소련의 협박에 열이 받았지만 이번에도 꾹 참을 수밖에 없었다. 어차피 피델의 바람과는 달리 쿠바혁명의 수출은 큰 성과를 내놓지 못하고 있었다. 그래서 피델은 국외가 아닌 국내로 관심을 돌리기로 했다.

피델과 혁명정부는 인류 역사상 가장 빠르고도 안정적으로 한 나라를 공산화한 것에 큰 자부심을 갖고 있었다. 이와 더불어 피델은 단기간 내에 문맹을 퇴치하고, 돈이 없어 굶거나 학교에 가지 못하는 아이가 전무한 사회를 만들어냈다. 그리고 혁명정부는 지역마다 보건소를 설립하며 전 인민에 대한 무상 의료 정책의 발판을 다져가고 있었다. 하지만 문제가 있었다.

쿠바 경제는 1960년대 중반으로 접어들면서 엉망진창이 되고 있었다. 애초부터 제조업과 같은 마땅한 성장 산업 기반이 전무한 데다 미국의 강도 높은 경제제재와 쿠바 정부의 연이은 정책 실패로 거시경제지표는 참담하기 짝이 없었다. 거기에 쿠바의 공산화가 두려워서 이민을 떠난 고급 인력의 누수로 우수한 노동력이 턱없이 모자랐다. 심지어 1968년 쿠바 정부는 영세 자영업을 포함한 모든 민간 사업을 금지시키며 경제 활력의 싹을 도려낸 상태였다.

쿠바 경제의 심각성을 뒤늦게 파악한 피델은 현장 지도를 다니면서 기회가 될 때마다 인민들 앞에서 희망을 심어주는 연설을 했다.

쿠바인들은 피델을 '미래형 인간'이라고 부르기 시작했다. 이탈리아인을 조용히 시키려면 그의 양손을 묶으면 되고, 피델을 침묵시키려면 스페인어에서 미래형을 없애면 된다고 사람들은 비아냥거렸다. 인민들의 불만은 나날이 늘어갔고, 정부는 침체된 경제를 되살리지 못하고 있었다.

궁지에 몰린 피델은 뭔가를 보여주고 싶었다. 쿠바 인민들에게 그리고 국제사회에. 그래서 그는 문제의 답을 쿠바의 효자 상품인 설탕에서 찾으려 했다. 피델은 '천만 톤 설탕 생산'이라는 국가적 목표를 세우고 모든 자원을 동원했다. 피델의 지시에 따라 인민들이 동원돼 이 사업에 주력했다. 베트남, 북한 같은 공산권 동맹에서뿐만 아니라, 미국의 일부 개인 봉사자들도 농활을 하기 위해 쿠바에 들어왔다. 그러나 황제적 국가 경영자 피델의 퍼포먼스는 경제학적으로는 논할 것도 없고, 정치적으로도 너무나 멍청한 실패작이었다. 1970년 5월 피델은 설탕 천만 톤 생산 사업의 종료와 실패를 공식적으로 선언했다.

1970년대를 여는 쿠바는 경제적으로 암울했다. 그때 소련이 손을 내밀었다. 냉전 시대의 전략적 요충지인 쿠바가 망가지는 것은 소련에도 이로울 게 없었다. 1974년 브레즈네프는 아바나를 방문해서 미국의 데탕트 외교에 넘어갈지도 모르는 피델과 쿠바를 달랬다. 이 자리에서 소련은 쿠바에 엄청난 액수의 경제적 원조를 약속했다. 물론 조건이 있었다. 경제정책은 쿠바에 상주하는 소련 고문단과 합의해서 집행해야 했고, 외교정책 역시 모스크바와 어긋나지 않는 선상에서 움직여야 했다. 나라 살림이 거덜나기 일보 직전이었으므로 피델은 이에 동의할 수밖에 없었다.

미국은 소련의 앞잡이가 되는 것이 쿠바혁명의 종착역이냐면서 쿠바와 피델을 비웃었다. 피델은 미국의 이런 비판에 대해 "배를 침몰시킨 자들이 구명보트를 얻어 탄 자를 욕하는 격"이라고 했다. 냉전 시대에 미국과 대결하는 소국이 소련에 손을 내미는 건 당연한 일이었다.

미국의 비웃음과 함께, 망명한 쿠바계 미국인들의 테러는 잊을 만하면 이어졌고, 피델에 대한 암살 음모 역시 끊이지 않았다.

"항상 방탄복을 입고 다니는 게 불편하지 않나요? 뉴욕에서도 계속 입으실 건가요?"

1977년 뉴욕으로 가는 비행기에 피델과 동승한 미국 기자들이 던진 질문이었다. 그날도 피델은 자신의 트레이드마크인 계급장 없는 군복을 입고 있었다. 피델은 웃으며 윗옷을 풀어헤쳐 가슴을 보여줬다. 방탄복은 없었다.

"내가 입는 유일한 조끼는 '도덕의 조끼'요."

미국의 모든 언론이 그를 조롱한 것은 아니었다. 피델과 쿠바에 대해 균형 있는 보도를 하기 위해 노력한 바바라 월터스*Barbara Walters* 같은 기자도 있었다. 그녀는 1977년, 그리고 25년 뒤인 2002년에 피델과 심층 인터뷰를 진행하며 쿠바의 지도자에 대해 상당히 중립적이고 객관적으로 보도한 몇 안 되는 미국 언론인이다.

1980년대에 들어서 쿠바 정부는 피델이 강조한 도덕성과는 반대로 가고 있었다. 공무원과 당 간부들의 도덕적 해이와 부패가 만연했고 뇌물 수수 역시 사회적 규범이 되어가고 있었다. 세금 없는 '인민의 낙원'에서는 다른 형태의 납세가 이뤄지고 있었다.

쿠바혁명의 존망 앞에 선 피델은 총체적인 부패와의 전쟁을 선포했다. 지위 고하를 막론하고 색출해낸 대상자를 강력하게 처벌하며 부패 척결에 나섰다.

1980년 7월 26일 피델과 혁명정부에게는 너무나 충격적인 사건이 일어났다. 아이데 산타마리아가 자살한 것이었다. 혁명정부에서 문화 정책의 중추적인 역할을 해온 그녀는 쿠바 문화계의 대모였다. 쿠바 인민들이 무료에 가까운 비용으로 문화 생활을 즐기고, 혁명 쿠바의 예술이 세계로 뻗어나갈 수 있었던 것은 모두 아이데 산타마리아의 업적이었다. 젊은 시절 온갖 고문을 이겨내고 남동생의 두 눈과 목숨까지 희생하며 신념을 갖고 투쟁했던 그녀는 20년이 지난 혁명 쿠바의 모습에 크게 실망해 좌절했던 듯하다. 소련에 종속된 국가와 부패한 사회주의 체제는, 아이데 산타마리아와 혁명 동지들이 인민들에게 약속했던 쿠바와는 너무도 거리가 멀어 보였을 것이다. 그래서 그녀는 27년 전 자신이 동참했던 몬카다 병영 습격을 기념하는 바로 그날, 입에 권총을 물고 방아쇠를 당겼다. 향년 58세였다.

쿠바 정부는 일단 아이데 산타마리아의 사망일을 공식적으로 7월 28일이라고 발표했다. 그리고 그녀가 몇 달 전에 당한 교통사고로 인한 후유증과 과다한 약물 치료로 우울증에 시달리고 있었다는 설명을 덧붙였다. 그 이후로는 사건에 대해 전혀 언급하지 않았다.

1980년은 피델에게 정치적으로 상당히 힘든 해였다.

그해 봄 아바나 주재 페루 대사관으로 쳐들어가듯 도피한 쿠바인들이 대거 망명 신청을 하며 발단이 된 일련의 사건들은 '마리엘 긴급 해상 수송*Mariel Boatlift*'이라는 역사적인 이민 대열로 이어졌다. 쿠바에서 미국을 향해 탈출하는 배들이 끝없이 이어졌고, 세계 언론과 인권 단체들은 쿠바의 어두운 면을 연달아 조명했다. 국제사회를 의식한 피델은 쿠바를 떠나겠다는 이들을 막지 않을 것이니 미국으로 떠나고 싶은 자들은 언제든지 자유롭게 떠나라고 했다. 그러면서 피델과 정부는 그런 반혁명적인 자들을 배신자들이자 '인간쓰레기들*escorias*'이라고 비난했다. 피델의 이 말은 단순한 수사학이 아니었다. 피델은 실제로 쿠바 정부의 재정적 부담을 덜기 위해 수많은 교도소의 수감자들을 미국으로 향하는 이민자들 틈에 풀어놓고 있었다. 이들은 정치범이 아닌 중범죄자들이 대부분이었다. 올리버 스톤이 각본을 쓰고 알 파치노가 주연한 〈스카페이스*Scarface*〉도 이때 미국으로 건너온 쿠바 깡패에 관한 영화다.

인권, 독재, 그리고 마술

레이건 정부는 쿠바에서 탈출해온 사람들의 증언을 토대로 쿠바의 인권 문제를 UN 인권 이사회에 고발했다. 미국의 정치 공세에 맞서 피델은 다음과 같은 논리로 대응했다.

가장 기본적인 인권, 무상 교육과 무상 의료를 모든 인민에게 차별 없이 보장하는 나라가 바로 쿠바다. 쿠바에 인권 문제를 제기하는 미국은 자신들이 얼마나 세계의, 인류의 인권을 개선하는 데 기여했는지 묻고 싶다. 아파르트헤이트 정권에 대한 입장은 무엇인가? 중남미, 아프리카, 아시아에서 미국의 지원을 받는 파쇼 정권들이 어떤 만행을 저지르는가? 미국이라는 제국이 말하는 인권의 잣대와 기준은 도대체 무엇인가? 미국이 안고 있는 빈부 격차, 계급 간 불평등, 인종차별과 같은 문제들에 대해서 과연 적용이 되고 있는가?

피델은 명확하게 못을 박았다. 혁명 쿠바에서 고문은 존재하지 않는다고. 혁명정부는 바티스타 정권의 반인륜적인 만행을 절대로 되풀이하지 않는다고. 실제로 국제 인권 단체에서 조사를 행했지만,

쿠바에서 정치범들이 물리적으로 고문을 당했다는 증거는 하나도 찾지 못했다.

사실 쿠바 땅에서 고문을 한 정부는 따로 있었다. 미국 의회는 21세기에 미국 정부가 모든 국제 인권 협약을 어기면서 관타나모 *Guantánamo* 교도소에서 수감자들을 잔혹하게 고문한 사실을 밝혀내 세상을 경악하게 했다.

그렇다고 피델이 통치하는 쿠바에서 언론과 표현의 자유, 집회의 자유, 사상의 자유와 같은 '자유'들이 보장되었던 것은 절대로 아니었다. 혁명정부와 반대되는 생각을 갖고 이를 실천하는 이들은 시도 때도 없이 감시당하고 조사를 받았다. 그러다 꼬투리가 잡혀 사법부로 넘겨져 코에는 코걸이, 귀에는 귀걸이로 형을 받은 반체제 인사들은 매우 비참한 상태로 말도 안 되는 형량을 받아 수감 생활을 해야 하는 것이 쿠바의 현실이었다. 인민을 감시하고 사찰하는 사복 경찰이 쿠바 전역에 깔려 있고, 친정부 시위를 주도하고 또 반혁명 세력을 색출해 폭력을 가하는 민간 청년단도 아직까지 활동하고 있다.

쿠바에는 단식으로 목숨을 끊어 저항하는 전통이 있다. 가장 최근에는 2010년 2월 23일, 양심수 올란도 사빠타*Orlando Zapata*가 83일간의 단식투쟁 끝에 목숨을 끊었다. 올란도 같은 양심수에게 제때에 적절한 의료 조치가 이뤄졌는지는 미지수다. 피델이 그렇게도 자랑하는 우수한 의료 체계를 갖춘 나라가 어떻게 단식을 하다 쓰러진 정치범 한 사람 살리지 못했는지는 이해하기 어렵다. 하지만 그런 냉혹함 역시 쿠바를 통치하는 피델의 또 다른 얼굴이다. 쿠바는 피델과 혁명정부를 반대하는 자들이 인격적으로 존중받거나 인권을 누릴 수 있는 나라가 결코 아니다.

피델은 독재자이다. 그것은 열성 당원이자 피델리스트인 아델라도 인정하는 명백한 사실이다. 하지만 아델라는 내게 쿠바에서도 선거와 투표가 이루어진다는 사실을 지적하면서, 쿠바는 '쿠바식 민주주의'를 만들어가고 있다고 강조했다. 쿠바에 왜 당이 하나뿐이냐고 묻는 것은, 왜 너희 나라에는 의회가 하나뿐이냐고 묻는 것과 비슷하다고 했다. 그녀의 말은 정치학적으로 나름 일리가 있다.

"씨뇨르 정, 독재자가 뭐죠? 무소불위의 권력을 독단적으로, 합법적으로 또는 정해진 규정에 의해 행사할 수 있는 사람인가요? 그렇게 정의한다면 교황이나 미국 대기업의 CEO들이야말로 독재자겠군요. 선출된 수많은 지도자들도 해당될 테고요. 하지만 피델은 그런 식으로 의사 결정을 할 수 있는 권한도 없고 그럴 의향도 없어요. 쿠바의 정부는 협의와 합의로 운영되기 때문이죠. 그리고 씨뇨르 정도 인정하잖아요? 피델이 훌륭한 지도자라는 사실을."

"피델은 역사적으로 길이 남을 정말 대단한 지도자죠. 어쩌면 그런 인물은 다시 나오기 힘들 거예요. 바로 그런 이유에서 민주주의로 지도자를 선출하는 방법이 합리적이고 안전하다는 거죠. 피델 같은 훌륭한 지도자가 없는 나라에서는 투표라는 사회적 합의로 지도자를 선출해야 해요."

"그렇게 뽑은 지도자가 꼭 유능한가요? 도덕적으로 옳은가요? 뽑아준 인민들의 이익을 위해 싸우나요? 조지 W. 부시 같은 미치광이 보세요. 부자 공화당원들이 우매한 대중을 선동하고 속여서 권력을 잡으니까 결국은 자본가들의 이익을 위해 남의 나라를 침략하잖아요."

"맞는 말이에요. 거짓말을 밥 먹듯이 하는 양아치나 정신질환이 있는 새 머리를 유권자들이 제때 알아채지 못하고 속아서 지도자로 뽑는 경우도 있지요. 하지만 그들을 견제하고 권력에서 끌어내릴 수 있는 가장 비폭력적인 수단 역시 민주주의라는 제도 아닐까요?"

"선거는 민주주의의 일부일 뿐이에요. 자본과 권력을 가진 세력들이 내세우는 '얼굴'로 인기투표 경합을 벌이는 것이 민주주의의 본질은 아니죠. 쿠바처럼 인민이 자신의 삶에 영향을 미치는 현안에 대해 일상적으로, 주도적으로, 또 적극적으로 개입해서, 정책을 수용하는 데 그치지 않고 생산하는 역할을 수행하는 것이 진정한 민주주의가 아닐까요?"

나는 아델라와 정치적인 논쟁을 할 생각이 없었다. 그것은 예의가 아니기도 했지만 해서는 안 되는 행위였다. 쿠바인들은 정치적으로 민감한 언행 때문에 당국에 걸리면 가혹한 처벌을 받는다. 외국인들과는 비교도 안 될 정도이다. 그래서 아델라는 내게 피델과 '쿠바식 민주주의'에 대해 설교하면서도 '피델' 또는 '카스트로'라는 이름을 절대로 입 밖에 내지 않았다. 피델을 지칭할 때는 그녀는 손가락으로 턱을 치고 두 손으로 긴 수염을 쓰다듬는 시늉을 했다. 무언극에 가까운 이 손짓은 모든 쿠바인들이 피델을 지칭할 때 쓰는 수화다. 쿠바에서는 이렇게 피델이라는 이름조차 조심스럽게 말해야 하는 것이 현실이다.

아델라와 비슷한 논리의 레토릭은 사실 피델이 1980년대부터 자신이 독재자가 아니라는 사실을 외신에 설파할 때마다 사용해왔다.

흥미로운 점은 아델라 같은 피델리스트뿐만 아니라 피델 자신도 21세기까지 거의 토씨 하나 틀리지 않고 이러한 표현을 그대로 쓰고 있다는 것이다. 피델의 공보 담당 비서들이 20여 년간 교체되지 않아서 그런지는 모르겠지만, 피델의 인터뷰들을 보면 너무나 똑같은 표현들이 20년 넘게 반복되고 있다는 것을 알 수 있다. 평균 다섯 시간을 훌쩍 넘는 그의 연설에서도 그런 식으로 자기 복제를 하는 부분들이 꽤 많다.

연설의 대가인 피델은 현역에서 은퇴하는 그날까지 연설문을 직접 썼다. 피델 역시 다른 정상들처럼 연설문을 작성하는 비서를 여러 차례 고용해봤지만 입맛에 맞는 적절한 표현과 리듬이 있는 원고를 받아본 적이 없다고 했다.

피델은 연설문 원고에 긴 연설 내용을 전부 다 쓰지 않았다. 몇 가지 아이디어와 표현을 순차적으로 배치해서 짧은 차례를 작성하고, 그 구성을 토대로 현장에서 즉흥적으로 자신만의 화술로 풀어냈다. 때로는 적절한 표현, 비유나 수사를 찾느라 연설 중에 호흡을 멈추기도 했다. 그러나 청중들은 오히려 준비되지 않은 즉흥적인 화법에 친밀감과 진정성을 느꼈다. 물론 피델의 이런 영업 비밀은 연출력과 문학적 감각이 없는 사람은 함부로 따라 할 수 없는 비법이다.

가보(가브리엘 가르시아 마르케스)는 자신이 쓴 소설 초고를 열렬한 독서가인 피델에게 보여주곤 했다. 이는 단순히 두 사람이 절친한 사이라서 그런 것이 아니었다. 피델은 어지간한 편집자보다 작품을 훨씬 더 잘 파악했다. 섬세한 피델은 스토리에 일관성이 있는지, 인물 묘사에 모순은 없는지를 꼼꼼히 체크하면서 평을 달아줬다.

다양한 장르의 책을 읽은 피델은 측근들의 말을 잘 듣는 인물이었다. 장시간 동안 혼자 떠드는 인간은 귀가 닫혀 있을 것 같지만 사실은 그렇지 않다. 피델은 가보의 조언을 듣고 1990년대 중반부터는 평생 입어왔던 군복을 벗고 라틴아메리카의 전통 의상인 과야베라*guayabera*와 정장 양복을 입고 공식 석상에 나타나기 시작했다. 물론 피델의 이런 연출에는 쿠바가 변하고 있다는 메시지가 담겨 있었다.

피델은 가보를 포함한 친구들과 자주 낚시를 갔다. 그런데 낚시는 종종 새벽녘까지 이어졌다. 피델은 지인들보다 자신이 한 마리라도 덜 잡았을 때는 무슨 핑계를 대서라도 낚시를 끝내지 않았다고 한다. 졸리고 피곤한 가보는 아마 '마술적 사실주의'라도 구사해서 유치하게 구는 피델의 물고기 수를 늘려주고 싶었을 것이다.

"진짜 마술사는 가보가 아니라 피델이야."

하비에의 어머니가 꿀을 듬뿍 넣은 전통 음료 깐찬차라*canchanchara*를 타주며 말했다. 대다수의 쿠바인들은 실로 피델이 마술사에 가깝다고 생각한다. 소련 붕괴 이후 찾아온 1990년대의 '특별 시기'를 살아낸 이들은 다 죽어가던 쿠바를 피델이 기적적으로 부활시켰다고 믿는다.

정작 피델은 사회주의의 모태인 소련이 망했다는 사실을 받아들이기가 어려웠던 모양이다. 그의 지인들은 모두 그때 피델이 늙었다고 했다.

피델이 독재자인 것처럼 명백한 사실이 또 하나 있다. 대다수의 쿠바인들은, 그러니까 쿠바 내에 거주하는 쿠바인들은 피델을 진심으로 좋아한다. 인민들은 피델을 삼촌, 할아버지, 선생님 그리고 친구 같은 지도자로 여긴다.

내가 아바나에서 만난 많은 친구들은 거의 모두 피델을 만난 적이 있다고 했다. 그냥 보기만 한 게 아니라 실제로 직접 악수를 하고 짧은 대화까지 나눴다는 것이다. 몇몇은 함께 찍은 사진도 보여줬다. 처음에는 믿기 어려웠지만 다 사실이었다. 하지만 조금만 생각해보면 그리 불가능한 일은 아니었다. 아바나의 인구는 200만 명 정도인데, 반세기가량 집권한 피델은 인민과 접촉하는 것을 매우 좋아했다. 그는 기회가 될 때마다 삶의 현장으로 들어가 인민들과 소통했다. 인민들도 그런 피델을 좋아했다. 능력이 권력을 따라가지 못하는 이들은 권위주의에 의존하지만, 진정한 지도자는 권위와 권위주의를 분리할 줄 아는 법이다.

산티스피리투스에 있는 하비에의 어머니 집 거실에도 하비에와 피델이 함께 찍은 사진이 있다. 1991년 여름 아바나에서 열린 팬암 게임에 아바나 대학에서 영어를 잘하는 학생들이 통역으로 동원됐는데 하비에도 그중 한 명이었다고 한다.

'특별 시기'에는 소련의 원유 원조가 끊겨 아바나의 차량은 반 이하로 줄었고 대부분의 인민들은 자전거를 타고 다녀야 했다. 피델은 틈이 날 때마다 자전거를 타고 돌며 마치 선거 유세를 하듯이 인민들에게 희망과 용기를 북돋기 위해 목이 쉬도록 연설을 하고 다녔다.

"우리는 아주 특별한 시기를 살고 있습니다. 쿠바 역사상 가장 힘든 시기 중 하나입니다. 왜냐고요? 이제 우리는 홀로 거대한 제국과 맞서야 하기 때문입니다. 그러려면 무엇이 필요할까요? 단결, 용기,

애국심, 그리고 혁명 정신입니다! 나약한 겁쟁이들만이 투항하고 다시 노예의 삶으로 돌아갑니다. 명예롭고 용기 있는 우리 인민들은 절대로 노예로 돌아가지 않을 것입니다!"

노예란 과연 무엇인가? 흔히 떠오르는 노예란 돈을 벌기 위해 자유를 잃고 일하는 인간이다. 돈에 대한 두려움과 불안 때문에 늘 계산하고 걱정하지만 생활을 지속하기 위해 끊임없이 소비해야 하는 존재들이기도 하다. 더 많이, 더 열심히 일하고 노력하지만, 그런다고 그들을 부려먹는 주인이 되는 것은 아니라는 사실을 노예들 스스로도 잘 알고 있다. 그래서 그들은 늘 자위한다. 피할 수 없으면 즐기자고. 남들도 다 이렇게 산다고.

어쩌면 이런 정의는 상당히 좁은 의미에서의, 자본주의 체제에서의 노예일 것이다. 내가 보기에 피델이 말하는 노예는 더 본질적이고 원형적인 것이다. 스스로 옳고 그름을 따져볼 능력이 없고, 또 그런 것에 무관심한 인간 부류를 말하는 듯하다. 관습에, 권력에, 다수에, 시장에, 대세에 의탁하고, 옳고 그름을 따지기보다는 편하고 실용적인 것을 선호하는 인간들이야말로 진정한 노예일 것이다.

'특별 시기'라는 경제적 대재앙은 피델을 정치적 위기에 빠트렸다. 1994년에는 혁명정부 역사상 처음으로 반정부 시위가 일어났다. 아바나의 말레꼰에 모인 군중이 외친 구호는 역설적이게도 '자유*libertad*'였다. 경제적으로 어려워서 못살겠다는 이들이 왜 자유를 외쳤을까? 그것은 쿠바의 혁명이 약속한 '해방'에는 경제적인 자유, 즉 먹고살 자유가 보장돼 있었기 때문이다.

"그때 나도 거기 있었는데, 자전거와 사람들로 말레꼰이 꽉 차 있었지. 하지만 텔레비전에서 보는 외국의 시위들처럼 폭력적이지는 않았어. 그냥 몇몇 애들이 경찰에게 돌을 던지는 수준이었지. 누가 봐도 제대로 된 조직이 계획한 데모가 아니었다고. 그래서 경찰들도 '불법집회를 중단하고 집으로 돌아가라'는 방송만 해댔지. 그런데 군중이 계속 늘어났어."

하비에가 내게 그 당시의 분위기를 설명해줬다.

"그때 피델이 나타났지. 그리고 즉석에서 특유의 가두연설을 하면서 외쳤어. '나를 탓하라! 불만이 있는 자는 내게 돌을 던져라! 이 모든 책임을 내가 지겠다!'"

"오…… 그래서 어떻게 됐어? 던졌어?"

"아니. 피델이 연설하기 시작했을 때는 이미 사복 경찰 1,000명 정도가 그를 둘러싸고 있었어. 근데 어떤 미친놈이 물병을 던졌다는 얘기도 있긴 해. 물병은 피델 근처에 떨어지지도 못했지만 사복 경찰들이 그놈을 눈 깜짝할 사이에 두들겨 팬 다음에 어딘가로 끌고 갔다고 하더라고."

"분위기 파악 못하는 놈들은 어딜 가나 꼭 있어요."

세속적인 쿠바

피델은 쿠바가 살려면 변해야 한다는 사실을 누구보다 잘 알았기에 결국 용단을 내렸다. 이제까지 고집해오던 독자적인 사회주의 모델에서 벗어나 부분적으로 시장경제를 받아들이기로 했다. 쿠바 정부는 유럽과 캐나다의 자본으로 공동 설립한 기업들로 생명공학, 의료 제약, 통신, 관광산업 등에 과감하게 투자했다. 그러자 쿠바 경제는 1990년대 중반부터 놀라운 회복세를 보이기 시작했다. 회의적이었던 민심도 다시 돌아왔다. '특별 시기' 초기부터 피델이 약속한 대로 그 누구도 굶어 죽거나, 학교나 병원에 가지 못하는 최악의 사태는 일어나지 않았다.

"카스트로 씨가 쿠바를 수직적인 자세로 떠나든 수평적인 자세로 떠나든 상관 안 합니다. 그것은 카스트로 씨 본인과 쿠바인들에게 달려 있습니다. 그러나 분명한 것은, 그는 무조건 쿠바를 떠나야 한다는 것입니다."

미국 의회에서 헬름스 버튼 법Helms-Burton Act, 일명 쿠바자유법Cuban Libertad을 통과시키면서 공화당 연방상원의원이었던 제시 헬름스가 한 말이다. 쿠바 경제제재를 더 확장하기 위해 만든 이 법은 쿠바와 거래하는 외국 기업들에 대한 제재 조치들이 포함돼 있었다. 1996년 3월 12일 클린턴Bill Clinton 대통령은 이 법률에 서명했다. 미국은 자신들의 예측과 달리 오래 버티고 있는 쿠바를 죽이기 위해 마지막 압박을 가하려는 것이었다.

미국의 비인도적인 조치에 대해 국제사회는 물론 교황청까지 강하게 유감을 표했다.

교황은 1998년에 쿠바를 방문했다. 명분 없는 미국의 경제제재를 비판하며 교황은 "쿠바는 세계에게 문을 열어야 하고, 세계도 쿠바에게 문을 열고 받아들여야 한다."고 설교했다. 전 세계를 놀라게 한 교황의 쿠바 방문은 1991년부터 혁명정부가 종교적 자유를 점차적으로 허용한 것도 한몫했지만, 쿠바의 헌법에서 바뀐 하나의 형용사가 매우 큰 역할을 했다. 헌법에 '쿠바는 무신론 국가다'라고 기재된 부분에서 '무신론'이 '세속적인'으로 바뀐 것이었다. 교황의 건의로, 1969년부터 쿠바에서 폐지됐던 크리스마스는 공휴일로 부활될 수 있었다.

그러나 피델은 쿠바의 앞날을 하느님의 축복에만 맡겨둘 수 없었다. 그래서 그는 몇 해 전부터 다른 묘책에 투자해오고 있었다.

1994년 12월 13일 호세 마르티 국제공항에는 피델 카스트로를 중심으로 레드카펫과 의전 사열이 국빈을 기다리고 있었다. 놀라운 사실은 그날의 손님은 국가 정상이 아니라 민간인 신분의 전과자라는 점이었다. 그는 쿠데타 혐의로 2년간 투옥 생활을 마치고 출소한 베네수엘라의 전직 군인 차베스였다. 오래전부터 피델의 철학과 쿠바식 사회주의를 동경해왔던 차베스는 자신의 정치적 재기에 대해 논하기 위해 피델을 만나러 온 것이었다.

피델이나 차베스도 이 방문이나 둘의 만남에 대해 자세히 언급한 적이 없고 그 당시 세계 언론조차 크게 주목하지 않았지만, 사제지간을 방불케했던 두 사람 사이에서는 실속 있는 대화가 오갔던 것이 분명하다. 그 대화의 결실은 4년 뒤에 세상에 알려졌다.

1998년 겨울, 피델과 쿠바는 29년 만에 맞는 크리스마스의 선물을 미리 받을 수 있었다. 거대 산유국인 베네수엘라의 대선에서 좌익 후보 차베스가 승리한 것이었다. 그 대선 결과가 피델의 인생에 찾아온 여섯 번째 기적이었다.

차베스는 정권을 잡자마자 쿠바에 대한 전폭적인 지원에 나섰다.

베네수엘라의 원유와 쿠바의 의료봉사단을 맞바꾸는 협약을 포함해 수많은 조약들이 체결되고 시행됐다. 겨우겨우 연명해가던 쿠바로서는 신의 은총에 가까운 구원이었다. 쿠바는 그렇게 '특별 시기'를 졸업할 수 있었고, 피델의 분신인 쿠바혁명 또한 지속될 수 있었다.

의료, 교육 그리고 스포츠

2014년 가을 UN 안전보장이사회는 에볼라 대응책 마련에 나섰다. 미국, 영국, 일본, 인도 등 강대국들도 의료 지원 방안을 세우기 시작했다. 국제 여론을 의식해 뒤늦게 합류한 중국 역시 지원안을 내놓았다. 국제사회가 탁상공론을 벌이고 있을 때, 이미 시에라리온*Sierra Leone*에 도착해서 캠프를 차린 165명이 있었다. 그들은 1차로 파견된 쿠바의 의료진이었다. 에볼라 사태에 가장 빠르게, 가장 적극적으로 대응하며 국제사회의 모범을 보인 쿠바 의료봉사단은 전 세계를 감동시켰고, 쿠바의 적국인 미국의 국무장관까지 공개적으로 칭찬을 아끼지 않았다.

체르노빌 원전사고 때도, 파키스탄 대지진 때도, 아이티 허리케인 피해 때도 쿠바의 의료봉사단은 늘 주저 없이 가장 먼저 현장으로 달려갔다. 쿠바혁명의 자부심이기도 한 5만여 명의 쿠바 의료봉사단은 오늘날 지구상 30여 개발도상국들에 파견돼 있다.

쿠바의 의료 외교는 혁명정부가 반세기 전부터 장기적인 안목을 갖고 추진한 정책의 산물이다. 천연자원이나 산업 기반이 턱없이 부족한 쿠바는 고급 인력을 집중적으로 양성해 정치적, 경제적으로 큰 이익을 가져다주는 자산을 이룩했다. 쿠바 의료진은 베네수엘라로부터 쿠바에 필요한 원유를 벌어다 줬고, 아프리카와 아시아에는 쿠바식 사회주의를 확산시키는 데 공헌하기도 했다.

해외로 파견돼 지구 곳곳에서 봉사 중인 쿠바인들은 의료진뿐만이 아니다. 쿠바의 교육자들 역시 개발도상국으로 향한다. 쿠바의 질 높은 무상 교육에 비해, 헌신적인 쿠바의 선생님들에 대해서는 상대적으로 덜 알려져 있다. 다음은 아바나에서 몇 년째 거주하고 있는 외국인 K에게 들은 이야기다.

K는 자신이 살아본 유럽이나 다른 남미 나라에 비해 쿠바가 너무나 불편했다. 그러나 K의 아이들은 쿠바를 너무나 좋아한다고 했다. 방학이 길어지면 아이들이 선생님을 그리워한다는 것이다. 아빠로서 질투가 날 정도란다. 그래서 K는 아이들이 좋아하는 선생님들이 도대체 어떤 분들인지 궁금해서 하루는 유치원에 구경을 갔다. 마침 마당에서 놀던 아이 하나가 넘어져 울고 있었다. 그런데 희한한 광경이 벌어졌다. 아이들에게 달려가 안아주는 여선생님이 아이와 같이 우는 것이었다. 이래서 K는 불편한 쿠바가 너무나 사랑스럽다고 했다.

쿠바는 공산당 사회주의 체제이므로 거의 모든 인민이 공무원이고, 그들은 모두 넉넉지 못한 월급으로 살아간다. 의사, 교사, 판사, 경찰, 야구선수 모두 봉급이 비슷비슷하다. 이런 평등으로 인해 사회적, 경제적 문제가 많이 생기기도 한다. 하지만 쿠바에서는 적어도 아이를 사랑하지 않거나, 교육에 대한 사명감이 없는 사람이 선생이 되는 경우는 없다.

흔히 쿠바혁명은 보건복지와 교육 그리고 스포츠를 향상시켰다고 한다. 물론 대부분의 쿠바인들은 이 세 가지를 얻는 대가로 삼시세끼가 상당히 부실해졌다는 농담을 꼭 덧붙인다.

쿠바는 자타가 공인하는 스포츠 강국이다. 야구, 배구와 권투를 포함한 여러 분야에서 세계 정상급 선수들을 배출해낸다. 역대 팬암게임에서 메달 수를 집계해보면 미국 다음이 쿠바이다. 그 뒤를 캐나다, 브라질, 아르헨티나, 멕시코와 베네수엘라가 따른다. 이는 쿠바의 인구와 경제 규모를 고려하면 실로 믿을 수 없는 결과다. 역대 하계 올림픽에서의 성적 역시 마찬가지로 놀랍다. 쿠바는 1992년부터 2000년까지 메달 순위 10위 안에 꾸준히 진입했다.

피델과 혁명정부는 집권 초기부터 스포츠 정책을 우선순위에 뒀다. 혁명정부는 모든 인민이 스포츠를 부담 없이 즐기고 참여할 수 있는 사회를 만들어냈다. 재능과 열정만 있다면 쿠바에서는 누구나 세계적인 운동선수로 성장할 수 있는 기회가 열려 있다.

"우리 체육인들은 혁명의 자녀들이다."

피델의 말처럼 쿠바의 스포츠는 쿠바혁명의 선전 도구이기도 했다. 1962년 쿠바 미사일 위기 이후 국가 이미지 개선에 기여한 것은 물론이고, 기량이 뛰어난 운동선수들을 통해 쿠바 사회주의의 우월성을 국제적으로 알릴 수 있었다. 이런 선전 의도만 보면 구소련과 동구권 그리고 한국과 같은 국가 주도적인 스포츠 엘리트 양성 정책과 비슷해 보일 수도 있지만 쿠바의 정책은 철학이 다르다.

한국처럼 국가가 주도하는 스포츠 엘리트 양성 정책은 동기 부여를 위해 다양한 혜택을 준다. 이와 달리 쿠바는 개개인의 자발적인 열정에 의존한다. 이는 단순히 쿠바가 재정적으로 넉넉지 못해서 그런 것이 아니다. 자발적으로 모인 인원으로 혁명을 일으켜본 피델은 강제성과 자발성에서 나오는 힘의 차이를 누구보다 잘 알고 있었다. 자발적인 열정이 화성에서나 가능한 공상처럼 들린다면 다음 사례가 이해를 도울 것이다.

마이크로소프트는 1990년대에 막대한 자본을 투자해 최고의 인력들을 모아 엔카르타*Encarta*라는 디지털 백과사전 사업에 착수했다. 기존의 오프라인 백과사전 회사들을 인수하고 적합한 수익 모델을 설계했다.

그런데 2001년에 또 다른 형태의 디지털 백과사전이 나타났다. 거대한 자본도 조직도 없이 시작한 이 프로젝트에는 신념이 있었다. 세상의 모든 지식을 누구에게나 무료로 제공한다는 철학이었다. 이에 동의하고 재미와 의미를 느낀 네티즌들이 자발적으로 참여해 지식 콘텐트를 채워나가는 사이트, 바로 위키피디아*Wikipedia*였다.

10여 년 전 이 세상의 어느 경제학자가 엔카르타와 위키피디아의 승부를 제대로 예측할 수 있었을까. 그들에게는 '사리'와 '수익 모델'이 부재한 위키피디아는 애들 장난처럼 보였을 것이다. 하지만 결과는 예상 밖이었다.

2009년 유료 서비스인 엔카르타는 중단될 수밖에 없었다. 네티즌들의 페이지뷰가 위키피디아는 97퍼센트에 달하는 데 비해 엔카르타는 1.25퍼센트에 불과했기 때문이다. 오늘날 위키피디아는 세계 5대 사이트 중 하나이다.

자발적인 열정으로 성취하는 모델은 사회주의 모델도 자본주의 모델도 아니다.

인간의 본성은 노예가 아니다. 그 누구도 위장을 채우려는 목적만으로 일하기 위해서 태어나지 않았다. 누구나 꿈과 열정을 갖고 있고, 그런 잠재력을 키워줄 수 있는 제도나 환경만 조성되면 놀라운 결과를 만들어낼 수 있다. 쿠바를 통해서도 볼 수 있듯이 이런 제도와 환경은 지도력과 교육의 합작품이라고 할 수 있다.

쿠바의 교육은 불필요한 경쟁보다는 건설적인 협력을, 타인을 다스리는 방법보다는 자신을 다스리는 방법을 가르치면서 더불어 사는 사회와 공존하는 세상을 추구한다.

아침마다 학교에서 체 게바라처럼 되겠다고 맹세한 아이들은 커서 의사가 되어 죽음을 무릅쓰고 에볼라 퇴치를 위해 아프리카로 주저 없이 떠난다. 이들은 오로지 돈을 벌기 위해 생명이나 건강과는 별 상관 없는 성형외과를 운영하는 의사들과는 본질적으로 다른 인간들이다.

자신의 이익이 아닌 더 큰 목적을 위해 헌신하는 이들은 분명 고귀한 존재들임에 틀림없다. 자신을 희생하는 이들을 예우하고 존경하는 사회와, 타인의 희생으로 자신의 실익을 챙기는 사회의 차이는 분명히 클 것이다. 유아를 폭행하는 교사들이나, 보험금을 위해 환자 몰래 담낭을 제거하는 의사들이 존재하는 사회는 건강하지도 행복하지도 않다. 경제적으로 기적을 이룬 나라는 기쁨을 잃었지만, 경제적으로 불편한 쿠바가 불행하지 않은 이유는 어쩌면 쿠바인들이 아닌 우리 자신들이 더 잘 알고 있을 것이다.

2014년 여름에 쿠바를 방문한 시진핑은 피델에게 거북이를 선물했다. 피델은 호기심에 찬 표정으로 거북이를 살펴봤다.

"이 친구는 몇 년 정도 살죠?"

"200년은 넘게 삽니다."

피델은 거북이를 시진핑에게 정중히 돌려줬다.

"나는 키우면서 정든 애완동물이 죽는 걸 보고 싶지 않습니다."

쿠바인들이 자주 하는 피델에 관한 농담이다.

열한 명의 미국 대통령을 상대한 노장은 죽지도 사라지지도 않았다. 피델의 적군과 아군은 이제 대부분 죽었고, 그가 한복판에 서 있던 냉전조차 막을 내린 지 이미 오래다.

현명한 지도자는 언제 나서고 물러나야 하는지를 안다고 했다. 피델은 인민들에게 자신이 없는 쿠바를 준비하라면서 2008년 건강상의 이유로 대통령직에서 물러났다. 후임자는 그의 동생 라울이었다. 2011년 피델은 당 서기장 자리에서도 물러나면서 정계에서 완전히 은퇴했다. 많은 분석가들의 예측과 달리 피델은 막후 정치는 커녕 훈수도 두지 않았다. 모든 것을 라울에게 위임한 그는 조용히 지내면서 이따금 국제적으로 중대한 사안이 있으면 언론을 통해 자신의 의견을 피력했다. 일례로 2013년 봄에 북한이 핵무기로 시끄럽게 굴자, 피델은 공개서한을 통해 김정은에게 경거망동하지 말 것을 조언했다. 흥미로운 점은, 반세기 전 쿠바 미사일 위기 당시 세계는 젊은 피델을 '미친놈'이라고 생각했었다는 사실이다.

인류 역사상 피델만큼 오래 집권한 인물은 드물다. 그는 근현대의 인물이지만 조선 시대의 영조와 재임 기간이 같다. 더욱 놀라운 사실은 다른 왕이나 독재자와 달리 평온하고 우아하게, 그리고 살아서 권좌에서 내려왔다는 것이다. 실로 치열하게 살아오며 역사를 창조한 피델도 이제는 민간인의 신분으로 인생의 황혼을 즐기고 있다.

많은 이들에게는 사랑과 존경을 받는 매력적인 사상가로, 또 일부 미국인들로부터는 광적인 악마로 기억되는 피델은 근대사에서 가장 흥미로운 인물 중 한 사람이다. 그를 비판하든 지지하든 피델이 살아 있는 역사이자 전설이라는 사실을 부인하는 사람은 없을 것이다. 피델은 인류 보편적인 가치관에 기반한 진보적 사회주의 모델을 실현시키고 진화시키기 위해 헌신했다. 쿠바혁명이 이룩한 무상 복지와 무상 교육은 전 세계 수많은 국가들의 정책들을 향상시키고 보완하는 데 지대한 기여를 했다.

"피델 카스트로의 정부는 전 세계에 보여줬다. 고통, 무지, 빈곤과 부패로 얼룩진 바티스타 정권으로부터 벗어난 지 불과 몇 년 만에 모든 이들이 먹고 교육받고 치료받는 나라를 만드는 것이 가능하다는 것을. 그리고 그런 사회 시스템을 자국에 국한하지 않고 지구상의 다른 곳에도 수출해서 그들 역시 읽고, 알고, 성장하게 할 수 있다는 사실을."

제3세계 공산주의자가 한 말이 아니다. 미국의 법무장관을 지낸 램지 클라크Ramsey Clark의 평가다.

국가보다 큰 개념이 사회다. 한 나라의 정권을 잡을 수 있는 정객은 많지만 한 사회의 문화와 체질을 개선하고 진화시키는 지도자는 흔치 않다. 모든 악의 근원은 무지에서 온다고 믿은 피델은 인민들에게 늘 강조했다. 의식주보다 중요한 것은 가치관이고, 가치관은 지식과 문화에서만 나올 수 있다고.

피델은 쿠바인들에게 일어서줄 것을, 불가능에 도전해줄 것을 설득했고, 인민들은 그에 반응했다. 피델의 지도력에 힘입어 평범했던 쿠바인들은 세계적으로 활동하며 역사를 바꾸고 차이를 만드는 의사, 교사, 스포츠인, 영화감독, 무용가, 작가, 과학자, 그리고 군인이 될 수 있었다.

21세기의 쿠바는 명실상부한 독립국가다. 스페인에게도 미국에게도 소련에게도, 그 어느 나라에도 의존하거나 종속되지 않은 자주 국가다. 그리고 쿠바혁명은 아직도 진행형이다.

현재를 살아가는 우리가 당연하다고 생각하는 많은 것들은 불과 몇 십 년 전까지만 해도 당연하지 않았고 사회적 규범도 아니었다. 과거와 오늘의 차이를 발전이라고 부른다면, 그 차이는 저절로 이뤄지거나 우연히 만들어진 것이 아니다. 그 차이는 수많은 이들의 용기와 희생, 그리고 그들에게 영감을 주며 구심점이 되어준 인물이 있었기에 가능했던 것이다.

"세상이 골리앗과 맞선 다윗을 기억하듯이, 신념과 정의를 위해 거대한 제국과 싸운 작은 쿠바 역시 기억했으면 좋겠습니다."

피델이 어느 인터뷰에서 한 말이다.

혁명정부 초기에 시행한 토지개혁의 첫 대상은 다름 아닌 피델의 부모가 소유한 농장이었다. 총명한 아들이 변호사가 됐을 때 집안의 부를 지켜주고 불려줄 것이라고 자랑했던 피델의 부모는 실망을 감추지 못했다고 한다.

먹고살 만한 집에서 태어난 피델은 부모의 바람과는 전혀 다른 길을 택했다. 아르헨티나의 의사 출신인 체 게바라 역시 마찬가지였다. 만약에 피델과 체가 각자 타고난 계급과 안락한 신분에 안주해서 변호사와 외과의사로 살았다면 쿠바는 지금 어떤 모습일까? 쿠바혁명은 당연히 일어나지 않았을 것이고, 미국이라는 제국의 안하무인식 독주는 상상을 초월했을 것이다. 또 우리가 사는 이 세상은 더 암울하고 시시해졌을 것이고, 인류의 역사는 많이 달라졌을 것이다. 무엇보다 피델 카스트로라는 지혜로운 지도자 다윗은 존재하지 않았을 것이다.

이제 그 다윗은 노인이 됐다.

산티아고라는 이름의 노인은 84일 동안 고기를 잡지 못하고 있었다. 노인은 불운이 너무 오래 지속되자 걱정하는 소년에게 말했다. 더 멀고 더 깊은 바다로 가서 큰 고기를 잡아오겠다고. 그다음 날 노인은 거대한 청새치를 낚고, 사흘간 고기와 사투를 벌인 끝에 간신히 해안으로 돌아올 수 있었다. 그러나 상어 떼가 살점을 다 물어 뜯어서 노인이 잡은 대어는 뼈만 남아 있었다. 어촌의 어부들은 청새치의 크기에 놀라움을 금치 못했다. 노인은 소년에게 다음에는 함께 바다에 나가기로 약속하고 곤한 잠에 빠져든다. 그리고 노인은 다시 젊음을 꿈꾼다.

헤밍웨이가 생전에 마지막으로 발표한 『노인과 바다』는 예언서에 가까웠다. 쿠바혁명이 일어나기 훨씬 전에 쓰인 이 소설은 피델이라는 '노인'과 혁명이라는 '청새치'의 관계를 너무나 잘 보여준다.

노인은 우리에게 자부심과 용기, 그리고 꿈을 남겨줬다. 그리고 무엇보다 아무도 가지 않는 멀고 깊은 바다에서 대어를 잡을 수 있다는 희망을 안겨줬다. 그는 '미래형 인간'이 아니었다. 피델은 미래적인, '미래의 인간'이었다.

PRINCIPE

HORARIO

MANICURY
1er PISO

Alegria
¡ya está!

CRISTAL
CRISTAL
CRISTAL
Havana Club
Havana Club
Havana Club
Havana Club

McRico
·Batidos·Pizzas·
·Pizzetas·

Chapter 7

아메리칸드림

"고통을 참으며 기다리는 것이 때로는
목숨을 걸고 바다를 건너는 것보다
더 큰 용기가 필요한 일이란다."

흔들의자에 앉은 풍채 좋은 할머니가 느릿느릿하게 말했다. 쿠바의 근대사를 직접 체험한 하비에의 노모 클라라에게서는 내공과 평화가 느껴졌다.

목욕을 하고 나온 다리아나는 깐찬차라를 마시며 조용히 클라라 할머니의 이야기를 들었다. 다리아나는 많이 진정되어 있었다. 보건의인 하비에의 누나에 따르면, 더위를 살짝 먹어서 탈진 상태였던 것이지 병이 난 건 아니라고 했다. 그러나 하비에는 누나와 통화를 마친 후 나를 무슨 무당 취급하며 신기해했다.

온갖 개고생을 하며 겨우겨우 차에 기름을 채운 우리 일행은 산티스피리투스에 있는 클라라 할머니의 집에서 식사를 할 수 있었다. 시가를 좋아하는 클라라 할머니에게 나는 서부 피날델리오*Pinar del Río* 지방의 담배 농장에서 산 수제 시가 한 묶음을 선물했다.

하비에의 가족

클라라 할머니는 찢어지게 가난한 시골에서 태어났다. 혁명 이전에 그녀는 청소부, 재봉사, 미용사 등의 일을 했었다. 하지만 혁명정부의 문맹 퇴치 운동 덕분에 글을 읽게 된 뒤로는 인생이 완전히 달라졌다. 지역 공동체 활동에 적극 참여했고, 독서에 중독되다시피 해서 늦은 나이에 공공 도서관의 사서로 재직하며 자녀를 모두 대학에 보내 번듯한 엘리트로 키워냈다.

하비에의 누나는 원래 아바나에 있는 종합병원에서 근무했다고 한다. 하루는 그녀가 사촌들을 만나기 위해 베다도 구역으로 걸어가고 있었는데, 갑자기 천지를 뒤흔드는 엄청난 굉음이 연달아 울렸다. 1997년 여름 카프리 호텔*Capri Hotel*과 호텔 내쇼날에서 일어난 연쇄 폭탄 테러였다. 반 카스트로 집단의 행위로 밝혀진 이 테러로 열한 명이 중상을 입고 이탈리아 관광객 한 명이 사망했다. 하비에의 누나는 그 쇼크로 오른쪽 청력을 잃고 트라우마에 시달리다가 어머니가 사는 산티스피리투스로 이사 왔다. 그날 그녀가 만나기로 했던 사촌들은 다행히 다치지 않았다. 클라라 할머니는 바로 그 조카들에 대한 이야기를 우리에게 들려주었다.

'특별 시기' 시절, 고난을 참다 못한 많은 쿠바인들이 쿠바를 떠났다. 직접 만든 배나 뗏목을 타고 바다를 건너 미국으로 향했다. 일명 '뗏목 사태*Balsero Crisis*'였다. 그 당시 언론을 통해 세계가 목격한 수만 명의 쿠바인 '보트 피플'들은 대개 미국에 안전하게 도착한 이들이었다. 그러나 플로리다 해협에 빠져 실종된 수많은 이들에 대한 보도는 많지 않았다. 쿠바 정부조차도 그 시기에 쿠바를 떠난 인원을 정확하게 집계하지 못했다는 이야기가 많다. 아메리칸드림을 눈앞에 두고 바다에서 사라진 이들 중에는 클라라 할머니의 조카들도 있었다.

대탈출의 역사

쿠바혁명 이후 미국행 이민은 역사적으로 네 번에 걸쳐 이뤄졌다.

쿠바 미사일 위기 이전에 떠난 첫 이민 행렬의 대다수는 바티스타 정권의 기득권층이었다. 두 번째 대이동은 1960년대 후반부터 1970년대 초까지 다양한 국제적 경로를 통해 이뤄졌다. 이때 떠난 이들은 주로 공산주의를 반대한 중상층의 고급 인력들이었다. 그때까지만 해도 쿠바 정부는 미국으로 도주하는 '배신자들'을 심각한 문제로 받아들이지 않는 듯했다. 아니 적어도 내색은 하지 않았다. 그런데 1980년에 터진 마리엘 해상 수송 사태로 사정이 많이 달라졌다. 약 6개월 동안 12만 5,000명이 넘는 쿠바인들이 미국으로 망명을 신청하는 기상천외한 사태가 벌어졌기 때문이다.

말 그대로 '엑소더스'였던 마리엘 해상 수송 사태는 1980년 만우절에 마치 농담처럼 시작됐다. 아바나의 페루 대사관으로 돌진하는 버스를 제지하기 위해 대사관 앞의 쿠바 경찰들이 버스에 총격을 가했다. 버스는 울타리를 부수고 들어갔고 탑승한 사람들은 다치지 않았지만, 총격 과정에서 경찰관 한 명이 총탄에 맞아 중태에 빠졌다. 망명을 신청하기 위해 버스 운전사와 그의 친구들이 사전에 계획했던 일은 그때부터 눈덩이처럼 불어났다.

쿠바는 대사관 침입자들을 쿠바 사법기관으로 넘길 것을 요청했지만 페루는 이를 거절했다. 며칠 뒤 피델은 대사관을 지키던 경찰 인력을 철수시켰다. 처음에는 대사관 측이나 많은 이들이 이런 결정의 의도를 파악하지 못했다. 그러나 4월 5일이 되자 피델의 술수가 드러났다. 대사관에는 쿠바를 떠나기 위해 하나둘씩 모인 쿠바인들이 몇 백 명을 넘고 있었다. 공교롭게도 부활절인 그다음 날에는 암암리에 소문을 듣고 대사관으로 들어온 쿠바인들이 1만 명에 달했다. 대사관은 순식간에 움직일 틈 없는 난민촌이 돼버렸고, 외신은 앞다퉈 이를 보도했다. 그러자 피델은 다시 묘수를 뒀다.

떠나고 싶은 자들은 떠나라. 타국으로 데려갈 배가 마중 오기만 한다면 누구든 자유롭게 쿠바를 떠날 수 있다. 그리고 이 기회에 반체제 정치범들도 떠나게 해주겠다고 했다. 피델은 그렇게 선언하며 해외에서 오는 모든 배에게 마리엘 항구를 개방하라고 지시했다.

아바나에서 서쪽으로 40킬로미터에 위치한 항구도시 마리엘은 헤밍웨이의 저택에서 가까워 대문호가 바다낚시를 하러 자주 가던 곳이다. 그래서 훗날 영화배우가 된 1961년생 헤밍웨이의 손녀딸의 이름 역시 이 도시의 이름을 따서 지었다.

피델의 파격적인 조치가 쿠바 내에서는 전혀 보도되지 않았지만, 미국 언론은 대서특필하며 마치 쿠바가 망하기라도 한 듯 호들갑을 떨었다. 마이애미의 쿠바계 사회뿐만 아니라 국제 인권 단체까지 나서서 쿠바의 망명자들을 돕자고 워싱턴을 압박했다. 쿠바의 친지들을 통해 소식을 전해 들은 쿠바계 미국인들은 플로리다에서 배를 빌려 마리엘로 보냈다.

그때까지 쿠바 이민자에 대한 미국의 법과 정책은 매우 포용적이고 너그러웠다. 이는 인도적인 차원의 배려라기보다는 쿠바의 혁명정부를 무너뜨리기 위한 정책적 수단에 가까웠다. 그리고 이런 미국의 이민 정책을 가장 실속 있게 역이용한 사람이 피델이었다.

"피델이 우리에게 변기물을 내렸다."

그 당시 마이애미 시장이 한 말이다.

마리엘 해상 수송 사태로 건너온 이민자들은 그전까지 미국으로

온 쿠바인들과는 구성이 많이 달랐다. 배를 탄 대다수는 노동 계층과 흑인들이었다. 마이애미의 쿠바계 사회에서는 공식적으로는 말하지 못했지만, 이런 다양화에 따른 노동시장의 변화와 공동체의 정체성이 희석될 것을 걱정하고 있었다. 그보다 더 큰 골칫거리는 피델이 사회 정화 차원에서 범죄자와 정신병자들까지 무작위로 미국으로 방출했다는 사실이었다. 마이애미 시장이 언급한 '변기물'은 바로 이들을 가리키는 말이었다.

피델의 위기관리 능력은 탁월했다. 국제적인 문제로 부각된 사태를 쿠바의 문제가 아닌 미국의 문제로 교묘하게 전환시키며 피델은 다시 한 번 미국을 농락했다. 다급해진 미국은 곧바로 쿠바와 협상에 들어갔고, 그해 10월 피델이 마리엘 항구를 폐쇄시키면서 거대한 이민 행렬이 겨우 멈추었다.

쿠바 역사상 네 번째 이민 행렬은 그야말로 목숨을 건 생계형 대탈출이었다. '특별 시기'에 일어난 뗏목 사태는 쿠바 정부의 불필요한 강경 대응이 발단이었다. 1994년 여름, 쿠바인 몇 명이 예인선을 탈취해 플로리다로 도주하다가 쿠바 해경들에게 걸렸다. 해경은 강력한 물 호스를 동원해 그들을 제지했고, 이로 인해 예인선이 침몰하면서 41명이 사망했다. 그렇지 않아도 가난과 고난에 지칠 대로 지친 인민들의 불만은 하늘을 찌르고 있었는데, 이 사건으로 쿠바의 민심은 더욱 사나워져 8월에는 혁명정부가 들어선 이후 처음으로 반정부 민중 시위까지 일어났다. 위기에 빠진 피델과 쿠바 정부는 정치적 '안전밸브'를 열어야 했다.

피델은 다시 선언했다. 떠나고 싶은 자들은 떠나라고. 또다시 거대한 이민 행렬이 이어졌다.

"피델은 중세 의사 같은 면이 있어. 가끔씩 쿠바가 아프면 그런 식으로 '나쁜 피'를 빼내지." 클라라 할머니의 흥미로운 해석이었다.

위험을 무릅쓰고 플로리다 해협을 건너는 수만 명의 쿠바 난민들의 뗏목 행렬에 전 세계의 이목이 다시 집중됐다. 쿠바와 미국 모두 이미지에 큰 타격을 입었고, 클린턴 행정부가 먼저 재빠르게 행동에 나섰다. 미국의 '젖은 발 마른 발 정책*Wet Feet Dry Feet Policy*'은 그렇게 탄생했다. 쿠바 난민이 바다 위에서 발견될 경우 제3국 또는 쿠바로 보낸다. 그러나 젖은 발이든 마른 발이든 미국 영토에 들어온 쿠바인들은 특별한 문제가 없는 한 망명자로 받아들여 이민 절차를 밟게 했다. 이와 더불어 미국 정부는 연간 쿠바 이민자 2만 명을 공식적인 절차를 통해 받아들이기로 하고, 쿠바 정부는 자국민들의 생명을 위협하는 불법 이민을 단속하기로 합의했다. 뗏목 사태는 그렇게 진정되는 듯했다. 그러나 미국으로 향하는 쿠바인들은 크게 줄지 않았다. 그들 중에 클라라 할머니의 조카들도 있었던 것이다.

클라라 할머니의 남동생은 플로리다 해협에서 사라진 자식들이 살아 있다는 소식을 애타게 기다리다가 지병으로 죽었다고 한다. 산전수전을 다 겪은 클라라 할머니는 평생 두 번 서럽게 울었다고 했다. 첫 번째는 체 게바라가 죽었을 때, 그리고 두 번째는 바로 '특별 시기' 시절 조카들이 미국에 도착하지 못했다는 소식을 전해 들었을 때였다고 한다. 1998년과 2012년에 쿠바에 온 두 교황의 미사에 모두 참석할 정도로 독실한 신자인 클라라 할머니는 매주 일요 미사에 참석해 동생과 조카들의 명복을 빈다고 한다.

'특별 시기'에 쿠바의 모든 분야가 절망적이었던 것은 아니다. 오히려 쿠바의 문화예술은 그 시기에 번창했다. 바닥 난 쿠바 정부의 재정은 문화예술계를 더 이상 지원하지 못했다. 정부의 지원이 끊기자 문화예술계는 일시적으로는 위축됐지만 곧 다시 부활할 수 있었다. '특별 시기'의 쿠바를 관심 있게 지켜보던 세계의 자본이 들어오기 시작했기 때문이다. 그러자 그전과 달리 쿠바의 예술가들은 정부의 통제와 검열로부터도 벗어나 더욱 활발하게 작품 활동을 할 수 있었다.

'특별 시기'에 대학을 다녔던 마리는 그 고난의 시절이 쿠바의 예술가들에게 소재와 영감을 주었고, 다른 한편으로는 외국 자본 덕분에 쿠바의 문화예술이 세계적으로 알려지는 계기가 되었다고 했다.

쿠바에서 성공한 예술가들은 일반 인민들이 상상할 수 없는 돈을 벌었다. 유럽과 일본에서 쿠바의 영화에 자본을 투자했고, 작가들과 음악가들은 멕시코나 스페인에서 책과 음반을 발표했고, 미술가들은 유럽에서 작품을 팔았다. 그래서 발레 무용수들을 제외한 쿠바 예술가들의 망명은 그리 많지 않았다. 영악한 쿠바의 문화예술인들은 세계가 주목하는 쿠바에 기반을 두고 활동해야 자신들이 상업적 가치가 있다는 것을 잘 알고 있었다. 그러나 그런 그들과는 입장이 다른 이들이 있었다. 예술가들과는 비교가 안 될 정도의 부와 명예를 얻을 수 있는 잠재력을 지닌 야구선수들이었다.

베네수엘라 원정경기 중에 미국으로 망명한 리반 에르난데스*Liván*

*Hernández*와 배를 타고 기획 탈출에 성공한 그의 이복형 엘 듀케*El Duque* 외에도 다섯 번의 시도 끝에 멕시코로 탈출한 야시엘 푸이그*Yasiel Puig* 등은 한국 팬들에게도 잘 알려진 쿠바 출신 메이저리거들이다.

뻴로따

미국에서 1860년대에 들어온 야구는 쿠바의 국민 스포츠다. 미국인들은 야구 경기를 볼 게임, 그리고 야구장을 볼 파크라고 부른다. 스페인어로 야구는 영어에서 가져온 이름 그대로 베이스볼*beisbol*이지만, 대다수의 쿠바인들은 미국인들처럼 야구를 그냥 공, 즉 뻴로따*pelota*라고 부른다.

1872년에 아바나의 첫 프로팀이 창단됐고, 6년 뒤에는 쿠바 리그가 만들어졌다. 급성장한 쿠바 야구는 1881년부터 미국 팀과 친선 경기를 하는 수준에 이르렀다. 가을에 시작해 봄에 끝나는 쿠바의 정규 리그는 현재 18개의 구단으로 이뤄져 있고, 아바나에만 두 개의 팀이 있다.

혁명 전까지만 해도 겨울에 몸을 풀기 위해 베이브 루스, 윌리 메이즈, 토미 라소다와 같은 전설적인 메이저리거들이 쿠바에서 야구를 했다. 그리고 20세기 초부터 메이저리그에 진출한 쿠바 출신 스타 역시 한둘이 아니었다.

피델과 혁명 동지들은 혁명정부가 들어선 이후 자기들끼리 '수염 달린 사내들'이라는 팀을 만들 정도로 야구광이었다. 1957년 바티

BAYAMO M.N.
AL COMBATE CORRED BAYAMESES

스타 정권과의 무력 투쟁이 막바지로 치닫던 가을, 그들은 월드 시리즈 마지막 경기 중계 때문에 공세를 잠시 중단하기도 했다.

정부와 국가를, 또 국가와 국민을 분리해서 생각할 줄 아는 현명한 쿠바인들은 반세기 이상 이어진 미국과의 정치적 대립과는 무관하게 미국에 대한 적개심이나 증오심이 전혀 없다. 이는 야구를 포함해 두 나라 사이의 문화적 교류가 아주 오랫동안 밀접하게 이어져왔기 때문일 것이다. 그리고 쿠바를 자세히 들여다보면, 쿠바인들이 편견 없이 좋아하는 '미국의 것'은 야구뿐만이 아니라는 것을 알 수 있다.

쿠바의 국기는 한눈에 봐도 미국 텍사스 주기인 론스타Lone Star와 너무도 닮았다. 쿠바기가 처음 도입된 1848년은 텍사스 공화국이 이미 미국 연방에 병합된 이후였다. 쿠바의 국기를 볼 때마다 스페인 식민지 시절에 미국의 또 하나의 별, 즉 또 하나의 주州가 되고 싶어 했던 그 당시 쿠바의 바람이 반영됐다는 생각을 지울 수 없다.

페드로 팬

쿠바와 미국 간의 분쟁에서 가장 큰 피해를 입은 이들은 쿠바의 어린이들이었다.

카스트로 정권이 들어선 직후 쿠바의 중산층에서는 괴소문이 나돌았다. 혁명정부가 미성년자들을 부모로부터 떼어내 수용소에서 따로 집단 교육을 시킬 계획이라는 것이었다. 물론 이는 미국이 반공 선전으로 조작해낸 터무니없는 유언비어였다. 하지만 공황 상태에 빠진 쿠바의 중산층은 아이들을 지키기 위해 미국으로 도피시키는 희한한 방안을 택했다. 1960년 12월부터 1962년 10월까지 무려 1만 4,000명이 넘는 쿠바 어린이들이 부모가 동반하지 않은 채 미국으로 이송됐다. 역사적으로 전무후무한 이 사건이 일명 '피터 팬 작전Operacion Pedro Pan'이다. 쿠바 미사일 위기 이후 이들 대부분은 부모로부터 떨어져 미국에 정착해서 살게 됐다. 이제는 미국의 유력한 정치가와 예술가로 장성한 그들은 아직도 스스로를 '페드로 팬'이라고 부른다.

그런데 '페드로 팬'들보다 훨씬 많이 알려진 쿠바의 어린이가 있다. 바로 2000년에 전 세계를 떠들썩하게 뒤흔들었던 엘리안 곤잘레스Elián González이다.

1999년 11월 21일, 플로리다 해협 한복판에 만 다섯 살짜리 소년이 떠 있었다. 기진맥진한 상태로 고무 튜브에 끼어 있었던 그 아이가 엘리안이었다. 며칠 전 소년과 어머니는 마이애미에 거주하는 엘리안의 외가 친척들이 고용한 브로커를 통해 다른 열두 명의 쿠바인들과 함께 알루미늄 배로 쿠바 탈출을 시도했다. 그러나 기상 악화로 배가 침몰돼 엘리안의 어머니를 포함한 성인 열 명은 익사하고 말았다.

극적으로 구출된 엘리안은 곧바로 전 세계의 톱뉴스가 됐다.

쿠바에 남겨져 있던 엘리안의 생부는 아들을 돌려달라고 미국 측에 공개적으로 요구했다. 미성년자인 엘리안은 자발적으로 망명 신청을 할 수 없을뿐더러, 미국의 '젖은 발, 마른 발' 정책상으로도 쿠

바로 돌아와야 한다는 논리였다. 반박할 여지가 없는 주장이었다.

쿠바에 대한 강경 정책을 주도하며 워싱턴을 압박해온 쿠바계 미국인들의 진상을 세계에 알릴 수 있는 좋은 기회이자 인민을 결속시킬 수 있는 계기로 본 피델은 그 상황을 정치적으로 최대한 활용했다. 쿠바계 미국인들 역시 어린 소년을 '마스코트' 삼아 언론 플레이를 하며 쿠바의 참혹한 현실을 까발렸다. 결국 2000년 여름, 미국 순회항소법원은 엘리안을 쿠바로 돌려보내라는 판결을 내렸고 이로써 아바나와 마이애미 어른들의 한심한 양육권 싸움은 막을 내렸다.

엘리안의 귀환은 '특별 시기'를 어렵게 탈출한 피델에게 정치적인 대승을 가져다준 반면, 미국의 부통령 앨 고어*Al Gore*에게는 대통령의 꿈을 날려버린 결정타가 되었다.

2000년 미국 대선에서 집권당의 대통령 후보였던 고어는 처음부터 엘리안을 미국에 머물게 해야 한다고 강력하게 주장하며 자신의 모든 권력과 권한을 동원해서 이를 관철시키려 했다. 그러나 미국 법원의 판결로, 자신이 속한 클린턴 행정부는 물론이고 미국 여론이 이를 반대하는 쪽으로 급변하자 그의 입장과 입지는 상당히 곤란해졌다.

엘리안이 쿠바로 돌아가고 몇 달 뒤에 치러진 선거는 플로리다에서 판가름 났다. 고어는 그곳에서 조지 W. 부시에게 537표라는 박빙의 차이로 졌다. 유권자가 많은 거대 주 플로리다의 선거인단 표수는 2000년 당시 25표였다. 고어는 부시보다 유권자들로부터 0.5퍼센트포인트나 더 득표했지만, 선거인단 투표에서 271 대 266, 불과 4표 차이로 석패하며 백악관 입성에 실패하고 말았다. 마이애미의 주류를 이루는 쿠바계 미국인들 80퍼센트 이상이 부시에게 표를 던졌고, 그것도 모자라 그들은 민주당이 마이애미에서 진행하려던 재개표까지 효과적으로 차단해버렸다. 이는 1996년 같은 주의 쿠바계 미국인들에게 비교적 선전하며 대선에 승리했던 민주당 후보 클린턴에 비하면 형편없는 결과였다. 수많은 이의와 의혹으로 얼룩진 2000년 미국 대선은 바다를 건너온 쿠바 꼬마에 의해 결정된 부분도 없지 않다.

특별한 인질극

이민은 더 나은 삶을 위한 경제적 선택이다.

쿠바가 1990년대에 시행한 시장 개방, 관광산업 활성화, 쿠바계 미국인들의 내방 자율화 등은 외국인들과 외국 자본의 유입을 가져왔고, 이는 혁명 이후에 볼 수 없었던 빈부 격차를 낳기도 했다. 물론 '특별 시기'의 쿠바에서는 북한에서처럼 굶어 죽는 이들은 없었다. 그러나 인간은 빵만으로는 살 수 없다. 그래서 쿠바 정부의 엄한 단속과 심한 형사처벌에도 불구하고, 위험을 무릅쓴 탈출은 1990년대는 물론 21세기까지 계속됐다.

쿠바를 떠나는 방법 역시 시대에 맞춰 다양하게 진화했다.

가장 보편적인 편법은 국제결혼을 통한 합법적인 이민이다. 대부분의 쿠바 부부들은 혼인신고를 하지 않는다. 브로커를 통해 둘 중 한 명이 외국인과 위장 국제결혼을 해서 자녀를 데리고 합법적으로 외국으로 이주한다. 그들이 새롭게 거주하게 된 국가에서 영주권을 발급받으면, 쿠바에 남아 있던 배우자를 아이의 엄마 또는 아빠의 자격으로 다시 합법적으로 이주시키는 방법을 택하는 이들이 많다. 초등학교에 다니는 아들을 둔 하비에 역시 법적으로는 미혼 상태였다.

그러나 절대 다수의 쿠바인들은 가난하다. 브로커를 고용할 경제적인 여유도 없고, 미국 또는 외국에 친척이나 지인도 없다. 그래서 떠나고 싶은 이들은 대부분 위태로운 뗏목을 손수 제작했다. 그런데 좀 더 기발한 방법을 택한 이들도 있었다.

몇몇 쿠바인들은 사법당국의 눈을 피해 몇 십 년 된 올드카를 개조해 카보트car boat를 만들었다. 창의적인 쿠바인들은 007 영화에서나 나올 법한 물건을 기가 막히게 만들어냈다. 그렇게 수륙양용으로 개조한 올드카를 몰고 플로리다 해협을 건너 미국 이민에 성공한 이들이 꽤 많다.

연락선 탈취 사건과 비행기 납치 사건 역시 끊임없이 이어졌다. 그중에서도 가장 황당하고 거짓말 같은 사건은 2003년 만우절 즈음에 일어났다.

2003년 3월 31일 후벤투드 섬Isla de la Juventud을 이륙한 국내선의 조종실 문을 누군가가 두드렸다. 윌슨Adelmis Wilson Gonzalez이라는 이름의 삼십대 남성은 손에 든 수류탄 두 개를 기장에게 보여주면서 플로리다로 기수를 돌릴 것을 요구했다. 기내에는 윌슨의 세 살짜리 아들과 아내를 포함해 50여 명이 탑승하고 있었다. 비행기는 연료가 모자라 일단 아바나에 착륙해야 했다.

피델은 인민들과 탑승객의 안전이 최우선임을 강조하며 현장에

서 직접 인질극을 진두지휘했다. 연락선 또는 비행기 납치범들은 최고 사형까지 받을 수 있기 때문에, 피델은 감형 또는 사면을 줄 수 있는 자신이 직접 나서서 납치범을 회유해야 설득력이 있을 것이라고 판단했다. 납치범을 설득하기 위해 공항에 나온 이는 피델뿐이 아니었다.

쿠바 주재 미국이익대표부의 최고위직 외교관인 제임스 케이슨James Cason은 윌슨에게 미국으로 가게 되더라도 비행기 납치범인 그는 미국의 연방법상 중형을 선고받을 것이라고 경고했다. 케이슨은 불과 12일 전이었던 3월 19일, 쿠바의 국내선 기장을 칼로 협박해 플로리다 키웨스트Key West로 도주한 납치범 6명이 모두 미국에서 구속됐다는 사실도 상기시켰다. 쿠바 정부와 미국 정부가 합동으로 납치범과 협상을 벌이는 독특한 상황은 쿠바 전역에 실시간으로 중계됐다.

공항에서 연료와 음식을 전달해주는 대가로 인질 20여 명이 풀려났다. 그리고 나머지 30여 명의 탑승객과 승무원을 태운 비행기는 미국과 쿠바 사이에 있는 작은 섬 키웨스트로 날아갔다. 미국 사법 당국은 키웨스트 공항에서 윌슨을 체포했다. 그리고 놀라운 사실을 알게 됐다.

윌슨이 들고 있던 수류탄은 모조품이었다. 3년 동안 군 복무를 하며 폭발물을 많이 다뤄본 경험으로 윌슨은 세라믹과 전선을 활용해 매우 정교한 가짜 수류탄을 만들었다고 자백했다. 비행기에 그의 처자식이 함께 타고 있었기 때문에 누구라도 납치범 윌슨을 믿을 수밖에 없었을 것이다. 윌슨의 상상력, 창의력, 기획력, 연출력, 연기력 그리고 담력은 기립 박수를 받을 만큼 훌륭했다. 그러나 아쉽게도 현재 그는 미국 연방법원으로부터 20년형을 선고받고 복역 중이다. 윌슨은 처자식의 아메리칸드림을 위해 엄청난 희생을 감수한 아버지였다.

"같이 간 나머지 승객들은?"

"미국에 '마른 발'로 안착한 거지."

나의 질문에 담배를 피우던 하비에가 웃으면서 답했다.

"혹시 그 사람들도 애초부터 단역으로 윌슨이랑 같이 짜고 탔던 거 아냐?"

"흐흐, 그럴 수도 있지. 그런데 이런 얘기도 있어. 인민의 안전을 걱정하는 피델의 감동적인 지침이 방송을 타고 있을 때 정작 그 비행기 안에서는 전혀 다른 상황이 벌어지고 있었대. 정부에서 제공하는 연료와 음식과 맞교환할 적당한 인원의 인질들을 비행기 밖으로 내보내야 하는데, 거의 모든 승객들이 인질로 남고 싶다면서 애원했다는 거야. 각자 왜 자신이 마이애미로 가야만 하는지를 납치범에게 설명하며 호소한 거지. 그래서 제비뽑기를 하느라 힘들었다는 설이 있어."

이 이야기를 듣고 차 안에 있던 우리 모두는 배를 잡고 한참을 깔깔 웃었다.

"혹시 키웨스트에 가봤어요?"

페페가 웃음을 멈추며 내게 물었다.

"아니. 마이애미에만 몇 번 가봤어."

"마이애미에서 키웨스트까지 고속도로가 연결돼 있다더라고요. 쿠바는 동부에서 서부까지는 고사하고 아바나에서 까마구에이까지도 제대로 된 고속도로가 없는데……."

노을 지는 창밖을 멍하게 바라보는 페페는 얼핏 보면 사색에 빠진 철학자 같았다. 잠시 달리는 차 안에는 훌리오 이글레시아스*Julio Iglesias*의 노래만 들렸다. 페페에게 성질 낸 것을 사과하며 하비에가 클라라 할머니 집에서 듣던 앨범을 복사해준 CD였다. 페페는 아버지의 영향인지 모르겠지만 엔리케*Enrique Iglesias*보다 훌리오를 더 잘 알고 있었다.

페페가 호세가 되는 날

피델과 라울의 얼굴과 함께 구호가 찍힌 빌보드가 창밖으로 띄엄띄엄

지나갔다. 그러다 까마구에이를 알리는 간판들이 보이기 시작했다.

하비에는 산티아고에 있는 친구에게 줄 선물이 필요하다면서 차를 세웠다. 농부들이 길가에서 열대 과일과 치즈를 팔고 있었다.

나는 파파야가 있는지 물었다. 그러자 농부들과 우리 일행 모두가 박장대소했다. 알고 보니 쿠바에서 파파야는 여자의 성기를 뜻하는 은어라고 했다. 쿠바를 여행하면서 파파야가 먹고 싶으면 파파야가 아니라 '후루타 봄바*fruta bomba*'를 달라고 해야 한다. 그러지 않으면 엉뚱한 오해를 일으킬 수 있다.

"네가 찾는 그 예술가, 마리. 그 사람 주소 알아냈대."

진동하는 전화를 확인하며 하비에가 내게 말했다.

"그래? 잘됐다. 생각보다 쉽게 찾았네."

"쿠바는 워낙 작아서 사람 찾기가 어렵지 않아."

농부들이 시식용으로 준 치즈가 맛있어서 나도 까마구에이 치즈를 한 판 샀다. 까마구에이에서는 두 가지가 유명하다. 치즈와 띠나호네스*Tinajones*라는 거대한 항아리다. 성인 여럿이 들어갈 수 있을 정도로 큰 항아리는 오래전부터 가뭄을 대비해 우기 때 빗물을 모으기 위해 사용했다고 한다. 물론 그 외에도 야구팀과 발레단이 명성을 떨치는 지역이었지만, 나는 그곳의 독특한 치즈가 인상적이었다.

"마이애미에서도 이런 치즈를 파는데 맛이 약간 다르다고 하더라고요. 아마 미국에서 살게 되면 이런 치즈가 먹고 싶겠죠? 까마구에이 치즈랑 아버지가 많이 생각날 것 같아요."

페페는 아직 가지도 않은 미국에서 쿠바를 그리워할 날을 상상하고 있었다.

DEL CAMAGÜEY

lo mejor y con todo empuje

"근데요, 디렉토르. 만약에 미국에서 살다가 또 거기에서도 떠나고 싶으면 어떡하죠?"

"뭘 어떡해? 다시 쿠바로 오면 되지."

"하긴…… 그래도 되겠다. 하지만 나도 언젠가는 어딘가로 떠나고 싶은 마음이 없어지는 날이 왔으면 좋겠어요. 그냥 사는 곳에 만족하고, 정착하고 싶은 그런 마음을 갖고 싶어요."

페페의 말에 다리아나는 물론 하비에까지 놀란 표정이었다.

"내가 틀렸구나. 넌 아주 스마트한 친구야. 아주 심오해."

하비에의 칭찬에 페페가 씨익 웃었다.

"아마 그런 날이 오면 그날이 페페가 호세가 되는 날이 될 것 같다."

페페의 어깨를 잡아주며 나도 거들었다.

"그건 또 무슨 소리예요?"

"별 얘기 아냐. 하지만 페페, 그거 알지? 넌 아주 운이 좋은 친구야."

"그럼요. 운이 아주 좋죠. 불평할 수 없어요. 미국으로 떠날 수 있다는 것만으로도."

"그뿐만이 아니지. 네게는 훌륭한 가족이 있잖아. 사랑과 돈이 있는 가족. 그런 가족은 미국에도 한국에도 흔하지 않아. 대부분의 가족들은 그 둘 중 하나도 없으니까."

바다를 건너는 법

우리는 다시 달렸다. 훌리오 이글레시아스가 샤를 트레네Charles Trenet

의 샹송을 디스코풍으로 경쾌하게 불렀다.

La mer!
바다!
Qu'on voit danser le long des golfes clairs
맑은 만灣의 해안을 따라 춤추는 것을 우리는 본다.
A des reflets d'argent
은처럼 희미하게 빛나는
La mer!
바다!

세상에는 자동차로 고속도로를 달려 바다를 건너는 사람들이 있고, 자동차를 배로 개조해서 건너는 사람들이 있다. 그리고 어떤 이유에서든 바다를 아예 건너지 못하는 사람들이 있다.

쿠바와 미국 사이에는 키웨스트가 있다. 헤밍웨이는 쿠바로 이주하기 전에 젊은 시절을 그 섬에서 보냈다. 그러다 1939년부터 21년 동안 쿠바에 기반을 두고 활동하다가 1960년 7월 25일 쿠바를 떠났다. 하지만 그다음 해에 피그스 만 침공이 일어나 다시는 쿠바로 돌아갈 수 없었다.

쿠바를 떠난 헤밍웨이는 오랜 기간 앓아온 알코올 의존증과 심한 우울증으로 피해망상에 시달렸다. 그는 자신의 뒤를 캐는 FBI를 불안해했고, 자산과 세금에 대해 끊임없이 걱정했고, 특히 자신의 원고와 필사본이 있는 쿠바에 돌아가지 못할까 봐 전전긍긍했다. 그렇게 고통스러운 나날을 보내던 헤밍웨이는 쿠바를 떠난 지 채 1년도 안 되었던 1961년 7월 2일 아침, 산탄총을 입에 물고 방아쇠를 당겼다. 그렇게 20세기의 대문호는 돌아올 수 없는 바다를 건넜다.

Chapter 8

작은 신의
아이들

하얀 드레스에 하얀 모자를 쓴 흑인 인형이

나를 똑바로 쳐다보고 있었다.

거실을 지키고 있는 그 인형 앞 탁자에 복채를 가지런히 놓고 마그다를 따라 계단을 올라갔다. 하얀 머릿수건을 두른 어린 남자 사제가 내게 사진 촬영이 금지되어 있으니 카메라를 맡아주겠다고 했다.

한 층의 반을 차지하는 커다란 방은 습했다. 가구는 하나도 없고 의자만 대여섯 개 놓여 있었다. 종교적인 행사라기보다는 소규모 차 모임 같았다. 이미 점을 보러 온 손님들이 여자 사제와 함께 특이한 리듬의 노래를 부르고 있었다. 내가 무슨 노래냐고 묻자 마그다는 의외의 답을 했다. 가톨릭에서 외우는 성모송이라는 것이었다. 다양한 모국의 종교들이 혼합되고 현지화된 쿠바의 종교다웠다.

산테리아는 서부 아프리카 노예들이 들여온 토속 종교 요루바 *Yoruba*와 스페인인들이 들여온 가톨릭이 혼합된 쿠바의 토종 신앙이다. 가톨릭과 더불어 쿠바의 양대 종교인 산테리아는 1960년대 후반부터 1997년까지 종교 활동 금지 정책으로 제한돼 있었다. 그러나 쿠바인들은 그동안에도 암암리에 산테리아 무당을 찾아다니며 점을 봤다. 많은 쿠바인들이 산테리아를 종교라기보다는 생활 미신 또는 역술 문화로 여긴다.

우리가 타로나 토정비결을 보듯이 많은 쿠바인들이 종교와 무관하게 개오지 조개껍질 점을 치고, 또 산테리아 사제들의 기도와 빙의를 통해 앞날을 들었다. 좀 더 미신적인 쿠바인들은 이보다 한발 더 나아가 자신이 싫어하거나 해코지하고 싶은 사람의 이름을 종이에 적거나 얼굴을 그려서 냉장고 뒤에 놓기도 했다.

마그다가 용한 점집에 간다기에 나는 호기심에 따라나섰다.

전깃불은 꺼져 있고 사방에 놓여 있는 크고 작은 초들이 내부를

밝히고 있어 사뭇 진지한 의식 같았지만, 손님들끼리 서로 인사를 나누고 조용조용히 무당에게 자유롭게 질문하는 부드러운 분위기였다. 많아야 마흔 살 정도로 보이는 무당과 시중을 드는 여사제는 비슷한 차림을 하고 있었다. 둘 다 하얀 요루바 전통 복장에 하얀 머릿수건을 두르고 있었다. 둘 다 하얀 치아와 커다란 두 눈의 흰자가 검은 피부와 대조적이었다. 그 대비에서 왠지 영험한 기운이 느껴졌다.

마그다처럼 꽃다발을 사 갖고 온 이들이 많아서 그런지 방에 놓인 수많은 꽃병에는 다양한 꽃들이 꽂혀 있었다. 꽃 향기와 시가 향이 어우러져서 아주 묘한 분위기를 연출해냈다. 불이 붙은 여러 개의 시가들 때문에 방은 연기로 자욱했다. 시가는 영을 부르는 향의 용도이기도 했지만, 빙의한 영이 시가를 좋아하면 무아지경에 빠진 당사자가 바로 집어서 피우기 위한 것이기도 했다. 영이 목을 축일 수 있게 럼과 와인도 준비돼 있었다. 그런데 어쩐 이유에서인지 창문을 열지 않아서 공기는 탁했고, 사람들의 암내까지 섞여서 방 안의 냄새가 유쾌하지는 않았다.

누군가의 기도

산티아고에서 돌아온 날, 그전부터 잡혀 있던 아바나 방송국 간부들과의 저녁 약속에서 나는 과음했다. 그래서 새벽 귀갓길에 택시 기사와 의사소통을 잘못해서 마그다의 집과 상당히 떨어진 시내의 다른 구역에 내리고 말았다. 스페인어를 잘못 말하기도 했지만, 차에서 내리고 난 뒤 몇 분이 지나서야 내가 전혀 모르는 동네의 대로에 서 있다는 사실을 깨달을 정도로 취해 있었다.

사방이 깜깜했다. 가로등이 거의 꺼진 대로변에 현대식 고층 건물만 몇 개 띄엄띄엄 보이는 걸로 봐서 주택가는 확실히 아니었다. 택시를 잡으려 했지만 일반 승용차도 자주 지나다니지 않는 외딴 지역 같았다. 길멍멍이들 외에는 아무도 안 돌아다니는 시간대 또는 장소였다.

당황스러웠지만 나는 일단 걸었다. 내 직감으로는 말레꼰에서 그리 멀리 떨어진 곳 같지 않았다. 그때 길 건너편에서 고등학생 정도로 보이는 물라토 남자아이 둘이 걸어오는 것이 보였다. 담배를 피우는 키가 크고 마른 아이와 아예 셔츠를 입지 않은 날쌔고 다부진 아이는 얌전한 모범생들로 보이지는 않았다. 나는 별 생각 없이 혹시 나타날지도 모르는 택시를 찾아 두리번거리며 계속 걸었다. 그러다 문득 생각이 들었다. 저 애들이 걸어가는 방향이 도심 방향이겠구나. 그러고 보니 건너편 도로에 차가 더 많이 지나다니는 것 같았다.

나는 길을 건넜다. 그때 어디서 나타났는지 모를 길멍멍이 두 마리가 나를 따라왔다. 먹을 것이 없다고 해도 막무가내로 졸랑졸랑 따라왔다. 그런데 나를 따라오는 누렁이와 흰둥이 말고 또 다른 한 쌍이 있었다. 내가 대로를 건너자 남자아이 둘도 따라 건넜다. 아까 그놈들이었다. 내가 못 본 사이에 길을 건너 나를 따라온 모양이었다. 주변을 둘러보니 여전히 차는 보이지 않았다. 주유소로 보이는 희미한 불빛의 건물 간판이 약 1킬로미터 정도 앞에 보였다. 놈들과 나 사이에 거리가 있긴 했지만 주유소까지 뛰어갈 여유는 없었다. 아니다 다를까 놈들이 잰걸음으로 나를 향해 오는 것이 느껴졌다.

쿠바는 치안이 괜찮은 편이지만 새벽 두 시에 외진 지역까지 안전하지는 않았다. 그러나 나는 하비에로부터 들은 이야기가 있었다. 외화벌이와 관광산업에 집중하고 있기 때문에 쿠바 정부는 외국인을 대상으로 한 범죄에 대해 상당히 엄했다. 특히 중범죄를 저지르면 상당히 긴 징역을 살게 된다고 했다. 그러니 맨손인 놈들은 나를 크게 해치기보다는 그냥 겁이나 주고 지갑이나 노리는 게 뻔했다. 그러나 나는 쿠바에서 외국인이 현금과 신분증을 잃어버리면 얼마나 불편한지에 대해 현지 KOTRA 관장으로부터 들어서 잘 알고 있었다.

'그래, 무슨 총칼로 덤빌 것도 아닌데. 나도 예전에 좀 쳤으니 이판사판이다. 털리더라도 싸우다가 털리자.'

나는 멈춰 서서 다가오는 놈들을 향해 돌아섰다. 안경을 벗어 접으며 우리말로 외쳤다.

"X발, 덤벼!"

나를 향해 다가오던 놈들이 멈칫하며 멈춰 섰다. 그때 아주 희한한 일이 벌어졌다. 내 옆에 있던 누렁이가 놈들을 향해 으르렁거렸다. 이빨을 드러낸 누렁이 옆에 있던 흰둥이도 언제든 공격할 태세로 짖기 시작했다. 놈들만큼이나 나도 깜짝 놀랐다. 살기에 찬 두 마리 개와, 끝장 볼 때까지 한판 뜨겠다는 내게 질린 두 애송이 양아치들은 길을 건너 다시 왔던 길로 돌아갔다.

주유소는 영업 중이었고 차들이 몇 대 있었다. 주유소 안에서 그 기특한 멍멍이들을 위해 소시지를 몇 개 사 가지고 나왔는데 그 녀석들은 이미 사라지고 없었다. 대신 빈 택시가 주유를 하고 있었다.

"누군가가 기도를 해주고 있는 거예요. 디렉토르의 가족 중에 누군가가."

다음 날 이 이야기를 들은 마그다는 그렇게 말했다.

"저희 가족은 종교가 없어요."

"그래? 그러면 여자친구? 아, 요즘에 사귀는 사람 없다고 했죠. 옛날 여자친구들 가운데 누군가가 기도를 해준 걸 거야."

"글쎄요. 그들 중 누가 기도를 하며 날 생각한다면 아마 나의 안전과 정반대되는 걸 신에게 빌었을 것 같은데요."

내 말에 마그다는 쓰러질 듯 깔깔거리며 웃었다.

"아, 디렉토르 너무 웃겨! 한국 남자 진짜 웃기다! 근데 한국 사람들도 기도 많이 해요?"

"글쎄요……. 하는 사람도 있죠."

"경건하게 신을 안 믿어? 잠깐만, 거긴 뭐 믿지? 불교?"

"불교도 있고 개신교도 있고 가톨릭도 있어요. 그래도 한국의 진짜 종교는 돈이죠!"

그러자 아줌마는 또 큰소리로 웃었다.

"모르세요? 그 신이 전 세계적으로 제일 잘나가요. 완전 대세예요. 돈."

"하하, 그럼 알지. 쿠바에서도 요즘 잘나가는 꽤 큰 신이야. 예수든 오리샤든 붓다든 돈이든 피델이든 애인이든…… 사람 마음속에

는 신이 어떤 얼굴로든 자리 잡고 있어. 신이 없는 사람의 마음은 구름처럼 흩어지니까."

마그다와 나는 그런 이야기를 주고받다가 산테리아 무당집까지 찾아오게 된 것이었다.

"한국에도 무당이 있어요?"

"그럼. 한국에서 아주 큰 무당이 나랑 페친이에요!"

마그다가 아리송한 표정으로 날 봤다. 물론 마그다가 페이스북을 모르는 것은 아니었다. 인터넷이 되는 곳을 찾기가 어려워서 그렇지 쿠바는 중국처럼 페이스북이 차단된 나라는 아니다. 그녀는 그저 내가 동양 무당이랑 SNS를 하는 것이 상상하기 힘든 표정이었다.

쿠바에서 모든 종교가 불법이던 시절에는 당연히 점집도 단속 대상이었다. 잘못 걸리면 반혁명 분자로 몰려 당국으로부터 매우 심하게 조사받았다. 점집이 성황을 이루기 시작한 것은 다들 불안하고 힘들었던 1990년대 '특별 시기'부터였다고 한다. 마그다도 그때부터 점집을 다녔다고 한다.

"단속을 피해서 남몰래 '야매'로 점을 보는 짜릿함도 좋았지만, 그 시절 점괘들이 훨씬 더 적중률이 높았던 것 같아. 아주 용했지."

"사실 어렸을 때 이란에서 팔이 하나 없는 집시 할머니한테서 커피점을 몇 번 본 적이 있어요. 그 당시에 이란도 이슬람 사회주의 혁명정부가 난리 치던 때라서 이단, 무속인, 점쟁이, 다 잡아가는 분위기여서 살벌했죠. 그래도 점은 그렇게 불법으로 보는 게 제맛이죠."

"오오. 디렉토르도 점집 경험이 꽤 되는군. 잘됐어. 외국인 초짜들을 산테리아 의식에 데리고 가면 무서워하더라고."

그 말에 나는 은근히 스펙터클한 장면을 기대하고 따라왔다. 살아 있는 닭 모가지를 비틀어 따고 피를 뿌리는 퍼포먼스를 예상했던 나는 밋밋한 의식에 솔직히 실망하고 있었다.

신과의 대화

갑자기 여사제가 손으로 바닥을 치며 강아지처럼 손발로 방 안을 기어 다녔다. 그리고 흰자만 드러날 정도로 눈이 뒤집히면서 전신을 파르르 떨었다. 내 카메라를 받아 갔던 남자 사제가 그녀에게 물병을 건넸다. 푸! 어린아이가 장난하듯이 입술을 떨며 허공에 물을 뿌렸다. 그리고 이미 불이 붙은 시가를 한 대 물었다.

"프스으으~!"

입술을 모아 고양이 오줌 누는 소리를 내며 나를 바라봤다. 그리고 말하기 시작했다. 좀 전과는 완전히 다른 목소리였다. 마그다가 소곤소곤 동시통역을 해줬다.

"거대한 평지. 바람이 부는 거대한 물. 원래 거기서 왔다. 자로. 라자로."

순간 소름이 쫙 돋았다! 시카고! 그녀가 말하는 거대한 물은 미시간 호수였다!

"맞아요."

그러자 마그다가 나를 팔꿈치로 쿡 찌르며 빠르게 속삭였다.

"'루스Luz!'라고 대답해. 교회에서 '아멘' 하듯이. 어서."

"루스!"

얼떨결에 나는 마그다가 시키는 대로 했다. 그러고 보니 내 앞의 사람들도 무당과 사제가 자신에게 뭐라고 말하면 '루스!'라고 답했었다. 나중에야 알았지만 루스는 '빛'이라는 뜻이었다.

"제가 어려서 미국 중부 시카고에서 살았어요. 학교도 거기서 다니고."

"아니, 당신 말고 체격 좋은 노인. 마음이 아픈 백인 노인. 술 마시는 노인."

'아, 헤밍웨이 할배. 그렇지. 그분도 원래 일리노이 출신이지.'

시가를 질겅질겅 씹으며 무아지경의 여사제는 말을 이어갔다.

"무릎 아프지? 그 통증은 앞으로도 오락가락할 거야. 너무 걱정하지 않아도 돼."

"네. 아니, 루스!"

'그래도 내가 좀 모르는 걸 말해주지. 과거가 아닌 미래가 궁금해서 점집에 왔는데.'

"이제까지 몇 년간 어두웠어. 그 터널이 쿠바에서 끝났어. 자로."

"루스!"

"무식하고 무능하고, 마음이 깨지고 삐뚤어진 놈들 때문에 당신 인생이 어두웠던 거야. 그것들을 이제 용서해."

"네? 아니, 루스……."

"용서하기 싫으면 저주해도 좋고. 그 사람들 이름을 차례로 말해봐."

내가 대답을 하지 않고 머뭇거리자 남자 사제가 누런 종잇조각 몇 장을 내게 건넸다.

"거기다 이름을 하나씩 적어도 돼. 그리고 잘 접어서 냉장고 뒤에 다 끼워둬."

"루스! 한글로 적어도 되죠?"

무당이 끄덕이며 말했다.

"그보다 더 강한 복수를 원하면 지금 말해."

"오호! 뭐가 가능하죠?"

마그다가 통역을 해주면서 내게 말했다. 복수의 대상에게 여러 가지 흑주술로 저주를 해주는데, 복채가 두당 50달러 정도로 꽤 세다고 했다. 지갑에 현금이 모자랐다. 나는 잠시 고민하다가 자비를 베풀기로 마음 먹었다.

침묵이 흘렀다. 와인을 몇 모금 마신 여사제가 외쳤다.

"루스!"

당황한 마그다와 나는 서로를 쳐다봤다. "루스!"는 우리가 하는 거 아니었나? 다른 손님들도 상황 파악이 안 되는 듯 헷갈리는 표정이었다.

"루스! 카메라! 카메라와 가까이 있어요. 계속 그래야 돼."

나는 남자 사제를 원망스럽게 쳐다봤다. 촬영 금지라고 아까 압수했잖아?

"그 카메라가 당신의 눈이고 입이야. 그리고 그림을 그리는 손이야. 현실과 이상 사이를 그리는 그림. 카메라! 루스!"

아! 영화! 귀신이 들어간 흑인 여인이 읊어대는 빛과 카메라는 다름 아닌 영화였다. 마그다의 단골 점집은 꽤 마음에 들었다. 살짝 찔러보는 유도신문 없이 신 들린 상태로 자신 있게 질러대는 점괘들은 적중률이 아주 높았다.

"마음속 카메라를 놓으면 안 돼요. 생명이자 돈이에요. 당신은 평생 돈 걱정 안 하고 살아요."

통역을 해주던 마그다가 눈을 동그랗게 뜨며 내게 물었다.

"디렉토르, 부자였어?"

나는 고개를 절레절레 저으며 속삭였다.

"아뇨, 전혀. 겨우 연명하는 가난한 예술가예요."

나는 눈이 뒤집힌 여사제에게도 말해주고 싶었다. 영화 인생을 결심한 이후로 내 마음속에서 영화는 단 한 번도 떠난 적이 없다고.

여사제가 잠시 와인을 들이켜며 침묵했다. 다들 숨도 크게 쉬지 못하는 묘한 긴장감이 흘렀다. 그런데 궁금한 게 있었다.

"자로가 뭐예요?"

여사제는 아까부터 무슨 주문처럼 들릴 듯 말 듯 자꾸 "자로, 자로." 하고 중얼거리고 있었다. 마그다는 어깨를 살짝 올리며 자신도 모르겠다는 표정을 지었다.

"글쎄, 여기 집 주소나 길 이름인가? 그건 아닌데. 모르겠어. 그냥 내는 소리일 수도 있어. 원래 귀신이 들어오면 이상한 소리를 많이 내."

여사제가 다시 말을 했다. 이번에는 좀 더 부드러운 목소리였다. 그리고 거의 흰자만 보이던 눈도 많이 돌아와 있었다.

"라자로. 라자로. 당신은 항상 답을 찾고 있어. 당신은 우리 같은 종류의 사람이야."

"루스!"라고 답했지만 '우리 같은 종류'라는 표현에 화들짝 놀라 정신이 번쩍 들었다. 자로가 아니라 라자로였다.

"답을 만들어줘야지. 찾지 말고 만들어야 돼. 직접 만들어서 제시해."

"루스!"

"그래도 잘 찾아온 거야. 이곳이 당신한테 맞아. 제대로 찾아왔어."

"루스! 여기요? 이 점집에 잘 찾아왔다는 건가요?"

"쿠바를 잘 찾아온 거야. 당신이 찾아온 것을 찾을지는 모르겠지만 색깔이 다른 빛을, 감촉이 다른 영감을 가져갈 거야. 다른 창으로 세상을 보게 될 거야. 관점이 달라질 거야. 세상은 눈으로만 보는 게 아냐. 당신과 쿠바는 끈이 있어. 많은 이야기를 만들 거야."

"루스! 쿠바에 대한 책이라도 쓸까요?"

"쿠바. 사람. 고통. 마음. 인생. 쿠바는 당신이 찾던 것보다 훨씬 더 큰 선물을 줄 거야."

아하…… 그럴지도. 일본을 발견했다고 착각했던 콜럼버스처럼. 나는 무슨 바람이 불어서 쿠바로 온 것일까? 그 가을밤 광화문에서 내 마음을 흔들었던, 어딘가로 나를 떠밀었던 그 파란 바람 때문이었나? 쿠바라는 미지의 섬에 대한 막연한 동경이었나? 마리의 영화 때문이었나?

산티아고의 마리

나는 산티아고에서 마리를 만났다.

산티아고는 인구와 크기로 볼 때 명실상부한 쿠바 제2의 도시이다. 스페인 식민지 시대 초창기에는 쿠바의 수도였고, 노예선이 들어와 거래가 이루어지는 동부의 항구였다. 아바나보다는 도미니카 공화국과 더 가깝고, 역사적으로도 아이티, 자메이카, 아프리카와 같이 '동쪽'의 문화적 영향을 많이 받아온 곳이다. 북향인 아바나와 달리 뜨거운 카리브 해를 접한 남향의 산티아고는 생활 리듬 자체가 달랐다. 음악과 축제의 도시여서인지 사람들은 뜨겁지만 여유가 있고, 카스트로의 고향이자 몬카다 병영 습격 같은 상징적인 사건 덕분에 쿠바인들은 산티아고를 '혁명의 요람'이라고 부른다. 흑인과 유색인종이 절대 다수이고, 종교 역시 다양하지만, 산티아고 인민들 대부분이 피델주의자일 정도로 친혁명적인 지역이기도 하다. 꼬불꼬불 이어지는 골목과 언덕들 때문인지 부산을 연상시키는 산티아고는 2012년 10월 허리케인 샌디 때문에 막대한 피해를 입고 회복한 지 얼마 되지 않는다고 했다.

나는 하비에와 함께 아바나에서 마리의 영화를 찾아봤었다. 그러나 쿠바의 행정부와 마찬가지로 쿠바의 영화 아카이브 역시 전혀 체계적이지 못했다. 아바나 영화학교(EICTV)에 찾아가 문의했지만 한 시간 만에 돌아온 담당 공무원의 대답은 "마니아나*mañana*"였다. 쿠바에서 공무원들의 거의 모든 답변은 '마니아나'라고 해도 과언이 아니었다. '마니아나'는 스페인어로 '내일'이다. 그렇다고 '내일'인 그다음 날에 찾아간다고 민원이 해결되거나 답을 얻는다는 보장 역시 없다. 내일의 내일은 늘 존재하니까. 그래서 아바나 주재 외국인들은 '마니아나 쿠바'라고 비아냥대며 쿠바 행정에 대해서는 고개를 절레절레 흔든다.

내일을 앞으로 당기는 방법은 돈이다. 팁과 뇌물을 주면 그나마

일이 빠르게 진행됐다. 하비에는 아무리 사소한 일이라도 돈 없이 빠르게 움직이는 행정은 없다고 했다. 마리나 그녀의 단편영화에 대한 소식을 아무 곳에서도 찾지 못하자, 쿠바 전역에 인맥이 두터운 하비에가 나섰다. 그래서 그녀가 산티아고에 산다는 사실을 겨우겨우 알아냈다.

동부 지역으로 가는 길에 들린 올긴*Holguin*의 UNEAC(쿠바예술인작가조합)에 근무하는 하비에의 친구는 마리의 단편영화는 아바나 UNEAC에 문의하면 찾을 수 있을 거라고 귀띔해줬고, 산티아고의 5성급 호텔에서 만난 파블로라는 정장 차림의 정체불명의 사나이는 하비에가 나를 대신해 사례금을 주자 마리의 주소를 알려줬다.

태양으로 달아오른 뜨거운 언덕을 올라가 하비에와 함께 어느 무데하르 양식 건물의 초인종을 눌렀다. 그러자 한 라틴계 아주머니가 문을 열어주었다. 흑인이 아닌 그녀의 피부 색깔에 의아해서 내가 물었다. 마리와 어떤 관계냐고. 그러자 마리는 자신의 손녀라고 하면서 큰 소리로 마리를 불렀다. '쿠바인들은 조숙해서 일찍 아이를 낳나' 하고 생각하는데 열 살 정도 돼 보이는 여자아이가 계단을 뛰어내려와 대문 앞에 있는 우리를 호기심 어린 표정으로 쳐다봤다. 마리는 마리였다. 다만 내가 찾는 마리는 아니었다. 그 백인 아이는 동명이인이었다. 나는 하도 어이가 없어서 말을 잇지 못하고 잠시 멍하니 서 있었다. 무슨 애들 장난도 아니고…….

하비에도 황당함을 감추지 못하며 내게 미안해했다. 그도 그럴 것이 마리를 찾기 위해 들인 돈이 만만치 않았기 때문이었다. 팁과 수고비로 여기저기에 뿌린 돈은 일반 쿠바인들의 월급의 다섯 배는 족히 넘는 액수였다.

쿠바의 팁 문화는 솔직히 도를 넘는 감이 없지 않았다. 주차 공간을 확보해준다면서 팁을 요구하는 이들부터 주차된 차를 누가 건드리지 않는지 봐주겠다며 팁을 요구하는 동네 아저씨들은 어디서나 빠지지 않고 나타났다. 관광지에는 어김없이 화장실 앞에서 팁을 받으며 휴지와 수건을 내주는 이들이 있었고, 심지어 양동이로 물을 퍼와서 변기를 채우고 내려주는 역할을 하는 이들도 있었다.

외국인을 대상으로 카메라 휴대 비용을 지불하게 하는 곳도 한둘이 아니었다. 박물관 같은 실내뿐만 아니라 공동묘지 같은 야외에서도 그랬다. 그렇게 외국인들에게 뜯어낸 돈은 국고로 들어가는 것 같지 않았다. 하지만 제일 못마땅했던 것은 관광객들이 많이 모이는 대도시의 명소에서 자신들의 사진을 찍으라고 부추긴 뒤에 돈을 요구하는 사람들이었다. 큰 액수는 아니었다. 관광객들이 많은 아바나 일부 구역에서는 아이들까지도 영어로 "원 픽처 원 달러!"라고 외치곤 했다. 외국인을 대상으로 하는 앵벌이 문화는 '특별 시기' 때 시작됐다고 한다.

쿠바는 경제 규모가 크지는 않지만 마땅한 제조업이 없어서 공산품부터 수입한다. 그래서 만성적인 무역적자에 시달린다. 나름 경쟁력 있는 의료진을 해외로 보내 외화와 원유를 벌어오고, 쿠바계 미국인들이 송금해주는 달러에 크게 의존하면서 관광산업의 경쟁력을 높이기 위해 열중하고 있다. 그러나 일당독재 체제, 산타클로스 사회주의 정부하에서 반세기 이상 살아온 쿠바 인민들의 도덕적 해이는 우리의 상상을 초월하고, 자잘한 부패 역시 만만치 않았다.

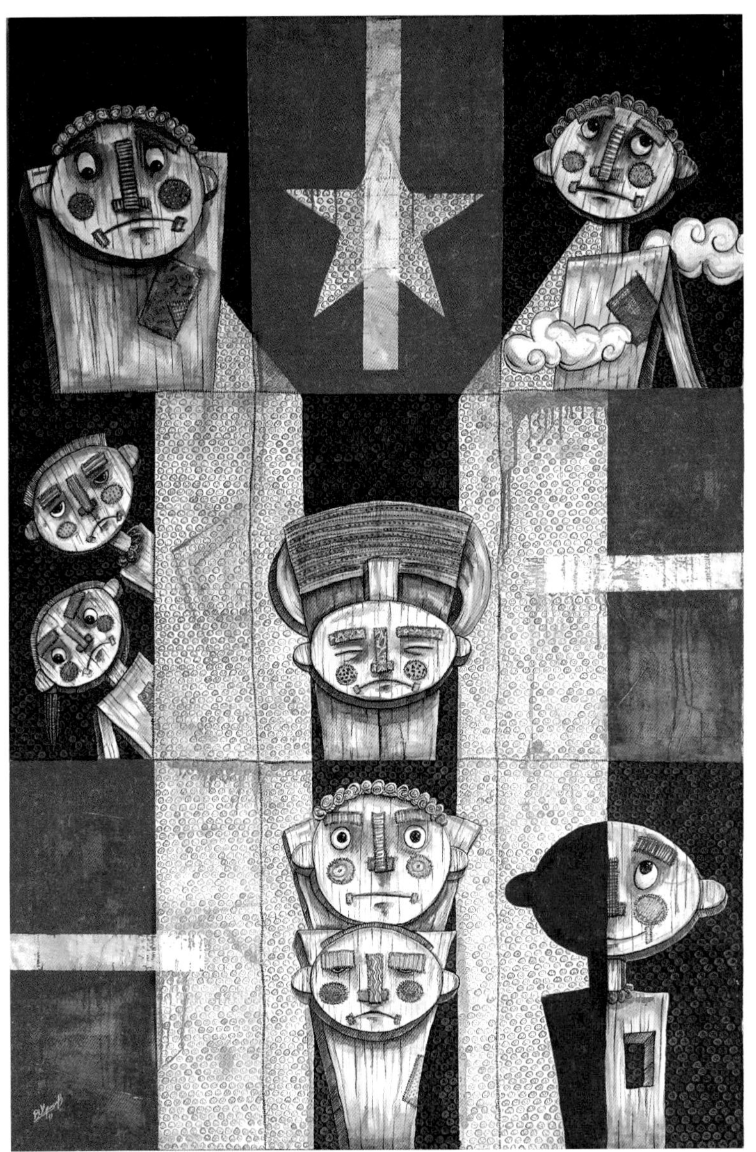

쿠바인들은 경제적으로 가난하다. 돈이 필요하지만 돈을 벌 수단이 마땅치 않다. 그러다 보니 쿠바는 모든 인민이 앵벌이를 하는 나라가 돼버렸다. 누더기를 너무 오래 입은 왕자는 이제 거지 근성이 삶의 일부가 된 면이 없지 않다. 그것이 아름다운 섬나라의 슬픈 비극이었다.

특별 시기의 사람들

소련이 붕괴하자 쿠바의 경제 규모는 불과 3년 사이에 3분의 2로 줄었다. 전기와 물은 흐르기보다는 끊길 때가 훨씬 많았다. 휘발유 공급 역시 끊기자 차와 버스들도 사라졌다. 그 대신 디젤로 돌아가는 거대한 '낙타 버스'가 도시의 유일한 대중교통 수단이 됐고, 농촌에서는 달구지들이 트랙터를 대체했다.

도시 인민들은 자전거에 익숙해져야 했다. 피델은 인민들에게 자전거는 건강에도 좋고 환경 친화적인 교통수단이라고 홍보했다. 자전거를 많이 타면 배가 고팠지만 먹을 것은 턱없이 부족했다.

피델이 약속한 대로 인민 중에서 굶어 죽는 사람은 한 명도 없었지만 식량난 때문에 사람들은 계속 말라갔다. 식단에서 단백질이 부족해지자 급작스러운 신체 변화와 질병들이 생겼다. 노약자나 여성 중에는 시력을 잃고 맹인이 된 환자들이 속출했다.

'특별 시기'의 쿠바인들은 고기는 고사하고 계란조차 먹지 못했다. 그리고 계란을 먹을 기회가 생기면 껍질까지 갈아서 설탕물에

타 먹었다고 한다.

도시가 아닌 지방과 농촌 쿠바인들의 삶은 더 비참했다. 쿠바 정부는 시골 가정마다 달걀을 두 개씩 배급했다. 그 계란은 식용이 아니라 병아리를 키우기 위한 축산업용이었다.

1980년에 마리엘 항구를 통해 미국으로 떠난 가족들에게 경제적으로 도움을 받는 가정들은 그래도 살 만했다. 쿠바 사회에서는 더 이상 미국계 쿠바인들을 '인간 쓰레기' 또는 '배신자 지렁이*gusanos*'라고 욕하지 않았다. 아니 오히려 이런 말이 유행했다고 한다.

'우리는 15년 전에 그들에게 달걀을 던지며 쓰레기라고 했다. 그런데 이제는 그들이 우리에게 닭을 가져다준다.'

"그때는 사람 사는 세상이 아니었어. 돈 몇 푼에 눈이 먼 몰상식한 인간들은 치즈 대신 콘돔을 잘라서 녹여 뿌린 피자를 팔기도 했다니까."

마그다의 말에 나는 무의식적으로 씹고 있던 피자의 치즈를 의식했다. 저녁 식사를 하지 못한 우리는 무당집에서 나와 카페에서 맥주와 쿠바 피자를 야식으로 먹고 있었다.

"지금 생각해도 악몽이야. 어떻게 살아냈는지 모르겠어. 무슨 동화 속의 저주받은 시대 같았지. 쓰레기가 곳곳에 쌓여 있어서 도시 뒷골목은 썩는 냄새로 진동했어. 거대한 변기 같았지. 그래도 페페랑 나는 비교적 편안한 동네에 거주했지만, 상하수가 부실한 동네에서는 공중화장실을 나눠 써야 했다고. 페페가 다니는 학교에서는 이가 득실거렸고. 정말 끔찍했지."

하비에는 그 당시에 하도 훈련이 돼서 요즘에도 운동 삼아 가끔 자전거를 타는데, 두세 시간은 쉬지 않고 거뜬히 달릴 수 있다고 했다. 그리고 아직도 샤워를 할 때는 언제 물이 끊길지 몰라서 머리부터 잽싸게 감는 버릇이 남아 있다고 한다.

"'특별 시기' 덕분에 우리는 건강해졌어. 다이어트를 따로 할 필요가 없게 됐고, 당뇨 같은 병은 쿠바에서 아예 사라졌다니까. 그리고 무엇보다 '레솔베르'. '특별 시기' 전에는 정부로부터 무상으로 받는 모든 것을 당연히 여기며 아무 생각 없이 살았지. 상상력이 전혀 필요 없었어. 하지만 '특별 시기'는 우리에게 창의력을 주었지."

하비에의 말이 옳았다. 쿠바인들은 창의력을 발휘했다. 살충제 대신에 나비를 쓰고, 마취제가 모자란 병원에서는 쿠바 고유의 대체 의술과 중국 침술을 활용해 수술을 하기도 했다. 또 쿠바는 '특별 시기'를 계기로 생명공학 등에 과감하게 투자해서 지적재산권과 무관한 소위 '짝퉁약'을 수출해 외화벌이를 했다.

쿠바인들은 '특별 시기'의 고생담을 이야기하면서 하나같이 눈물을 글썽였다. 그 굶주림의 상처를 회상하는 것 자체가 힘들어 보였다. 하비에 역시 경쾌하게 얘기했지만 잊고 있던 고통스러운 기억들이 되살아나는지 눈시울을 닦으며 담배 연기를 길게 뿜어냈다.

미국을 포함한 세계의 많은 이들은 그 시절에 쿠바가 어떻게 붕괴하지 않았는지를 궁금해한다. 나 역시 그랬다. 하지만 그 질문의 답은 의외로 간단하다. 하비에의 노모인 클라라 할머니가 내게 가르쳐줬다.

"자동차나 트럭이 없으니까 자전거로 배급소에 식량을 날랐지. 그러니 얼마나 오래 걸렸겠어? 그 땡볕에서 기다리는 우리를 위해 보급품을 가득 싣고 자전거로 쉴 새 없이 오가는 청년들이 정말 고맙고 또 고마웠지. 그렇게 열심히 한다고 월급을 더 받는 것도 아닌데. 실신할 때까지 식량을 나르는 그들은 모두의 마음을 움직였어. 그 청년들에게서 나는 성인聖人의 모습을 봤지. 아마 그 성인들 덕에 우리도 서로 농담을 나누며 기운을 잃지 않았을 거야. 그리고 그거 아나? 그 시절에는 모든 것이 다 지저분했지만 아이들 교복만은 깨끗했다네. 누구나 아이들에게는 품위와 자부심을 물려주고 싶어 했으니까. 자기 자신만의 암울한 인생을 걱정하고, 자기연민에 빠진 이기적인 사람들은 비관적이고 부정적이야. 그런 사람들은 주변이나 타인을 생각하지 않는, 영혼이 삐뚤어진 이들이지. 과연 그런 사람이 되고 싶은가? 누가 가르쳐주지 않았지만 우리 스스로 깨달았던 것 같아. 미국이 우리에게 제재를 가하고 소련이 망하는 건 어쩔 수 없는 노릇이지만, 서로 격려하고 의지하며 즐거움과 희망을 잃지 않는 것은, 그러니까 어떻게 상황에 반응하느냐는 전적으로 우리 몫이었지. 고통과 고난에 휘둘리지 않고 인간의 존엄성을 지키려는 우리의 선택이야말로 하느님이 우리에게 주신 진정한 자유란 말이지. 그런 자유야말로 우리가 혁명을 지키고 또 우리 자신을 지키는 유일한 방법이었다네."

희망은 자기 자신 안이 아닌 밖에서 찾는 것이다. 클라라 할머니의 말은 진리였다. 쿠바인들에게 쿠바혁명은 외세가 심은 이념이 아닌, 인민들이 자발적으로 일궈낸 사회이자 문화이자 그들의 정체성이었다. '특별 시기'를 이겨낸 쿠바의 저력은 바로 쿠바 인민들의 '자유'였다.

쿠바 무당집 체험은 내게 인류학적인 체험을 넘어 다양한 자극과 영감을 줬다. 우리 그룹에서 점을 본 손님들은 대부분 건강을 기원했다. 의외였다. 돈, 연애, 직장 그리고 자식에 대해 궁금해하는 한국인들과는 달라 보였기 때문이다. 물론 세상의 모든 것을 얻는다 한들 건강하지 못하면 무슨 소용일까? 그래서 쿠바는 의료 복지가 잘돼 있는 것일까? 어쩌면 쿠바인들이야말로 진짜 합리적인 실속파인지도 모른다. 하지만 마그다는 달랐다. 그녀는 페페와 미국 이민 생활에 대한 걱정이 태산이었다.

마그다는 특히 페페를 걱정했다. 아들이 동성애자라서가 아니라 특별한 재능도 없고 목표 의식도 없는데 낯선 땅에 가서 잘 적응할 수 있을지 불안해했다. 마그다는 이미 오래전부터 무당이나 그 누구의 도움 없이 아들이 게이라는 사실을 알고 있었다. 마그다의 말에 의하면, 아마 페페가 스스로 깨닫기 전부터 엄마인 그녀는 알고 있었다고 했다.

"디렉토르, 산테리아를 믿는 쿠바인들은 행운이 생기면 조상 귀신들에게 감사해."

"오호, 그래요? 우리는 뭐가 잘 안 되면 조상 탓하는데. 그러면 산테리아에서는 안 좋은 일이 생겼을 때는 어떻게 생각해요?"

"그때는 조상들이 우리를 지켜주는 일을 게을리하고 있거나, 우리 적들의 조상 귀신이 훨씬 더 큰 힘을 발휘하고 있다고 생각하지."

"정말요? 남의 조상 탓을 하는군요."

"귀신들 사이에도 위계가 있고 사이즈가 있으니까."

"사이즈?"

"그럼. 예를 들어 더 잘나가는 사람에게는 강한 귀신들이 붙어 있고, 불행이 잦은 사람에게는 약한 귀신이 옆에 있는지도 몰라."

"그렇게 설득력 있게 들리진 않아요."

"뭐, 진지한 얘기는 아니고 그냥 내 생각이야."

"그럼 쿠바인들은 미국인들에 비해 더 약한 신이 봐주는 거예요?"

"더 약한지는 모르겠지만 우리는 더 작은 신의 아이들이 아닐까?"

마그다의 말이 맞았다. 우리들 마음에는 각자의 신이 있다. 사람의 마음은 절대로 비워지지 않기 때문에 늘 무언가로 채워져 있다. 자기 마음의 신이 무엇인지 모른다면, 자신이 무엇을 걱정하는지를 들여다보면 금방 알 수 있다. 돈을 걱정하는 이들에게는 돈이 신이고, 마그다처럼 페페를 걱정하는 이들에게는 아들이 신일 것이다. 걱정거리가 결국 각자 인생의 신이고 목적이고 의미일 테니까. 그렇게 마음에 품은 신 덕분에 우리는 인생이라는 바다를 항해할 수 있을 것이다.

며칠 뒤 나는 하비에에게 식사 초대를 받았다. 하비에의 아내는 음식을 참 잘했다. 바나나 튀김과 구운 닭고기가 독특했다. 우리는 칠레산 와인을 세 병이나 마시면서 긴 저녁을 즐겼다. 나의 쿠바 무당집 답사기를 들은 하비에 부부는 흥미로운 사실을 알려줬다.

쿠바의 종교는 다른 쿠바의 문화처럼 혼혈이다. 이를 가장 잘 반영하는 성인 또는 수호신이 산 라자로(성 나사로)이다. 쿠바인들이 가장 사랑하는 성인인 라자로는 가톨릭과 요루바의 전통과 여러 전설이 합쳐져서 탄생한 인물이다.

쿠바의 산 라자로는 요한복음에 나오는, 죽음에서 다시 살아난 나사로와 루가복음의 비유에 나오는 고난을 상징하는 나사로가 혼합된 캐릭터이기도 하다. 산 라자로는 부활과 치유를 상징하는 성인이다.

아바나 남부에는 나병 환자촌인 링콘*El Rincón*이 있다. 그 마을에는 치유의 기적으로 유명한 산 라자로 성당이 있다. 1998년 쿠바를 방문한 교황도 다녀간 그곳에는 매년 12월 17일마다 수많은 쿠바인들이 찾아와 소망을 빈다고 한다. 대부분 건강에 대한 기도를 하지만 어떤 이들은 다른 기적을 빈다고 한다. 특별한 종교가 없는 쿠바인들조차도 라자로의 가호를 받기 위해 라자로의 석고상이나 작은 펜던트를 지니고 있다. 산 라자로는 쿠바인들의 수호신이자 행운의 아이콘이다.

하비에는 잠시 자리에서 일어나 방에서 그림이 든 액자 하나를 들고 나왔다. 순간 잠시 숨이 멎었다. 아니 내 심장이 한 박자를 건너뛰었다. 그동안 헤밍웨이 할배만 나와 함께했던 게 아니었다.

"이건 뭐야?"

"쿠바식 라자로의 상징이야. 목발을 짚고 걷는 라자로의 옆을 따라가는 두 마리의 개."

P094922

Chapter 9

파란 바람

"이유가 있는 삶은

그 어떤 과정도 견딜 수 있다."

니체가 한 말이다. 아마 그래서 우리는 끊임없이 질문하는지도 모른다. 의미가 없는 우연한 인생보다 더 비극적인 삶은 없을지도 모르니까.

메카니코 꼬레아노

반세기가 넘는 미국의 경제제재에도 불구하고 1940년대에 만들어진 양키 탱크들이 쿠바의 거리를 유유히 달리는 데는 이유가 있다. 쿠바에서 자동차를 고쳐주는 메카니코*mecánico*들은 단순한 수리공이나 정비사가 아니라 예술가들이다. 아니 마술사에 가깝다.

소련산 라다*Lada*의 피스톤을 쉐비*Chevy*에 부착하고, 가스히터의 버너를 우랄*Ural* 오토바이의 카브레터로 변형시킨다. 그뿐이 아니다. 잔디 깎는 기계의 엔진을 가지고 스쿠터 비슷한 것을 만들어내기도 한다. 그렇게 쿠바의 메카니코들은 진정한 레솔베르 정신으로 없는 부품을 대체하고 더 나아가 창조해낸다. 그들이야말로 '1+1=?'이 아닌 '?+?=2'라는 질문을 던지며 주어진 자원과 여건에서 창의적으로 작업하는 기술자들이다. 쿠바에서 잘나가는 메카니코는 수입도 많고 사회적으로 존경도 받는다.

우리는 국토 횡단을 마친 렌터카의 엔진오일을 갈기 위해 하비에의 친구 Y가 운영하는 보디숍에 갔다.

"일자 드라이버가 없으면 칼 하나로도 충분해요. 망치가 없으면 돌로 하죠. 한 달이면 그 어떤 고물차도 레이스카로 바꿔놓을 수 있

HFV096
P 156 903

JARCIA DE MATANZA

다니까요. 한 달을 못 기다린다고요? 그럼 3주에도 가능해요. 가솔린 값이 부담되면 디젤로, 디젤도 싫으면 물로 움직이는 엔진도 만들어줄 수 있어요."

엔진오일을 갈아주는 Y의 허풍은 설득력 있게 들릴 정도로 자연스러웠다. 하비에의 말에 의하면, 쿠바에서 메카니코가 되려면 창의력과 손재주는 기본이고 말발이 세야 된다고 했다. 물론 익살스러운 말투와 달리 작업에 집중하는 Y의 표정은 진지했다. 그런데…… 하비에와 농을 주고받는 Y는 몸에 아주 독특한 문신이 있었다. 그의 왼팔에는 한글로 크게 '김'이라고 쓰여 있었다. 조금 놀란 나는 원주민처럼 까무잡잡한 Y를 살펴보며 물었다.

"이거 어디서 새겼어요?"

"제 이름이에요. 김."

도대체 왜?

1905년《황성신문》에 실린 광고에 속아 멕시코로 이주한 조선인들은 유카탄의 어저귀 농장에서 노예 생활을 해야 했다. 그들은 노동계약 기간이 끝나기 전에 조선이 일본에 합병되는 바람에 생존을 위해 다양한 방법을 모색하다가 몇몇은 쿠바를 택했다.

대공황 직전까지 호황이었던 제당 산업 덕분에 쿠바의 사탕수수 농장은 노동력이 턱없이 모자랐다. 약 300명이 넘는 멕시코의 한인 노동자들은 1921년 쿠바로 이주했다. 그러나 헤네켄 농장이 많던

華人街

마탄사스*Matanzas*에 정착한 한인들은 곧 깨달을 수 있었다. 그들이 다시 한 번 속았다는 것을. 쿠바로 안내한 중개상이 약속했던 근로 조건과 생활환경은 전혀 지켜지지 않았다.

그래도 한인들은 현지에 빠르게 적응했다. 쿠바의 지주들은 영리하고 성실한 한인 노동자들을 환대했다. 멕시코에서 충분한 경험을 갖고 온 한인들은 기존의 현지 노동력과는 비교가 안 될 정도로 생산성과 능률이 뛰어났다.

오늘날 쿠바에는 1,000명이 넘는 한인 후예들이 살고 있다. 11만 명이 넘는 중국계에 비하면 적은 숫자이지만 한인들의 결속력은 무시할 수 없을 만큼 탄탄하다. 이는 쿠바 한인회를 이끌고 있는 김시열*Antonio Kim Ham* 선생 덕이라고 해도 과언이 아니다. 김 선생이 바로 혼혈아 메카니코 Y의 아버지이다.

1943년에 쿠바에서 태어난 김 선생은 한국말은 자신의 이름밖에 모르고, 남한이나 북한에 가본 적은 없지만 자신이 한국인이라는 사실에 자부심을 갖고 있었다. 김 선생은 혁명 쿠바의 최초 소련 연수단 중 한 명으로 모스크바에서 미그기 조종사 훈련을 받은 엘리트였다. 공군에서 은퇴한 뒤에도 평생 국방 관련 업무에 종사했고 일흔이 넘었지만 아직도 절도 있는 군인의 아우라가 풍겼다.

김 선생은 자신의 집에 찾아온 나를 반갑게 맞아주며 직접 커피를 끓여줬다. 이런저런 이야기를 나눴는데, 김 선생 역시 쿠바인이어서 그런지 정치적인 주제는 요리조리 자연스럽게 피해갔다. 굳이 피델이나 쿠바 정부에 대한 이야기가 아니더라도, 남북한과 관련된 주제마저도 민감할 수 있다고 생각하는지 대화에서 비껴갔다. 처음에는 그렇게 경계하다가 어느 정도 신뢰가 생겼는지 내 눈치를 슬쩍 보며 김 선생이 물었다.

"얼마 전에 남한에서 큰 배가 침몰했지? 어린 학생들이 많이 죽었고……. 텔레비전 뉴스에서 봤어."

"네."

"어떻게 그런 일이…… 조선업이 세계 최고인 나라에서. 도대체 왜 그런 일이 일어난 거지?"

2014년 4월 16일, 304명이 수장당하는 모습을 나는 아침부터 저녁까지 실시간으로 지켜봤다. 나는 목소리에 감정을 싣지 않고 그날의 사건을 김 선생에게 이야기했다. 오히려 내 이야기를 통역하는 하비에가 줄담배를 피우며 조심스럽게 한숨을 내쉬었고, 김 선생은 천천히 고개를 끄덕이며 듣기만 했다.

그러나 어린 학생들에게 가만히 있으라고 명령한 뒤 침몰하는 배에서 가장 먼저 도망친 선장에 대한 이야기를 듣는 순간 김 선생은 격분했다. 통역하던 하비에도 살짝 흥분한 표정이었다. 그리고 질문이 잇따랐다.

소방 당국은 왜 최초로 신고한 학생에게 탈출하라고 지시하지 않았나? 해경은 왜 선장과 선원들을 구하면서 배 안에서 창문을 두드리며 애원하는 어린 학생들을 외면했나? 경제 부국인 한국 해군의 첨단 장비와 배는 그날 무엇을 했나? 왜 첫날 아무런 구조 작전이 이뤄지지 않았나? 이 엄청난 비극에 대해 한국 정부에서는 누가 어떤 책임을 졌나? 관리 감독을 하는 관련 공무원들이 어떻게 해당 기업으로부터 돈을 받아먹나? 한국의 정경 유착과 부정부패는 어디까

지 올라가는가? 왜 그날 한국 정부는 304명을 구조하지 않았나? 도대체 왜 한국 정부는 국민들을 버렸나?

나는 답하지 못했다. 아니 답을 몰랐다. 잠시 침묵이 이어졌다. 그러다 내가 말했다.

“속은 거였어요. 국민들이 한국 정부에 속은 거였어요.”

2014년 4월 16일 이후 우리가 알아낸 사실은 그것 하나였다. 한국 정부가 우리 모두를 속였다는 것. 우리 모두는 100여 년 전에 사기를 당해 멕시코에 온 애니깽 노동자들처럼 속은 것에 울분을 터뜨리며 고통스러워하고 있었다.

김 선생과 하비에는 눈물을 글썽였다. 순간 나는 너무도 당연한 사실을 깨달았다. 아, 맞다. 이런 게 사람이지. 타인의 슬픔을 공감할 줄 아는 게 인간이지. 비록 지구 반대편에서 일어난 비극이라 할지라도…….

동시에 나는 서서히 분노가 치밀어 오르는 것을 느낄 수 있었다. 오히려 지구 반대편에서는 세월호 참사를 마치 자신들과 전혀 무관한 멀고 가난한 나라의 교통사고 정도로 여기면서, 세월호의 ‘세’ 자도 기피하며 하루 빨리 잊혀지기를 바라는 이들이 떠올랐기 때문이었다. 망각을 바라는 그들은 무리하게 증축된, 위험천만한 낡은 여객선을 평생 탈 일이 없는 계급이니 충분히 그럴 수 있다. 그러나 정말로 불편한 진실은, 한국의 모든 재난과 인재人災는 언제나 특정 계급에게만 집중되어왔고, 앞으로도 계속 그럴 것이라는 현실이다. 그 불변의 사실이 나를, 그리고 수많은 이들을 분노하게 하는 것이었다.

우리는 관공서가 문을 닫기 전에 자리에서 일어나야 했다. 쿠바의 공무원들은 워낙 자유롭고 느긋하게 근무해서 제자리에 없는 경우가 많았지만 퇴근 시간은 절대로 넘기지 않는다. 그러니 쿠바의 모든 일이 그렇듯이 행정 업무 역시 기약 없는 기다림의 연속이었다. 하비에와 나는 그 전날에도 UNEAC의 담당자가 자리에 없어서 허탕을 쳤었다.

중년의 여자 직원 둘은 담배를 피우면서 멕시코 드라마에 대한 잡담을 나누고 있었다. 하비에가 참다 못해 탁자를 노크하자 둘 중 체중이 훨씬 더 나가는 직원이 귀찮은 기색으로 자리에 앉았다.

우리는 마리의 작품에 대해 다시 문의했다. 이틀 동안 같은 이야기를 다섯 번째 하고 있었다. 아줌마는 천천히 자판을 치며 영혼 없는 눈빛으로 뒤통수가 엄청나게 큰 모니터를 쳐다봤다. 그러다 그녀는 고개를 가로저으며 마리의 단편영화는 등록돼 있지 않다고 했다.

"찾을 수 있는 다른 방법이 없을까요? 우리가 사례할게요."

싹싹한 하비에가 웃으며 그녀를 구슬렀다.

"이런 장면들이 많이 나와요. 무성 16mm 영화지만 느낌은 이거랑 비슷해요. 혹시 본 적 없나요? 만든 지 몇 년 안 된 작품이에요."

내가 쿠바에서 찍은 사진 몇 장을 보여주며 물어봤지만 그녀는 하품을 하며 무성의하게 대답했다.

"나는 텔레비전에서 하는 영화도 보지 않아요. 특히 이런 짧은 영화는 본 적이 없어요."

나는 잠시 할 말을 잃었다. 그녀는 벽에 걸린 시계를 보며 자리에서 일어났다.

"필름 창고의 목록을 기록한 장부가 어디 있을 텐데, 그 담당자한테 한번 물어봐줄게요."

그러면서 마치 대단한 서비스라도 해준 양 노골적으로 생색을 내며 팁을 달라는 표정이었다. 나는 어이가 없어서 되물었다.

"아니, 당신이 담당자 아닌가요? 어제는 다른 사람이 당신이 책임자라던데."

"아뇨. 창고를 관리하는 직원은 따로 있어요. 나는 이 컴퓨터에 있는 목록만 알고요."

"그럼 그 직원은 어디 있나요?"

"오후부터 안 보이던데요. 내일 오면 있을 거예요."

"마니아나?"

"네, 마니아나."

그러자 뭐가 재미있는지 그녀가 씨익 웃으며 내 말을 되풀이했다.

"마니아나, 마니아나. 쿠바는 무조건 다 마니아나인가요? 어제도 그 소리 했잖아요. 어제의 내일이 오늘이에요. 근데 오늘도 마니아나? 쿠바에는 어제, 오늘은 없고 내일만 있나요?"

내가 정색을 하고 짜증을 내자 공무원뿐만 아니라 하비에도 깜짝 놀랐다. 아직도 팁을 받지 못한 여자 공무원은 털털하게 웃으며 말했다.

"씨뇨르, 그깟 단편영화 하나 갖고 왜 화를 내요? 유명한 작품도 아닌데 당연히 없을 수 있죠."

"그깟 단편영화? 당신은 왜 여기서 근무해요? 영화도 안 좋아하면서. 예술은 좋아해요? 당신 직업에 관심이라도 있나요?"

"이것 봐요. 여기는 국가에서 공인한 영화 예술 작품만 관리하는 부서입니다. 외국 자본으로 만들어진 영화나 반혁명적인 영화는 취급하지 않아요."

"공인된 영화? 예술 작품? 반혁명적? 갖다 붙이기는. 문맹 퇴치 운동으로 사람들이 읽게 해놓기만 하면 다인가요? 배운 글로 자기 생각을 자기 마음대로 쓰지도 못하게 하는데. 반혁명적? X발, 그럼 팁 받아 챙기는 건 혁명적이냐?"

어느새 내 셔츠는 땀에 젖어 있었다. 급격한 나의 감정 변화에 나 자신도 놀라서 추스를 수가 없었다. 분위기가 험해질 것 같았는지 하비에는 공무원의 손에 급하게 지폐를 쥐어주며 상황을 수습했다. 나는 하비에에게 극구 그녀에게 돈을 주지 말라고 했다. 엉망진창인 쿠바의 행정보다도, 민원 처리도 못하면서 팁을 바라는 뻔뻔함보다도 그 순간 나를 더 열 받게 한 것은, 지구 반대편에서나 쿠바에서나 무슨 한 아비를 둔 새끼들처럼 돈 받아먹는 데에만 혈안이 된 공무원들의 수동적인 행태였다.

"별을 봐야 돼, 별을. 우리가 아무리 시궁창에 처박혀 있을지라도 하늘의 별을 봐야 된다고. 이게 쿠바의 현실이야. 관광 책자나 영화에 나오는 쿠바가 아닌 진짜 쿠바. 그래도…… 우린 별을 보도록 노력해야 해."

건물 밖으로 나를 끌고 나와 진정시키려고 애쓰는 하비에의 말은 잘 들리지 않았지만 그의 마음은 이해할 수 있었다.

그때…… 어딘가에서 잔잔한 소리가 들려왔다. 뭔가를 털어내는, 아니 깎아내고 조각하는 듯 쇠와 나무가 접하는 묘한 소리였다.

타닥탁. 탁탁. 타닥탁.

뭐지? 기억을 더듬어 그 소리의 정체를 찾아낼 수 있었다. 그것은 어렸을 적에 들었던 타자기 소리였다.

타탁 타닥탁탁. 타닥. 탁탁. 타닥탁탁.

누군가가 또박또박 치는 타자 소리의 리듬감에 묘한 위안을 느꼈다. 나는 귀를 기울여 그 소리가 나는 곳을 찾았다. 그러다 주술에 홀린 듯이 나도 모르게 그 타자기가 부르는 곳으로 발길을 옮겼다. 골목에 골목을 걷다 보니 말레꼰이 나왔다. 그리고 타자 소리의 기원을 찾을 수 있었다.

광활한 바다를 바라보며 방파제 위에 타자기를 올려놓고 꼿꼿이 선 채로 열심히 글을 쓰는 남자가 보였다. 면 셔츠에 반바지 차림, 세일러 모자에 선글라스를 낀 그의 모습은 왠지 낯설지 않았다. 자세히 보니…… 그 남자는 바로 그분이었다!

나는 너무 반가운 나머지 달리는 차들을 피해 잽싸게 길을 건너 그에게 달려갔다. 작업을 방해하는 것 같아서 잠시 망설였지만 나는 곧 답답함을 참지 못해 그에게 말을 걸었다.

"헬로."

헤밍웨이는 글쓰기를 멈추며 종이 뭉치 위에 문지로 놔뒀던 술병을 들어 몇 모금 마셨다. 그때 바닷바람이 강하게 불어왔다. 그러자 접혀 있던 종이들이 바람에 휘날려 하늘 높이 날아올랐다. 마치 잡혀 있다가 자유를 되찾은 하얀 갈매기들처럼 날개를 저으며 바다를 향해 날아갔다. 원고지가 바다로 날리는 광경을 보며 그는 허탈하게 웃으며 나를 돌아봤다. 그리고 선글라스를 벗어 내 눈을 똑바로 쳐다봤다. 그의 두 눈은 따뜻하고 깊었다. 많고 많은 질문을 다 받아주고도 남을 깊이였다.

왜 쿠바에도 답이 없는 거죠? 쿠바는 진정 빠라이소인가요? 낙원은 존재하나요? 자유란 무엇인가요? 왜 세상의 수많은 약속들과 꿈들은 지켜지지도 이뤄지지도 않는 건가요?

왜 따뜻한 사람들보다 친절한 사람들이 성공하고, 왜 가식은 늘 지식을 지배하나요?

왜 부와 빈은 상속되나요? 왜 나쁜 놈들이 더 잘사는 건가요? 왜 교육을 받은 멀쩡한 인간들이 자발적으로 영혼을 팔고 노예를 자처하나요? 왜 우리는 필요 없는 것들을 원하고, 그것을 사기 위해 빼빠지게 일해야 하나요?

예술이란 무엇인가요? 왜 시장은 예술가보다 사기꾼을 선호하나요? 영감은 노인인가요, 아니면 바다인가요?

아름다움은 무엇인가요? 왜 '내모'라는 단어는 없고 '외모'라는 단어만 있는 건가요? 못생기고 돈도 없고 공부도 못하면 살지 말아야 하는 건가요?

메카니코처럼 열과 성을 다해 창의력을 발휘하면 의미도 행복도 만들어지는 건가요? 그러면 인생도 쿠바의 올드카들처럼 다시 잘 달릴 수 있는 건가요? 왜 사람들은 행복을 갈망하면서 권력과 돈에 집착하나요? 왜 아무도 진지하게 고민하며 행복을 추구하지 않나요?

하느님은 하나님인가요? 신은 지금 어디서 뭘 하고 계시나요? 우리는 어디에서 와서 어디로 가나요?

왜 한국 정부는 그날 304명을 구출하지 않았나요? 왜 슬픔은 세상 어느 곳에서나 반짝이나요? 왜……?

답을 좀 알려주세요.

침묵이 흘렀다. 헤밍웨이는 수염을 어루만지며 깊은 생각에 잠겼다.

그때…… 다시 바람이 불어왔다. 헤밍웨이의 모자는 바다로 날아갔다.

헤밍웨이는 손으로 머리카락을 빗으며 나를 말없이 쳐다봤다. 그러다 천천히 고개를 끄덕이며 입을 열었다. 그 순간 나는 바다보다 파란 하늘을 볼 수 있었다.

하아아아아…….

그의 입에서는 바람만 흘러나왔다. 헤밍웨이의 뒤통수에 난 커다란 구멍을 통해 불어오는 그 바람은 바로 나를 쿠바로 이끌고 온 파란 바람이었다.

Chapter 10

아바나에 내리는
눈

"눈 만져봤죠? 느낌이 어때요?"

호기심 넘치는 페페가 내게 물었다.

"얼음이랑 비슷해."

무성의한 답이 반사적으로 내 입에서 튀어나왔다.

"그런 눈 말고요. 쌓이는 눈 있잖아요. 영원히 녹지 않는 만년설. 그런 거 있는 데서 살아봤다면서요?"

"만년설? 눈이라는 게 사실 지역마다 다르고, 또 보기에 따라서도 달라. 어떤 눈은 하얗고 또 어떤 눈은 푸르기도 하지. 차갑기도 하고 따뜻하기도 하고. 거칠기도 하고 또 포근하기도 해."

페페와 다리아나는 눈을 동그랗게 뜨고 아리송한 표정으로 나를 쳐다봤다. 평생 한 번도 눈을 직접 보지도 만져보지도 못한 그들에게 눈의 느낌을 알려주는 것은 결코 쉬운 일이 아니었다.

"쿠바는 어때?" 쿠바에서 돌아오자 사람들은 내게 물었다. 그때마다 나는 위와 비슷한 답변을 했다. 보기에 따라 다르다고. 그만큼 타인에게 미지의 세계를 안내하는 베르길리우스의 역할 역시 쉽지 않다.

서울로 돌아온 이후에도 나는 내게 훌륭한 베르길리우스가 돼주었던 하비에와 종종 이메일을 주고받으며 서로 안부를 챙겼다. 하지만 최근에 들어서는 하비에도 많이 바빠진 것 같다.

하비에는 돈을 모아서 아내와 함께 유럽인을 대상으로 쿠바 관광을 일괄 책임지는 여행사를 차리는 것이 꿈이었다. 내 생각에 하비에의 꿈은 곧 이뤄질 것 같다. 영리하고 수완이 좋은 하비에는 쿠바에 일고 있는 자본주의라는 물결을 능숙하게 타고 분명 성공할 것이다. 쿠바가 앞으로 겪게 될 변화에 가장 잘 적응할 쿠바인을 뽑으라면 나는 단연코 하비에를 찍을 것이다.

쿠바를 떠나기 전날 마그다와 저녁 식사를 하다가 나는 다리아나의 상태에 대해 넌지시 물었다. 마그다는 와인을 한 모금 마시며 미소를 지었다.

"디렉토르는 무당 친구만 있는 게 아니라 무당 기질이 있나 봐. 남자아이인지 여자아이인지는 몰라?"

"여자아이 같은데요. 근데 낳기로 결심한 모양이죠?"

"내가 무조건 낳으라고 했어. 다리아나 같은 애는 엄마가 돼야 어른이 되고 마음도 잡고 뭐라도 되니까."

"그래요? 잘됐군요. 근데 쿠바에서 아이를 키우는 게 생각보다 쉽지 않다고 걱정을 많이 하던데."

"누가 쿠바에서 키운대? 페페랑 내가 미국에 정착해서 영주권이 나오는 대로 다리아나를 페페와 결혼시킬 거야. 다리아나의 아이는 마이애미에서 자라게 될 거라고!"

"와! 대단해요! 해피엔딩이군요!"

마그다의 계획을 듣는 순간 나는 내 일처럼 기뻐서 감탄사를 터트렸다. 나는 마그다가 진심으로 고마웠다.

이 책이 나올 때쯤이면 페페는 마이애미에서 전문대학을 다니며 자신의 숨은 재능을 발견하고 가꿔 예술가의 길을 걷고 있을 것이다. 그리고 몇 년 뒤 다리아나의 딸은 마이애미로 망명한 쿠바 발레리나들이 가르치는 학원에서 다른 꿈나무들과 함께 첫 무용 수업을 받게 될 것이다. 요즘에도 가끔 쿠바를 생각하다가 그런 상상을 하면 마음이 흐뭇해진다.

중학교 때 불어 시간에 '플래너리*flânerie*(산보)'라는 단어를 배운 적이 있다. 그 당시에는 '특별한 목적 없이 한가로이 걷는다'는 게 무

Vinos
Alondra

슨 뜻인지 와 닿지도 않았고 이해하지도 못했었다. 그런데 사람이 없는 18세기 쿠바의 마을 트리니다드를 거닐면서 나는 뒤늦게 배울 수 있었다. 산보가 무엇인지를.

나른한 오후, 끊임없이 굽이굽이 이어지는 트리니다드의 골목길을 정처 없이 홀로 걷다가 잠시 멈춰서 나무 아래에 앉아 쉬고 있었다. 주변은 고요했다. 태양을 피해 다들 꼭꼭 숨었는지 아무도 보이지 않았다. 내가 어디에 있는지 전혀 감을 잡을 수 없었다. 얼핏 보면 그 집이 그 집 같지만 자세히 보면 하나같이 너무나 달랐다.

쿠바에 온 뒤 스마트폰을 사용할 수 없어서 GPS나 디지털 기기의 도움 없이 본능에 의존하며 생활하는 데 이미 익숙해져 있었다. 오히려 신체의 일부처럼 의지하던 기계로부터 벗어나자, 내 몸의 감각들이 되살아나면서 인간의 본성을 되찾는 기분이 들었다. 무엇보다도 수동적인 관습에서 벗어나 현재와 주변에 능동적으로 집중하며 과정을 즐기는 사람이 되고 있었다.

18세기의 마을에서는 시간도 천천히 흘러갔다. 마치 유년 시절의 1년처럼 느껴졌다. 서울 시간의 기본값이 '빠르게'라면 트리니다드의 시간은 '어쩔 수 없이' 움직이고 있었다. 서울에서는 평상시에 걷지도 않았지만, 트리니다드에서 나는 마치 미술관 관람객처럼 거대한 작품의 색감과 질감을 하나하나 음미하고 있었다.

서울에는 바쁜 사람들이 참 많다. 이해로 얽힌 인간관계 안에서 각자의 목적을 향해 일정에 맞춰서 달려가는 그들은 늘 약속에 치여 산다. 우정보다는 인맥에 가까운 친분은 투자 또는 자산에 가깝다. 목표 지향적인 그들은 GPS처럼 효율과 효과를 우선시하고, 각자가 품은 욕망과 절박함에 의해 움직인다. 대체 어디로들 그렇게 달려가는지.

지구 반대편과 반대인 것은 시간의 속도만이 아니었다.

낡았다기보다는 고전적이라는 표현이 어울리는 트리니다드는 오래된 것의 편안함을 가르쳐줬다. 정당 이름에서부터 동네 분식집까지 '새'를 이름에 붙이지 않으면 불안해할 정도로 '새것'에 병적으로 집착하는 한국에서 온 내게는 신선함을 넘어 신비롭기까지 했다. 사실 늘 궁금했었다. 너무나 많은 것을 쉽게 입맛대로 쓰고 버리고, 또 다른 것을 만들어내 과거로부터 빨리 도망치려는 강박증은 도대체 어디에서 오는지. 식민지, 전쟁과 빈곤의 트라우마로부터 벗어나기 위해 '헌마을'을 부수고 '새마을'을 만들기 위해 아등바등 살아온 신조에서 왜 벗어나지 못하는지. '새것'은 어쩌면 내일처럼 늘 존재하지만, 다가갈 수도 없고 잡을 수도 없는 신기루 같은 것이어서, 그런 허상만을 좇다 보면 과정도 결과도 둘 다 놓치는 건 아닌지…….

쿠바에서는 대한민국이라는 국가보다 오래된 양키 탱크들이 올해 갓 출고된 신차들과 함께 거리를 달린다. 그러나 서울에서는 10년이 넘은 차를 모는 나를 많은 이들이 이상하게 바라본다.

낡고 오래된 것과 새롭고 발전된 것은 공존해야 한다. 그래야만 둘은 서로 대비되면서 세각기 그 가치와 멋이 빛날 수 있다. 어제를 기억하며 오늘을 봐야, 우리에게 중요한 본질을 잃지 않고 나아갈 방향성과 가치관의 균형 감각을 유지하며 더 나은 내일을 설계할 수 있을 것이다. 지켜야 할 것들을 버리고, 잃지 말아야 것들을 잊

CRISTO

어버리고, 우선경중을 헷갈리는 인생은 결국 목적은 잃고 목적지만 남는 초라한 여행이 돼버릴 테니까.

바쁜 이들과 새것을 추구하는 사회는 지름길을 좋아한다. GPS처럼 목표를 위한 효율성만을 고려하고 과정이 생략된다. 과정이 생략된 결과는, 의미는 물론 재미도 있을 수 없다. 그리고 목적만을 위한 삶은 현재에 머물지 않기 때문에 방황을 받아들이지 못한다. 그래서 그런 사회에 짙게 물든 이들은 종종 길을 잃어봐야 하는지도 모른다.

아무도 모르는 낯설고 외딴 트리니다드에서 나는 GPS 없이 헤맨 뒤에야 겨우 벗어날 수 있었다. 삶을 완벽하게 제어할 수 있다는 환상으로부터. 현재의 순간순간과 현실을 저항 없이 순순히 받아들이면서 나는 깨달았다. 인간이 얼마나 취약하고 불완전한 존재인지를.

잃어버림에는 가르침이 있다. 어렸을 때 키우던 금붕어든 새로 산 아이폰이든 우리는 잃어버리면서 배운다. 세상은, 우주는 나의 바람과는 무관하게 돌아간다는 진실을. 사라진 것에 집착하지 않아야 심하게 앓지 않는다는 지혜를. 그래서 나는 상실이란, 삶에서 예측할 수 없이 도사리는 비극에 대비한 훈련이자 성장이라고 믿고 싶다.

목적과 이해관계를 공유하는 바쁜 사람들은 마음보다는 머리로 소통한다. 그런 사람들은 마음으로 대화하는 훈련이 덜 되어 있을 수밖에 없다. 마음의 대화법에 익숙하지 않은 이들은 상실감도 잘 받아들이지 못한다. 상실감은 머리가 아닌 마음으로 나누는 것이기 때문이다. 마음의 소통에 익숙하고 상실감으로 단련된 자들만이 인생이나 여행이 계획된 대로 흘러가지 않아도, 예상치 못한 일이 어느 날 갑자기 닥치더라도, 또는 잠시 길을 잃고 방황하더라도 큰 탈 없이 자신을 다시 추스르고 궤도로 돌아올 수 있을 것이다.

산보란 나태함이나 빈둥거림이 아니다. 나 자신과 주변을 이해하고 발견하는 행위다.

어제를 기억하는 땅에서 새것에 환장하는 나라로 다시 돌아온 나는 한동안 시차에 적응하지 못해서 고생했다. 너나 할 것 없이 바쁘게 움직이는, 누구나 GPS를 하나씩 차고 다니면서 산보를 즐기지 못하는, 아니 산보조차 정해진 코스로 빠르게 걷는 곳에서 나는 지금 이 글을 쓰고 있다. 그러나 다행히도 나는 트리니다드를 걸으면서 얻은 느낌과 생각을 잃지도 잊지도 않고 온전히 챙겨 올 수 있었다.

시간이 빠르게 흐르는 나라에서 나는 2015년을 맞이했다. 그 와중에 쿠바와 미국은 반세기 이상 이어진 적대 관계를 청산하고 수교를 추진하겠다고 선언했다. 하비에가 마지막으로 내게 보낸 이메일에 의하면 쿠바인들은 반신반의하며 희망찬 미래를 기대한다고 했다. 미국의 경제제재가 없어지는 해피엔딩은, 오랜 기간 인내심을 갖고 기다려온 쿠바인들의 명분 있는 승리이자 역사적 정의라고 나는 믿는다. 그래서 나는 진심으로 쿠바를 축하해주고 싶다. 하지만 다른 한편으로는, 돌아오지 않을 2014년처럼 내 마음속의 쿠바도 어쩌면 다시 돌아오지 못할 곳으로 사라질지도 모른다는 사실이 안타깝고 섭섭하다. 미국의 손길이 닿기 전, 자본주의의 때가 묻기 전, 그런 풋풋한 쿠바의 마지막 모습을 포착하고 온 나로서는 왠지 쿠바인들을 떠올리면 호모사피엔스들에 의해 멸종된 '노래하는 네안데르탈인들' 같다는 우울한 생각이 들기도 한다.

쿠바는 20세기 역사가 만들어낸, 그 어떤 예술가도 감히 모방할 수 없는 아주 기이하고 독창적인 작품이 틀림없다. 어쩌면 이제 그 명작은 또 다른 진화 단계에서 변하고 있는 것일 뿐이다.

쿠바는 지정학적 요지다. 국제 언어인 스페인어를 사용하는 약 1,100만의 인구는 지식과 문화로 무장되어 있다. 아름다운 문화유산과 자랑스러운 혁명사는 쿠바인들의 저력이다. 근간이 탄탄한 쿠바는 앞으로 닥칠 그 어떤 변화도 슬기롭게 헤치고 작지만 강한 나라로 거듭날 것이 확실하다.

의회 민주주의와 시장경제가 인간 사회가 가질 수 있는 최선의 두 체제라고 배우면서 자란 내게 쿠바는 차원이 다른 스승이었다. 쿠바는 내게 인식의 지평을 넓혀주고 새로운 영감을 줬다.

세월호 참사 이후 한국 사회와 인간이라는 존재 자체에 대해 총체적인 환멸을 느꼈던 내게, 쿠바는 인간의 바람직한 원형을 상기시켜주며 희망의 불씨를 다시 지펴줬다. 그래서 나는 꾸밈없이 순박하고 정 많은 쿠바인들에게 감사하고 있다.

기대와 기억 사이에 남겨진, 내가 찍은 사진들을 정리하며 이런 생각이 들었다. 어찌 보면 느긋하고 긴 산보와도 같았던 쿠바 여행이 준 가장 큰 선물은 뭐니 뭐니 해도 잃어버렸던 긍정적인 상상력이었다. 내가 달라질 수 있다는, 다르게 살 수 있다는 상상력이야말로 자유를 향한 여정에 필요한 나침반일 것이다. 각박하고 삭막한 세상을 만들고, 또 그 안에서 살아가는 우리 모두에게 가장 부족한 것은 돈도 시간도 아닌 바로 상상력이기 때문이다.

"근데 쿠바에는 왜 갔어?" "빨갱이 나라라 가난하지?" "거기가 진정한 복지국가고 인민의 낙원이라며?" 주변에서 물었다.

럼을 마시고, 시가를 피우고, 룸바를 듣고, 살사를 추고, 양키 탱크를 운전하고, 말레꼰을 걷고, 트리니다드라는 꿈을 꾸고, 카리브 해에서 수영을 하며, 따사한 햇빛을 느끼고 강렬한 색감을 보며, 파란 바람을 쐬기 위해서 갔다 왔어…… 라고 나는 답하지 않았다.

쿠바가 빨간색인지 파란색인지, 에덴의 동산인지 에덴의 동쪽인지는 알 수 없지만, 파란 바람은 나를 예상보다 훨씬 멀고 깊은 곳으로 데리고 갔다 왔다.

첫눈에 반한다는 말이 있다. 쿠바는 가기 전부터, 도착하기 전부터 내게 그 어떤 이질감이나 위화감을 주지 않았다. 그러니 나는 쿠바를 알기 오래전부터 이미 쿠바에 홀려 있었는지도 모른다.

"글은 왜 쓰나요?" 페페가 언젠가 내게 질문했었다.

나는 쿠바의 이야기와 잔상이 망각으로 달아나기 전에 곁에 잡아두고 싶다. 그래서 글을 쓴다.

쿠바에서 발견한 이야기들을 잊거나 잃지 않고 한 글자씩 기록해나가는 작업만이 서서히 사라져가는 내 마음속의 쿠바를 지키고 간직하는 유일한 방법이라고 생각한다.

이제는 내가 다른 이들을 쿠바라는 미로로 안내하는 베르길리우스가 되고 싶다. 베르길리우스가 단테의 마음을 안내해주었듯이 나의 쿠바 이야기 역시 누군가에게 마음의 지도가 되기를, 또 누군가에게는 파란 바람이 될 수 있기를 바란다.

쿠바의 이야기를 어디에서부터 어떻게 시작해야 할지 몰라서 한동안 머뭇거렸다. 그러던 어느 날 다시 무릎이 조금씩 아파왔다.

예언을 읊어대던 산테리아 무당은 빙의 상태가 되면 자기 자신을 잃어버린다고 했다. 그러면 어떤 변화가 일어나느냐고 내가 물었다. 그녀는 하늘의 별들이 시공을 초월해서 만물을 보고 듣듯이, 그 다음부터 자신은 그저 보이고 들리는 대로 말할 뿐이라고 했다.

나도 머리와 마음을 비우고 천천히 두 눈을 감았다. 그리고 한참을 기다렸다. 그러자 구름과 안개가 아주 서서히 걷히며 아바나가 보이기 시작했다. 보물섬을 지키는 왕자는 더 이상 누더기를 입고 있지 않았다. 아바나는 백설처럼 하얀 눈을 따뜻하게 덮고 있다. 밤하늘의 별처럼 반짝이며 휘날리는 눈발이 조용히 이야기를 들려줬다.

태초에 섬이 있었다.

그리고 빛과 소리가 따랐다.

나는 어느새 다시 신비로운 섬 쿠바에 돌아가 있었다.

주요 참고 문헌

Andersen, John Lee. *Che Guevara: A Revolutionary Life*. Grove Press, 1997.

Arenas, Reinaldo. *Before Night Falls*. Penguin, 1994.

Bardach, Ann Louise. *Cuba Confidential: Love and Vengeance in Miami and Havana*. Random House, 2007.

Beschloss, Michael R. *The Crisis Years: Kennedy and Khrushchev, 1960-1963*. HarperCollins, 1991.

Block, Holly, and Gerardo Mosquera. *Art Cuba: The New Generation*. Harry N. Abrams, 2001.

Cabezas, Amalia L. *Economies of Desire: Sex and Tourism in Cuba and the Dominican Republic*. Temple University Press, 2009.

Castro, Fidel, David Deutschmann. *Fidel Castro Reader*. Ocean Press, 2007.

Castro, Fidel, Che Guevara. *To Speak the Truth*. Pathfinder, 1992.

Castro, Fidel, Ignacio Ramonet. *My Life: A Spoken Autobiography*. Scribner, 2008.

Chomsky, Aviva. *A History of the Cuban Revolution*. Wiley-Blackwell, 2010.

Chomsky, Aviva, Barry Carr, and Pamela Maria Smorkaloff. *The Cuba Reader: History, Culture, Politics*. Duke University Press, 2009.

Connors, Michael and Brent Winebrenner. *The Splendor of Cuba: 450 Years of Architecture and Interiors*. Rizzoli, 2011.

Corrales, Javier, and Mario Pecheny. *The Politics of Sexuality in Latin America: A Reader on Lesbian, Gay, Bisexual, and Transgender Rights*. University of Pittsburgh Press, 2010.

Dobbs, Michael. *One Minute to Midnight: Kennedy, Khrushchev, and Castro on the Brink of Nuclear War*. Vintage, 2009.

Farber, Samuel. *Cuba Since the Revolution of 1959: A Critical Assessment*. Haymarket Books, 2011.

Frank, Marc. *Cuban Revelations. Behind the Scenes in Havana*. University Press of Florida, 2013.

Gott, Richard. *Cuba: a New History*. Yale University Press, 2007.

Guevara, Ernesto Che. *The Diaries of Ernesto Che Guevara*. Ocean Press, 2009.

Guevara, Ernesto Che. *The Motorcycle Diaries*. Verso, 1995.

Martí, José. *Selected Writings*. Penguin Classics, 2002.

Matthews, Herbert L. *Castro: A Political Biography*. Penguin, 1969.

Moore, Robin. *Music and Revolution: Cultural Change in Socialist Cuba*. University of California Press, 2006.

Sánchez, Yoani. *Havana Real: One Woman Fights to Tell the Truth About Cuba Today*. Melville House Publishing, 2011.

Sweig, Julia E. *Cuba: What Everyone Needs to Know*. Oxford University Press, 2009.

Taylor, Henry Louis. *Inside El Barrio: A Bottom-Up View of Neighborhood Life in Castro's Cuba*. Kumarian Press, 2009.

정승구

영화감독, 작가. 서울에서 태어나 세계 8개 도시에서 살았다. 90여 개국을 여행했다. 시카고 대학에서 경제학을, 하버드 대학에서 정책학을 공부했다. 장편과학소설 『영원한 아이』를 썼다. 영화 〈펜트하우스 코끼리〉의 각본을 쓰고 연출하고 제작했다. 영화 다음으로 쿠바를 좋아한다. 《중앙선데이》와 《시사인》에 쿠바의 문화, 역사와 정치에 대한 글을 썼다.

쿠바,
혁명보다 뜨겁고
천국보다 낯선

1판 1쇄 찍음 | 2015년 6월 8일
1판 1쇄 펴냄 | 2015년 6월 15일

지은이 | 정승구
펴낸이 | 김정호
펴낸곳 | 아카넷

출판등록 | 2000년 1월 24일(제406-2000-000012호)
주소 | 413-120 경기도 파주시 회동길 445-3
전화 | 031-955-9510(편집) · 031-955-9514(주문) · 031-955-9506(마케팅)
팩시밀리 | 031-955-9519

책임편집 | 김일수, 박민주

www.acanet.co.kr

ISBN 978-89-5733-431-7 03160

Printed in Seoul, Korea.

• 이 도서의 국립중앙도서관 출판예정도서목록(CIP)은
서지정보유통지원시스템 홈페이지(http://seoji.nl.go.kr)와
국가자료공동목록시스템(http://www.nl.go.kr/kolisnet)에서 이용하실 수 있습니다.
(CIP제어번호: CIP2015015417)

FLORI
Fort Mobile
Pensacola
Misisipi R.
St. Josepha
C. Samblas
Palaxo
Bay de
Fort Louis
Lake St. Joseph
N. Orleans
I. Dauphin
Chandeleur
St. Pierre
R. Misisipi or St. Louis
I. de l'Ascension
St. Bernards or St. Louis Bay
North R.
NEW LEON
NEW GALICIA
Panuco
GULF of MEXIC
la Bermeja
Negrillos
Alacranes
Arcas
C. St. Anton
C. Cotoche
Merida
MEXICO
MEXICO
Villa Rica
Sampoval R.
Gulf & Isle of St. Juan de Ulloa
St. Sacrafice I.
Pto. de Ant. Sardo
C. Condusedo
Triangles
CAMPECHY
Campechy
Cheubimal Bay
JUCATAN
Cozum
La Vera Cruz
TALASCALA
St. Martin's Pt.
CAMPECHY BAY
Reefs
Triestl
Port Royal
Tabasco I.
MEXICO
TABASCO
Logwood Creeks
Longuastal
GULF of HONDU
Guayane
Gulf Guanojos
I. Ruatan
C. Hon
Acapulco
Dolce
3 Points
Vera Pax
Duke R.
St. Thomas
P. de Sal
Truxillo
Socoraisco
St. Jago de Guatimala
St. George
Carlego Ba
Gratioso Dios
HONDURA
Valladolid
Mos
OR NEW
GUATIMALA
la Trinidad
Amapal
NICARA
L. of Nicaragua
Gulf of Amapallo
Realejo
Leon
GREAT
Granada
Nicara
COSTA
G. Papaoajo
S. Lucar
C. Blanco
G. of Salinas
I. Can
Buric
SOUTH SEA